Sheila Gordon
Warten auf den Regen

Dieser Band ist auf 100% Recyclingpapier gedruckt. Bei der Herstellung des Papiers wird keine Chlorbleiche verwendet.

Die Autorin:
Sheila Gordon ist in Johannesburg aufgewachsen. Sie studierte Literatur und Psychologie und arbeitete mehrere Jahre als Lehrerin. Nach einem fünfjährigen Aufenthalt in England lebt Sheila Gordon heute mit ihrer Familie in New York. ›Warten auf den Regen‹ ist ihr erstes Jugendbuch, für das die Autorin vielfach ausgezeichnet wurde. Weitere Titel von Sheila Gordon in deutscher Sprache: ›Wie Schakale in der Nacht‹.

Sheila Gordon
Warten auf den Regen

Aus dem Englischen von Elisabeth Epple

Deutscher
Taschenbuch
Verlag

Titel der englischen Originalausgabe: ›Waiting for the Rain‹,
erschienen 1987 im Verlag Orchard Books, New York und London

Ungekürzte Ausgabe
April 1993
2. Auflage Februar 1994
Deutscher Taschenbuch Verlag GmbH & Co. KG, München
© für die deutsche Ausgabe: 1989 Arena Verlag GmbH, Würzburg
ISBN 3-401-04289-0
Umschlaggestaltung: Klaus Meyer
Umschlagbild: Carolin Beyer
Gesetzt aus der Garamond 10/11½'
Gesamtherstellung: Ebner Ulm
Papier: ›Recycling Book-Paper‹
Printed in Germany · ISBN 3-423-78038-X

Vorbemerkung

Dieses Buch wurde in einer Zeit geschrieben, als die Spannungen und Auseinandersetzungen zwischen Schwarzen und Weißen in Südafrika einen Höhepunkt erreichten. Seit kurzem hat Südafrika zweifellos einen politischen Kurs eingeschlagen, der auf die Machtübernahme durch die schwarze Mehrheit hinsteuert. Eines Tages könnten junge Schwarze dann endlich die Chancen erhalten, die ihnen durch die Ungerechtigkeit der Apartheid bisher verwehrt und den Weißen vorbehalten sind. Doch bis dahin ist es noch ein langer Weg, ein Weg voller Gefahren und Unwägbarkeiten. Der Kampf um Demokratie und Freiheit in Südafrika ist noch längst nicht ausgestanden, auch wenn er in eine neue Phase getreten ist.

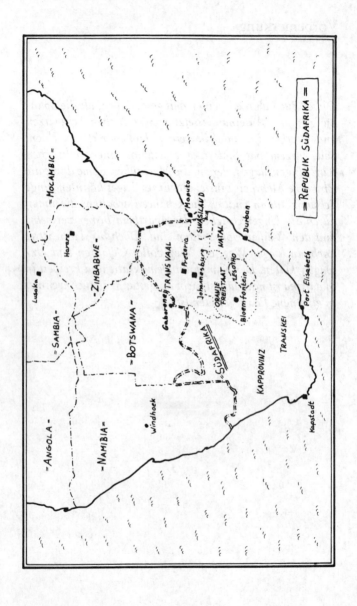

Teil 1

1

Wenn Frikkie in den Schulferien auf der Farm seines Onkels ankam, hielt er als zweites immer Ausschau nach seinem Freund Tengo. Als erstes aber rannte er umher und erkundete seine Lieblingsplätze, um sich davon zu überzeugen, daß sich nichts verändert hatte.

Zuerst ging er zur Scheune, wo sich die gelben, duftenden Heuballen bis zur Decke türmten. Dann lief er über den Hof zum Kuhstall und begrüßte die Kühe mit Namen. Er tätschelte die warmen, schimmernden Flanken seiner Lieblinge und streichelte sie zwischen den ruhigen, sanften Augen, während sie dastanden und mit ihren Schwänzen die Fliegen verscheuchten, die surrend aus dem gleißenden Sonnenschein herbeigeflogen kamen. Sarie ... Marie ... Tessie ...

Tessie war cremeweiß, durch und durch reinrassig und würdevoll und gab die meiste Milch in der Herde. Frikkies Onkel war nach Schottland gereist, um sie zu kaufen. »Hat mich ein Vermögen gekostet, aber sie ist jeden Penny wert«, sagte er immer, wenn sich die Eimer unter den geschickten schwarzen Fingern von Timothy, Tengos Vater, mit sahnig aufschäumender Milch füllten.

Nachdem Frikkie alle Kühe begrüßt und ihren nach Gras duftenden Atem gerochen hatte, rannte er quer über das Weideland, um nachzusehen, wie das Getreide auf den Feldern reifte, die sich bis an den Horizont erstreckten. Er untersuchte eine Ähre, wie er das bei seinem Onkel gesehen hatte, teilte die seidige Quaste, schälte eine Kornhülse ab und bohrte den Daumennagel in den milchig weißen Kern. Dann sauste er den Hügel hinter dem Farmhaus hinunter und warf sich auf das grasbewachsene Flußufer. Weiden tauchten hier ihre Zweige ins Wasser, das klar über flache, runde Steine floß. Schwärme kleiner Fische tummelten sich in den seichten Stellen, das tiefere Wasser spiegelte das harte, strahlende Blau des Highveld-Himmels, über den aufgetürmte weiße Wolken segelten. Durch die Zweige der Weiden warf die Sonne Lichtflecken, die wie goldene Pennies im Wasser lagen. Im Gras wimmelte es von geschäftigen Insekten, die Zikaden zirpten im Sonnenschein ihren fröhlichen, immer gleichbleibenden Gesang.

Sobald er sich davon überzeugt hatte, daß alles noch genauso war, wie er es während der zermürbenden Langeweile des Schuljahres in Erinnerung behalten hatte, stand Frikkie auf, klopfte sich das Gras von den Kleidern und suchte Tengo.

Frikkies Onkel – *Oom Koos* wurde er auf Afrikaans genannt – und seine Tante Sannie hatten keine eigenen Kinder. Frikkie verbrachte sämtliche Schulferien auf der Farm. Er lebte mit seinen Eltern und seiner Schwester in einer kleinen, ungefähr 150 Meilen entfernten Stadt. Sein Vater war städtischer Beamter, seine Mutter unterrichtete an einer Berufsschule Maschinenschreiben; seine Schwester hieß Henrietta, aber jeder nannte sie Sissie, genau wie aus seinem Namen Frederiek Frikkie geworden war. Einer seiner Lehrer, der aus England stammte, beklagte sich ständig darüber, daß die Südafrikaner ihren Kindern erst ordentliche Namen gaben und sie dann bei irgendwelchen Kurznamen riefen.

Seit Frikkie als Baby zum erstenmal auf die Farm gebracht worden war, liebte er diesen Ort mehr als das Haus seiner Eltern in der Stadt. Er machte sich auch nichts aus der Schule. Er beschäftigte sich lieber mit praktischen Dingen. Am tintenverschmierten Holzpult in einem Klassenzimmer, in dem es nach Kreide und Bleistiften und den Lunchpaketen der Schüler roch, fühlte er sich eingeengt und rastlos. Selbst wenn er auf dem Sportplatz war und Fußball oder Kricket spielte, hätte er es vorgezogen, Oom Koos auf seiner Farm zu helfen.

Wenn das Ende des Schuljahres näher rückte, nahm er Bleistift und Lineal und ein Blatt Papier, füllte das Papier mit ordentlichen Quadraten und befestigte es an der Wand seines Zimmers. Jeden Abend, nachdem er die Schularbeiten gemacht hatte, füllte er eines der Quadrate mit dem Bleistift aus.

»Was machst du da?« fragte Sissie ihn.

»Wenn alle Quadrate ausgefüllt sind«, erklärte er, »ist es soweit, und ich kann auf die Farm.« Er sah sich die Zeichnung an, die Sissie mit Buntstiften anfertigte. »Was soll denn das sein?«

»Kannst du nicht sehen? Das ist Oom Koos' Farm.«

»Warum nimmst du solche Farben? Das Weideland ist grün, und der Himmel und der Fluß sind blau.«

»Ach was, das Weideland ist braun und gelb und trocken und staubig und langweilig und einsam. Und die Mücken stechen. Und man kann nichts dort machen, und niemand ist zum Spielen da außer den Kaffernkindern. Es ist besser, in den Ferien hier in der Stadt zu bleiben.«

»Ich liebe die Farm«, sagte Frikkie zu ihr. »Sogar im Winter, wenn alles trocken und braun ist. Ich wünschte, ich müßte nicht zur Schule gehen. Ich wäre lieber auf der Farm als irgendwo sonst auf der Welt.«

»Vermißt du Ma und Pa denn nicht? Nachts, wenn du im Bett liegst? Es ist dort so still, daß ich Angst kriege.«

»Das ist es ja, was ich so mag, die Stille. Das ist doch

besser als der Verkehrslärm die Straße rauf und runter. Ich habe dort nie Angst. Ich bin an Tant Sannie und Oom Koos so gewöhnt wie an Ma und Pa.«

»Ich *hasse* die Farm.« Sissie verzog das Gesicht und schlug mit der Faust auf den Tisch.

»Und ich hasse es, am Ende der Ferien in die Schule zurückzugehen. Oom Koos bringt mir bei, wie man ein richtiger Farmer wird. Er sagt, wenn ich mit der Schule fertig bin, kann ich kommen und bei ihm arbeiten und die Farm bewirtschaften!«

»Wirst du dann nie mehr heimkommen?«

»Oh, ich werde dich und Ma und Pa schon noch manchmal besuchen. Wenn du erwachsen und verheiratet bist, kannst du deine Kinder hinbringen. Oom Koos sagt, falls sich herausstellt, daß ich ein guter Farmer werde, hinterläßt er mir seine Farm, wenn er stirbt.«

»Liegt Oom Koos denn im Sterben?« fragte Sissie, Augen und Mund vor Schreck weit aufgerissen.

»Er stirbt noch ewig lange nicht, du Dummkopf«, sagte Frikkie. »Bis dahin werde ich selbst ein ziemlich alter Knabe sein.« Er nahm einen grünen Buntstift, und Sissie schaute ihm zu, wie er ein leeres Quadrat sorgfältig ausfüllte, bis auch nicht eine Spur von Weiß mehr zu sehen war.

Frikkie suchte im Garten nach Tengo. Vielleicht jätete er Tant Sannies Blumenbeete oder den Gemüsegarten. Er war aber nicht dort, er war auch nicht in der Milchkammer oder auf den Feldern, wo die Ernte der *mielies*, der Maiskolben, begonnen hatte. Frikkie kehrte ins Haus zurück und ging in die Küche, wo Tengos Mutter Selina als Köchin und Hausmädchen arbeitete.

»Selina!« rief er.

Selina kam mit einer Schüssel Kartoffeln aus der kühlen Vorratskammer.

»Hau! *Kleinbaas* Frikkie!« sagte sie. Sie nannte ihn »junger Herr«. Sein Onkel wurde *Oubaas* genannt, »alter Herr«. »Wann sind Sie angekommen? Tengo wird sich freuen, Sie wiederzusehen.«

»Ich bin allein gekommen, mit dem Zug«, erzählte er ihr stolz. Er war dieses Jahr zehn geworden, und man hatte ihm zum erstenmal erlaubt, allein mit dem Zug zu fahren. »Ich mußte sogar in Boesmanskloof umsteigen. Mein Onkel hat mich am Bahnhof abgeholt.«

»Sie werden ein großer Junge.« Selina ließ sich schwerfällig an dem großen, geschrubbten Holztisch nieder und begann, die Kartoffeln zu schälen. »Tengo ist vier Monate älter als Sie. Ich glaube, Sie sind schon größer als er.«

»Wo ist er, Selina? Ich habe ihn überall auf der Farm gesucht.«

»Oh, ich habe ihn mit der Milch für meine Mutter zum *Kraal* hinuntergeschickt. Seiner kleinen Schwester Tandi geht es nicht gut. Sie will keine Nahrung zu sich nehmen außer Milch, und sie weint die ganze Zeit.«

»Meine Mutter schickt Tandi ein paar von den Kleidern, aus denen meine Schwester herausgewachsen ist, Selina. Ich bringe sie dir, wenn ich ausgepackt habe.«

»Das ist freundlich von Ihrer Mutter, Kleinbaas«, sagte Selina. Sie seufzte, ließ eine geschälte Kartoffel in eine Schüssel mit Wasser fallen und nahm sich die nächste vor.

»Ich werde Tengo suchen.« Frikkie ging durch die Schwingtür der Küche in den Sonnenschein hinaus, an den Hühnern vorbei, die in ihrem Auslauf gackerten und scharrten, durch ein Tor und eine staubige Straße entlang, die über das Weideland zum Kraal führte – zu der Gruppe runder, strohgedeckter Lehmhütten, in denen die Farmarbeiter wohnten. Hierher paßten Sissies braune und gelbe Buntstiftfarben. Der Boden war hart, flach, ausgedörrt, hier und da standen struppige Grasbüschel und schwarze, bizarre, spärlich belaubte Dornbüsche. Ein

Stück weiter vorn, neben einer Gruppe von Blaugummibäumen, stieg Rauch von den Kochstellen im Kraal auf. In der stillen Hitze des Nachmittags krähte ein Hahn.

Frikkie kam zu einem Tor, entriegelte es und ging hindurch. Dann schloß er es sorgfältig hinter sich. Als kleiner Junge hatte er einmal dieses Tor offengelassen, als er zum Kraal hinuntergegangen war, um mit Tengo zu spielen. Die Kühe waren entkommen, hatten das reife Korn zertrampelt, und Oom Koos und die Jungen mußten schwer arbeiten, um sie wieder einzufangen. Dies war das erste- und letztemal, daß Frikkie ein Farmtor hatte offenstehen lassen.

Jetzt führte die Straße einen kleinen Hügel hinab, und im Tal unten konnte Frikkie endlich den Kreis roter Lehmhütten mit ihren Strohdächern sehen, die wie ordentliche kleine Strohhüte wirkten. Hundegebell trieb über der Stille der Luft, wurde lauter, verebbte wieder. Es kam von einem der dünnen, knochigen gelben Farmhunde, die sich halbwild in der Nähe des Kraals herumtrieben. Der Hund bellte monoton, als wüßte er, daß niemand ihn beachtete. Es war ein einsamer Laut. Frikkie wünschte, jemand würde ihm einen Brocken hinwerfen, um ihn zum Schweigen zu bringen.

2

Tengo saß auf einer umgedrehten Kiste und spielte mit einem Klumpen rotem Ton. Im Innern der Hütte weinte seine kleine Schwester, und die Stimme seiner Großmutter summte beruhigend. Hinter der Hütte wuchs Gemüse in einem wuchernden Gemüsegarten. Ein paar Kürbisse reiften zwischen großen, stacheligen Blättern, Kartoffeln, Karotten, Reihen von Bohnen. Seine Mutter und sein Vater arbeiteten von früh bis spät für den Oubaas, es blieb ihnen nie genug Zeit, sich um ihren eigenen Garten zu kümmern. Wenn er konnte, jätete Tengo ein wenig Unkraut, aber es war schwere Arbeit, Wasser von der Wasserstelle zu holen. Die Erde saugte das Wasser so durstig auf, daß der Fleck, den er gerade gegossen hatte, schon wieder trocken aussah, wenn er mit dem zweiten Eimer zurückkam.

Hinter dem Garten bellte ein gelber Mischlingshund laut und ausdauernd. Aber es gab keine Brocken, die man ihm hätte hinwerfen können, ehe sie heute abend ihr Abendessen beendet hatten. Von der Hügelkuppe her, auf der das Farmhaus stand, hörte er den Hahn krähen.

Seine Großmutter trat aus der Hütte. Sie sah besorgt aus. »Warum sitzt du hier herum und spielst, Tengo?« sagte sie. »Solltest du nicht oben sein und die Eier einsammeln?«

»Ich habe der Herrin die Eier schon gebracht. Mein Vater sagt, ich brauche erst zur Melkzeit wieder zurück sein. Schau, was ich gemacht habe, Großmama.« Er hielt ihr eine kleine Kuh hin, die er aus Ton geformt hatte. Sie stand auf seiner Handfläche – gerundete Hüften, schlanke Beine, mit sanftem Gesicht und den Schwanz nach einer Seite gebogen, als habe sie soeben die lästigen Fliegen verscheucht.

»Hau!« sagte seine Großmutter. »Sie sieht ja genau wie eine echte, lebendige Kuh aus.« Verwundert schüttelte sie den Kopf.

»Tengo! Tengo! Wo bist du?« rief eine Stimme über das Weideland.

»Der Kleinbaas ist gekommen.« Seine Großmutter beschattete die Augen mit der Hand und blickte an den Blaugummibäumen vorbei.

Tengo stellte die Tonkuh vorsichtig auf den Boden und stand auf, als Frikkie in den Kreis der Hütten trat.

»Tengo! Ich hab dich überall gesucht. Ich bin mit dem Zug gekommen. Ganz allein! Ich mußte in Boesmanskloof umsteigen. – Hallo, Lettie«, begrüßte er die alte Frau.

»Hallo, Kleinbaas. Sie werden aber groß, hm?«

»Wofür ist das?« Frikkie hob den Klumpen Ton auf. »Was machst du damit, Tengo?«

Tengo deutete auf die Kuh.

Frikkie legte sich flach auf den Boden, um sie anzusehen. »Das hast du gemacht!?« sagte er. »Wer hat dir gezeigt, wie man so etwas macht?«

»Niemand. Ich hab's einfach gemacht.«

»Laß mich sehen.« Frikkie streckte die Hand danach aus.

»Rühr sie nicht an!« schrie Tengo.*

Frikkie sah erschrocken zu ihm auf.

»Sie ist noch weich«, erklärte Tengo. »Sie muß erst in der Sonne trocknen.«

»Wer hat dir den Ton gegeben?«

»Ich hab ihn neben der Wasserstelle ausgegraben, wo die Kühe trinken.«

»Ich mach mit dir einen Wettlauf zum Tor«, sagte Frikkie.

Die beiden Jungen rannten zusammen los. Die alte Frau setzte sich auf die Kiste und sah ihnen nach. Ihre Augen waren nicht mehr so gut, sie konnte nicht erkennen, wer als erster das Tor erreicht hatte. Das Kind in der Hütte war jetzt ruhig. Sie hoffte, daß es keine schlimme Krankheit war. Ihre Tochter Selina hatte bereits zwei

---

* Tengo als Schwarzer darf Frikkie privat duzen, weil sie von klein auf als Freunde zusammen sind. Ansonsten werden alle Weißen gesiezt.

Kinder durch Krankheit verloren, und Tengo und Tandi waren die einzigen, die sich um sie kümmern konnten, wenn sie alt war.

Der Hund war bei Frikkies Ankunft weggerannt, jetzt aber kam er wieder zurück und bellte und bellte, als erwarte er gar nichts.

Ohne sich darüber zu verständigen, rannten Tengo und Frikkie geradewegs zu der kleinen Senke, durch die der Fluß floß. Heiß brannte die Sonne auf sie herunter, als sie das schattenlose Weideland überquerten. »Der letzte ist ein Affe!« schrie Frikkie, als sie ihre Hemden auszogen und mit den Shorts ins Wasser wateten. Frikkie hatte in der Schule Schwimmunterricht, und vor ein paar Sommern hatte er Tengo das Schwimmen beigebracht. Das Wasser war nicht sehr tief, aber angenehm kühl, sie planschten herum, tauchten sich gegenseitig unter und spritzten sich Wasser ins Gesicht. Dann legten sie sich ins Gras; die Sonne brannte so heiß, daß sie fühlen konnten, wie ihre Kleider auf der Haut trockneten.

»Wie es wohl ist, im Meer zu schwimmen?« fragte Tengo.

»Mein Freund in der Schule hat mir erzählt, man bekommt einen salzigen Geschmack im Mund, und die Wellen sind so stark, daß sie einen umwerfen.«

»Hat er dir auch gesagt, wie das Meer aussieht?«

»Es ist wie eine sehr, sehr große Wasserstelle, Tengo, und es dehnt sich so weit aus, daß es den Himmel berührt. Und auf der anderen Seite ist dann ein anderes Land.«

»Ich würde das Meer gerne sehen«, sagte Tengo.

Als sie über den Farmhof gingen, erschien Tant Sannie in der Küchentür. »Frikkie, komm herein, es ist Teezeit. Dein Onkel sitzt schon am Tisch. Wasch dir die Hände und setz dich dann zu uns.«

»Warte auf mich, Tengo«, sagte Frikkie. »Ich bleib

nicht lange. Ich möchte dir meinen neuen Kricketschläger zeigen, den ich zum Geburtstag bekommen habe.«

Es war kühl im Eßzimmer mit den dunklen, schweren, alten Möbeln, die Frikkies Urgroßeltern gehört hatten. Sie hatten die Farm kurz nach ihrer Heirat gekauft. Ihre gerahmten Porträts hingen an der Wand. Frikkie schienen die beiden sehr altmodisch: sie mit einer spitzen Haube und einem dunklen Kleid mit Spitzenkragen, er mit langem, dunklem Bart und einem Hut mit hohem, rundem Oberteil. Von der Lampe hing ein Streifen Fliegenpapier herunter. Eine Fliege surrte ärgerlich, während sie sich von dem klebrigen, bereits mit toten Insekten gesprenkelten Streifen zu befreien suchte.

Oom Koos rührte in seiner Teetasse. Der Teelöffel sah in seiner dicken, sonnengebräunten Hand klein aus. Tant Sannie goß den Tee aus einer großen, braunen Teekanne in eine Tasse, fügte Milch und Zucker hinzu und reichte die Tasse Frikkie. Dann schnitt sie eine Scheibe ihres selbstgebackenen Früchtekuchens ab.

Frikkie biß in den süßen Kuchen, der von den Früchten, von Farmbutter und Eiern der eigenen Hühner nur so strotzte. »Das ist der beste Kuchen auf der ganzen Welt«, sagte er und trank von dem heißen, starken Tee. »Und das hier ist der schönste Ort auf der ganzen Welt.« Seine Tante und sein Onkel lachten.

»Ich wünschte, ich müßte nie mehr in die Stadt zurück.«

»Hör dir dieses Kind an«, sagte seine Tante liebevoll. »Und dabei ist es sein erster Tag hier.«

»Mach deine Arbeit in der Schule gut«, erklärte ihm sein Onkel, »und wenn du ein großer Junge bist und dein Abitur ordentlich gemacht hast, dann kannst du hierherkommen und arbeiten und für immer bleiben.« Tant Sannie legte ihm noch eine Scheibe Kuchen auf den Teller.

Als sie mit dem Teetrinken fertig waren, räumte Selina

den Tisch ab. In der Küche schüttete sie den übriggebliebenen Tee in einen großen, abgestoßenen Emaillebecher und rührte Milch und Zucker hinein. Sie legte den Kuchen in eine Blechdose und brachte ihn in die Vorratskammer, schnitt eine dicke Scheibe Weißbrot ab, die sie mit Aprikosenmarmelade bestrich, dann brachte sie das Brot und den Tee zu Tengo hinaus, der im Hof Ball spielte.

Im nächsten Moment kam Frikkie mit einem Kricketschläger und einem Ball aus dem Haus. Tengo saß im Schatten eines Jacarandabaums auf einer Holzbank und trank seinen Tee. Selina nahm Bettwäsche von der Wäscheleine. Frikkie liebte den frischen, angenehmen Duft der in der Sonne getrockneten Wäsche. Nachts, wenn er auf der Farm in seinem Bett lag, verströmten seine Dekken und Kissen den Geruch nach Sonne und sauberer Landluft.

»Beeil dich mit deinem Tee, Tengo. Du wirfst doch für mich den Ball?« Aber Tengo ließ sich Zeit, er genoß das weiche, weiße, mit Marmelade bestrichene Brot und den süßen, starken Tee. Rings um ihn hingen die blauvioletten Jacarandablüten herunter. Sie sahen aus wie ein blauer See inmitten des Hofes. Es war ein riesiger, alter Baum mit einem dicken Stamm, den Frikkies Urgroßvater gepflanzt hatte.

Frikkie kauerte sich nieder und nahm die röhrenförmigen Jacarandablüten in die Hände, daß sie aussahen wie die Finger von Handschuhen. Damit wedelte er vor Tengos Gesicht herum. »Ich bin ein Ungeheuer und fresse dich auf, wenn du nicht schnell mit deinem Tee fertig wirst und mit mir spielst!« brüllte er.

Tengo leerte den Becher und den Teller und ließ beides auf der Hintertreppe stehen. Dann drehte er sich um und fing den harten, schweren Kricketball, den Frikkie schlug.

»Spielt nicht in der Nähe des Hauses«, rief Tant Sannie. »Ich will keine zerbrochenen Fensterscheiben haben.«

Tengo warf und Frikkie schlug, holte weit aus mit seinem neuen Schläger, schickte den Ball übers Weideland, damit Tengo ihn wieder holte. Tengo warf, bis er seinen Vater die Kühe über die Weide und auf die Ställe zutreiben sah. Er rannte über den Hof, um das Tor zu öffnen.

»Gerade wollte ich dich eine Runde schlagen lassen«, rief Frikkie und folgte ihm.

»Ich muß jetzt beim Melken helfen«, antwortete Tengo.

Im Melkraum kannten die Kühe, die mit prallen Eutern hereinkamen, ihre Plätze in den Boxen und begannen, von den frischen Heuballen zu fressen, während sich die Farmarbeiter auf niedrigen Hockern neben ihnen niederließen, die Schultern gegen die Flanken der Kühe gepreßt. Bald vermischte sich das Geräusch zufriedenen Kauens mit dem Zischen und Spritzen, das die scharfen Strahlen der Milch verursachten, wenn sie auf die Innenseite der Blecheimer trafen.

Frikkie fühlte, wie ihn ein Glücksgefühl durchströmte. Dies waren die Geräusche, die Gerüche, die Arbeiten, von denen er träumte, wenn er an seinem Pult in der Schule über den Büchern saß. Er stellte sich neben Tengo und schaute zu, wie die schwarzen Finger die weißlichen Zitzen bearbeiteten, als spielten sie auf einem Musikinstrument. Rhythmisch schoß die Milch heraus, schäumte auf, je höher sich der Eimer füllte.

»Laß mich auch einmal, Tengo«, bat er.

Er nahm Tengos Platz auf dem Hocker ein.

»Halte sie so«, unterwies Tengo ihn. »Drück die Finger gegen den Daumen, streichen, streichen – *nicht ziehen!*« rief er, als sich die Kuh unbehaglich bewegte. Sie schlug mit dem Schwanz, traf Frikkies Nase; und als er zurückwich, spritzte ein Milchstrahl hoch und traf sie beide voll ins Gesicht. Die Jungen fingen an zu lachen. Frikkie wischte sich mit dem Hemd die Milch von Gesicht und Händen.

»Paßt bloß auf, ihr beiden«, ermahnte Timothy sie. »Wenn der Oubaas hereinkommt und sieht, daß ihr Unsinn treibt, gibt's Ärger.«

»Aber ich will melken lernen«, protestierte Frikkie.

»Dann mach du weiter, Tengo«, befahl ihm sein Vater. »Kleinbaas Frikkie, Sie setzen sich hier neben mich, und ich zeige es Ihnen. So ... so ... pressen und streichen – nicht zu fest, nicht zu sanft. Streichen Sie nach unten ... kräftig und zügig ... kräftig und zügig. Sonst bekommen Sie nichts als einen leeren Eimer.«

Als Frikkie seinen Eimer zu einem Viertel gefüllt hatte, schmerzten seine Finger, und er gab auf.

»Kommen Sie und üben Sie jeden Tag ein kleines bißchen, Kleinbaas«, riet ihm Timothy, als er Frikkies Platz einnahm, »und Sie werden lernen, so gut zu melken wie Tengo.«

Frikkie ging wieder zu Tengo zurück und sah ihm zu, wie er das Euter entleerte. Es hing jetzt schlaff und weich herunter, die Kuh sah zufrieden aus. Tengo nahm von einem Haken einen blechernen Becher, tauchte ihn in den schaumgekrönten Eimer und reichte ihn Frikkie. Frikkie trank. Die Milch war noch so warm, als sei sie erhitzt worden, süß, dick vor Rahm. Er legte den Kopf zurück und leerte den Becher bis auf den letzten Tropfen.

»Du hast einen weißen Schnurrbart bekommen«, neckte ihn Tengo.

Mit dem Handrücken wischte Frikkie sich den Schaum vom Mund. Dann nahm Tengo den Becher, tauchte ihn ein und trank.

»Jetzt hast *du* einen weißen Schnurrbart«, sagte Frikkie.

»Wenn uns der Oubaas dabei erwischt, daß wir rohe Milch trinken, kriegen wir Ärger«, sagte Tengo.

»Dann wisch dir den Mund ab und häng den Becher wieder hin, und niemand wird etwas merken.«

Draußen hatte sich der Himmel gerötet, die Sonne sank wie ein Feuerball auf den Horizont zu. Schwarz hoben sich die knorrigen Dornbüsche gegen das Glühen ab. Ein paar niedrige Wolken hatten sich purpurn gefärbt, umgeben von orangefarbenem Leuchten, und das Weideland erstreckte sich in graublauen Wellen, bis es den Himmel traf.

Nachdem das Melken beendet, die Milchkannen gefüllt und in der Milchkammer aufgereiht waren, machten sich Tengo und sein Vater mit den übrigen Arbeitern auf den Weg zum Kraal.

»Bis morgen, Tengo«, rief Frikkie. Er ging über den Hof zurück. Dämmerung sammelte sich um die Farmgebäude, kroch unter den Jacarandabaum, dessen abgefallene Blüten jetzt schwarz aussahen, da alle Farbe aus dem Himmel gewichen war. Über den Hof zog der Duft von gekochtem Fleisch mit Gemüse. Rechtecke aus gelbem Licht fielen vom Haus auf den dunklen Boden. Durch das Fenster konnte Frikkie Selina in ihrer blauen Kittelschürze und mit einem geblümten Tuch um den Kopf sehen. Sie rührte in einem Topf, der auf dem Herd stand.

Von dem guten Essensgeruch wurde Frikkie hungrig. Schnell lief er in die hell erleuchtete Küche.

3

Als Frikkie am Ende der Ferien in die Stadt zurückkehrte, fühlte sich Tengo gelangweilt, einsam und unruhig. Frikkie beklagte sich immer darüber, daß er in die Schule zurückkehren mußte, aber Tengo wollte so viele Dinge wissen, die ihn beschäftigten, und er wußte, er würde das alles herausfinden, wenn er zur Schule gehen könnte. Er wollte wissen, weshalb das Meer salzig, das Wasser im Fluß süß war; warum der Ton, den er an der Wasserstelle ausgrub, sich gut dazu eignete, Tiere und Figuren zu modellieren, der Ton vom Flußufer dagegen in der Sonne zerbröckelte; warum der Donner immer nach dem Blitz kam und nicht umgekehrt; warum Mücken stachen und Schmetterlinge nicht.

Er wollte etwas über das Land erfahren, das auf der anderen Seite des Meeres lag, wie die Menschen dort waren, ob sie auch Fleisch zu ihrem Brei aßen, wie sie redeten. Den ganzen Tag stürmten Fragen auf ihn ein, und es gab keine Möglichkeit, Antworten darauf zu finden.

Er glaubte nicht daran, daß er jemals das Meer sehen würde. Es war Hunderte von Meilen entfernt, hatte ihm sein Vater erklärt, und Zugfahrkarten waren teuer. Aber er wußte, daß ein Buch wie ein Zauberding wirkte: Es war klein genug, daß man es in der Hand halten konnte, und trotzdem konnte man darin etwas so Großes wie das Meer und die Wellen und die Berge erfahren. Und man konnte darin finden, wie die Menschen in jenem Land auf der anderen Seite des Meeres lebten, was sie aßen, was sie zueinander sagten, in was für Häusern sie wohnten.

Für die Kinder der Farmarbeiter gab es keine Schule. Die nächste Schule befand sich in einem 50 Meilen entfernten Dorf. Tengos Mutter war als Kind in eine von Missionaren geleitete Schule gegangen. Sie hatte ihm Lesen und Schreiben, Zusammenzählen und Abziehen und das Einmaleins beigebracht. Aber es bestand keine Möglichkeit, an Bücher zum Lesen heranzukommen. Seine Eltern verdienten kaum genug Geld, um für die Familie Lebensmittel und Kleidung zu kaufen. Er hatte die wenigen, zerfledderten Schulbücher, die sie besaßen, schon so oft gelesen, daß er sie mittlerweile auswendig kannte. Sie waren zu einfach für ihn.

Selina machte sich seinetwegen Sorgen. Sie wollte, daß er unterrichtet wurde. Aber nachdem zwei ihrer Kinder gestorben waren – eines, während es sich bei Verwandten aufhielt, um die Dorfschule besuchen zu können –, hatte sie Angst, Tengo aus ihrer Obhut zu entlassen. Die Verwandten wohnten im Außenbezirk jenes Dorfes in einem Eingeborenenreservat für die Angehörigen ihres Stammes. Tengos Großvater war einer der Stammesältesten gewesen. Aber er war tot, und der Stamm war arm, ein zusätzlicher Esser wäre eine große Belastung gewesen. Und Tengos Eltern konnten wenig Geld sparen, um für den Unterhalt des Sohnes zu bezahlen, falls sie ihn dort zur Schule schickten.

Tengo hatte eine sehr rasche Auffassungsgabe. Der Oubaas hatte bereits gesagt, wenn er auf der Farm bleiben sollte, könnte er eines Tages Chefboy werden. Der Oubaas war recht freundlich. Er bezahlte ihnen nicht viel, aber er gab ihnen Säcke mit Mehl und eine Menge Milch, so daß sie niemals wirklich Hunger litten. Fleisch aßen sie selten, aber sie zogen ihr eigenes Gemüse. Und an Weihnachten schlachtete der Oubaas für alle Arbeiter im Kraal eine Kuh. Dann gab es ein großes Fest, und alle Mägen waren zur Abwechslung einmal richtig gefüllt.

Verließ ab und zu eines der älteren Arbeiterkinder den Kraal, um im Dorf zur Schule zu gehen, so bemerkte Tengos Mutter, daß Tengo ein paar Tage lang sehr still und zurückgezogen war, und das Herz tat ihr weh, wenn sie ihn ansah. »Wenn du ein bißchen älter bist, Tengo«, versprach sie, »wenn du größer und kräftiger bist, werden wir dich zur Schule gehen lassen.«

Tengo sah seiner Großmutter zu, die das Abendessen zubereitete. Er dachte an Frikkie. Der saß jetzt im Zug, der ihn zur Schule zurückbrachte. Etwas anderes, was Tengo nicht verstehen konnte und was er gerne in einem Buch nachgelesen hätte, war, weshalb in Frikkies Schule alles kostenlos war, während die Eltern der schwarzen Kinder in den Reservaten für den Schulbesuch und die Bücher bezahlen mußten. Tengo war noch nie in einem Zug gewesen. Manchmal, wenn er nachts aufwachte, konnte er das entfernte Dröhnen des Güterzuges hören, der durch Doringkraal fuhr. Das Pfeifen der Lokomotive wurde vom Wind über das weite Grasland getragen, und Tengo sehnte sich danach, in einem Zug durch die Nacht zu fahren, der ihn an einen Ort brachte, wo er noch nie gewesen war.

In dem dreibeinigen, schwarzen Eisentopf, der über dem Feuer stand, explodierten kleine Blasen, wenn der Dampf die Oberfläche des dicken, weißen Maisbreis durchbrach. Seine Großmutter rührte mit einem großen Holzlöffel in dem Topf und summte dabei mit leiser Stimme ein gefühlvolles Lied. Neben ihr auf dem Boden stand eine Schüssel voll geronnener Milch. Sie tranken die Milch niemals frisch. Es war üblich, sie in der Sonne sauer werden zu lassen und die Flocken dann auszulöffeln.

Drüben auf der anderen Seite des Kraals kickten die Jungen einen Fußball herum. Einige Mädchen lachten und flochten sich gegenseitig die Haare. Tandi, seine kleine Schwester, spielte vor der Hütte. Es ging ihr jetzt besser, aber ihre Mutter machte sich immer noch Sorgen, denn sie war dünn und teilnahmslos. Sie spielte mit einer kleinen Familie aus Ton, die Tengo ihr gemacht hatte. Es gab eine Mutter und einen Vater und zwei Kinder, alle aus rotem Ton gefertigt, und eine kleine runde Hütte mit einem Dach aus echtem Stroh. Tengo hatte sogar ein paar winzige Tontöpfe gemacht, und Tandi tat so, als koche sie für ihre Familie Essen, und rührte mit einem Stöckchen in einem dreibeinigen Topf herum.

»Frikkie ist in die Schule zurückgefahren«, erzählte

Tengo seiner Großmutter. »Er wollte nicht. Er sagt, die Schule ist langweilig. Aber ich finde, es ist langweilig, nicht lesen und lernen zu können.«

Seine Großmutter seufzte. »Du solltest ihn bitten, dir ein paar seiner alten Schulbücher mitzubringen. Dann könntest du daraus lernen.«

Ezekiel, der älteste Mann im Kraal, kam vorbei und blieb stehen, um mit ihnen zu plaudern. Er war groß und dünn und drahtig, doch jetzt vom Alter gebeugt. Er war einer der Stammesältesten und hatte schon für den Vater des Oubaas als Chefboy gearbeitet. Jetzt war er zu alt dafür, und der Oubaas zahlte ihm eine kleine Rente von zehn Rand im Monat und hatte ihm erlaubt, weiterhin im Kraal zu wohnen. Manchmal verrichtete er leichte Arbeiten im Farmhaus.

Nacheinander reichte ihm Tandi ihre Tonfiguren, damit er sie bewunderte. Er hielt sie dicht an seine Augen, betrachtete sie und kicherte. »Hau, Tengo«, sagte er. »Der Geist eines deiner Vorfahren ist in dir.« Er setzte sich auf eine umgedrehte Kiste. »Ich erinnere mich, als ich noch ein kleiner Junge war, etwa im Alter von Tandi, da war dieser alte, alte Mann, der Onkel deines Großvaters. Er schnitzte Figuren aus Holz, und sie waren voller Leben, genau wie deine.«

»Hat er Spielsachen gemacht?« fragte Tandi.

»Nein, mein Kind. Die Figuren, die er machte, wurden für Zauberzeremonien benützt. Sie enthielten Geheimnisse. Wenn Dürre herrschte, machte er die Figur, die den Regen brachte. Wenn es Streit mit einem anderen Stamm gab, machte er Masken, die die Männer trugen, wenn sie tanzten, um von den Göttern Schutz für unser Land zu erbitten, auf dem wir unser Vieh weideten.«

»Er war mein Verwandter?« fragte Tengo, erfreut, daß ihm der Geist des alten Holzschnitzers half, wenn er modellierte. Auch seine Figuren enthielten Geheimnisse . . .

»Ja«, sagte der alte Mann. Seine Augen blickten über das im Zwielicht liegende Grasland, als könnte er Dinge sehen, die vor langer, langer Zeit geschehen waren.

Die Erinnerungen eines alten Menschen sind genauso wie ein Buch, dachte Tengo; sie sind erfüllt von Geschichten aus der Zeit, aus der unsere Zeit heraufgekommen ist.

»Und er erzählte mir«, fuhr der alte Mann fort, »daß *sein* Großvater auch schon die Kunst des Holzschnitzens verstanden hatte.«

»Frikkie hat mir erzählt, daß seine Familie schon vor vielen Großväterzeiten in dieser Gegend gelebt hat.«

Der alte Mann kicherte. »Mein Kind – lange, lange, ehe die Großväter des Kleinbaas hierherkamen, lange bevor irgendein Weißer in diese Gegend kam, lebte unser Stamm hier. Dies war immer unser Land, das Land unseres Stammes.«

Das war wieder eines der Rätsel, dessen Lösung Tengo gerne in einem Buch gefunden hätte.

»Es stimmt, was er sagt«, pflichtete seine Großmutter dem alten Mann bei und rührte weiter in ihrem Topf. »Unsere Toten sind hier seit vielen Generationen beerdigt. Wir waren hier schon lange, ehe der weiße Mann kam.« Das Tor an der Straße zur Farm fiel zu. »Da ist dein Vater«, sagte sie. Sie schüttelte die verbeulte schwarze Eisenpfanne, in der Gemüse kochte; sie stand auf dem Ofen, der aus einem alten, viereckigen, mit Löchern versehenen Benzinkanister hergestellt war. Durch die Löcher glühten rot die heißen Kohlen.

Tengos Vater plauderte eine Weile mit Ezekiel, bis der Alte in seine eigene Hütte ging, wo seine Schwiegerenkelin das Abendessen für ihn zubereitete. Tengo und seine Familie setzten sich rund ums Feuer, um die Abendmahlzeit einzunehmen. Mit den Fingern schaufelten sie kleine Häufchen Brei aus dem Topf und tauchten sie in das schmackhaft gekochte Gemüse. Seine Mutter aß nur sonntags, an ihrem freien Tag, zusammen mit der Familie zu Abend. Da sie jeden anderen Abend auf der Farm für den Oubaas und seine Frau kochen mußte, konnte sie nicht rechtzeitig in den Kraal kommen. So kochte sie sich dort ihren eigenen Topf mit Maisbrei, und nachdem sie das Abendessen serviert und das Geschirr abgewaschen hatte, aß sie am Küchentisch ihren Brei mit den Resten dessen, was aus dem Eßzimmer zurückkam.

Tengos Vater holte einen Briefumschlag aus der Tasche.

»Hier ist ein Brief von eurer Tante in Johannesburg. Sie fragt, ob euer Vetter Joseph kommen und ein paar Wochen hierbleiben kann. Er war krank, und sie denken, er wird sich hier auf dem Land und in der frischen Luft besser erholen. Ich habe den Oubaas gefragt, und er sagt, es geht in Ordnung, wenn er nicht zu lange bleibt.«

Tengo freute sich sehr, als er das hörte. Er hatte seinen Vetter ein paar Jahre lang nicht gesehen. Joseph war vier Jahre älter als er und klug und lustig. Er lebte in einer *Township*, einem gesonderten Stadtviertel für Schwarze, außerhalb von Johannesburg. Das war eine große Stadt mit Häusern, die so hoch waren, daß die Menschen darin in elektrischen Käfigen auf und ab fuhren, hatte Joseph ihm einmal erzählt. Und ganze Familien lebten dort übereinander; die Häuser waren so hoch, daß sie beinahe den Himmel erreichten.

»Wann kommt er?« fragte Tengo seinen Vater voller Begeisterung.

»Ich werde den Brief heute abend beantworten, und der Oubaas bringt ihn morgen zur Post, wenn er nach Doringkraal fährt. Dann werden sie uns ein Telegramm schicken und mitteilen, an welchem Tag er kommt.«

Nach dem Essen sah Tengo zu, wie sein Vater mit dem Taschenmesser einen Bleistift anspitzte und sich dann mit einem linierten Block auf dem Schoß niedersetzte, um bei

Kerzenlicht den Brief zu schreiben. Hinter den tanzenden Schatten schliefen seine Großmutter und seine Schwester an der Rückwand der Hütte in dem Bett, das sie miteinander teilten. Er freute sich jetzt so sehr auf die Ankunft seines Vetters, daß ihm Frikkies Abreise nicht mehr so viel ausmachte.

Tengo und Joseph saßen im Schatten der Weiden am kleinen Fluß. Da es in der großen Stadt für Schwarze keine Bäder gab, in denen sie schwimmen konnten, hatte es Joseph nie gelernt. Tengo gab ihm Unterricht. Nach der zweiten Woche konnte sich Joseph schon recht gut über Wasser halten, aber Tengo sagte, er spritze zuviel herum und müsse versuchen, kräftigere und ruhigere Bewegungen zu machen. Als sie aus dem Wasser kamen, war ihnen kalt. Aber die Sonne brannte so heiß, daß das Wasser auf ihrer Haut rasch verdunstete, und sofort wurde ihnen wieder warm.

Joseph war nicht so lustig und lebhaft, wie Tengo ihn in Erinnerung hatte. Er war groß geworden. Er war noch dünn von seiner Krankheit und stiller als früher, als sei er mit seinen Gedanken anderswo. Er war vierzehn und ging in die siebte Klasse einer Schule in der Stadt.

In der Hitze des Nachmittags herrschte große Stille. Nichts regte sich. Nur die Zikaden zirpten fröhlich im hohen Gras.

»Du hast Glück, daß du in der großen Stadt wohnst, Joseph«, bemerkte Tengo.

»Glück?«

»Sicher. Du gehst zur Schule und lernst alles. Ich stelle mir immer selbst Fragen und habe keine Möglichkeit, irgendwelche Antworten zu bekommen.«

»Du hast Glück, daß du auf der Farm lebst, Tengo. Glaube mir. Hier ist es ruhig. Und sauber. Und es riecht gut. In der Stadt – Mann, Tengo, da stinkt's immer fürchterlich. Rauch und Benzin und schmutzige Toiletten und Abfall, überall Abfall ... Und die Häuser stehen so eng beieinander, du hörst die Menschen reden, streiten, Babys schreien, ständig schreien ... Lärm, Lärm den ganzen Tag über und die ganze Nacht. Und es gibt *tsotsis* ...«

»Tsotsis?«

»Böse Leute. Kinder. Sie gehen nicht zur Schule, vielleicht können ihre Eltern das Schulgeld und die Bücher nicht bezahlen. Oder sie schwänzen die Schule. Ihre Eltern sind den ganzen Tag in der Stadt bei der Arbeit. Die Kinder stehlen und prügeln sich und rauchen und trinken und pöbeln Leute an. Alle haben Angst vor ihnen. Sie sind stark, und sie fordern die Leute heraus, und sie haben Messer bei sich.«

Tengos Augen weiteten sich. »Fängt die Polizei sie denn nicht?«

»O ja«, Joseph stieß ein kleines Lachen aus, »die fängt sie schon. Und steckt sie ins Gefängnis. Und im Gefängnis sind sie mit *richtig* bösen Menschen, mit Verbrechern, zusammen, und wenn sie aus dem Gefängnis herauskommen, sind sie noch schlimmer als zuvor, wirklich gefährlich. Und es ist ihnen alles egal. Mann, vor den tsotsis mußt du dich wirklich in acht nehmen. Und du mußt dich vor der Polizei in acht nehmen.«

»Vor der Polizei? Warum?«

»Pässe.«

»Pässe?«

»Tengo, es stimmt, du weißt wirklich nicht gerade viel.«

Joseph schüttelte lachend den Kopf und versetzte Tengo einen freundschaftlichen Stoß. »Mann, du weißt doch, daß alle Schwarzen einen Paß bei sich haben müssen. Du wirst auch einen bekommen, wenn du sechzehn bist, mit deinem Namen und deinem Geburtsdatum und einer Adresse und wo du arbeitest und woher du kommst, die ganze Familiengeschichte. Dein Vater hat auch einen, nur fragt auf der Farm niemand danach. Aber in der Stadt ist er die Erlaubnis, daß du dort wohnen und arbeiten darfst. Du mußt ihn *immer* bei dir haben, und du mußt ihn einem Polizisten jederzeit zeigen, wenn er dich dazu auffordert.« Joseph packte Tengo an der Schulter, schüttelte ihn heftig und redete in Afrikaans, wie ein Polizist: »Paß, Kaffer, wo ist dein Paß? Wo ist dein Paß, Kaffer?« Dann ließ er Tengo los und lachte.

Tengo sah ihn überrascht an. »Aber wenn du deinen Paß nicht bei dir hast, wenn du ihn zu Hause vergessen hast?«

»Gefängnis. Sie stecken dich auf der Stelle ins Gefängnis.« Joseph ließ einen Weidenzweig ins Wasser hängen, und ein Schwarm kleiner Fische wechselte in einer einzigen gemeinsamen Bewegung die Richtung und schwamm davon. »Ich frage mich, ob ein Fisch der Anführer ist und die anderen ihm nur folgen«, sagte er.

Aber Tengo dachte nicht an Fische. »Joseph, willst du damit sagen, daß man dich ins Gefängnis stecken kann, auch wenn du überhaupt nichts Falsches getan hast?«

»Sie sagen, du hast etwas Falsches getan, wenn du deinen Paß nicht dauernd bei dir trägst.«

»Kann man ihnen nicht sagen, man würde nach Hause gehen und ihn holen?«

Joseph schüttelte den Kopf.

»Wenn dein Vater also von der Arbeit nach Hause kommt und er hat ihn nicht bei sich, können sie ihn einfach sofort ins Gefängnis stecken?« fragte Tengo.

»Richtig. Das ist meinem Vater passiert«, sagte Joseph bitter. »Und den Vätern meiner Freunde. Du bezahlst eine Geldstrafe, oder du bleibst im Gefängnis. Und wenn in deinem Paß nicht der Stempel dafür drin ist, daß du dort wohnen darfst, wo du gerade wohnst, mußt du die Stadt verlassen und in deinen Kraal zurückkehren.«

»Hau...!« Tengo schüttelte den Kopf. »Ich möchte nicht in der Stadt leben, Joseph.« Jetzt war er froh darüber, daß sein Vater für den Oubaas arbeitete, nicht einmal eine Meile entfernt vom Kraal, und daß er jeden Abend über das Weideland und durch das Tor nach Hause kam, ohne daß ein Polizist ihn aufzuhalten versuchte.

Joseph glitt in den Fluß, schaufelte Hände voll Wasser auf und bespritzte Tengo damit. »Mann, Tengo, du bist wirklich ein *domkop* (Dummkopf)«, sagte er. »Du weißt überhaupt nichts vom Gesetz des weißen Mannes, das ihn zum Herrn und uns zu Dienern macht. Du hast keine Ahnung von Apartheid.« Wieder bespritzte er Tengo und neckte ihn. »Wo ist dein Paß, Kaffer? Wo ist dein Paß?« Dann zog er Tengo ins Wasser und tauchte ihn unter.

Für den Rest seines Aufenthalts wollte Joseph nicht mehr über sein Leben in der Stadt sprechen. Wenn Tengo ihn fragte, sagte er: »Vergiß es, Vetter.« Statt dessen schlug er vor, schwimmen zu gehen oder beim Melken zu helfen oder den Fußball über die harte, rote, staubige Erde des Platzes zu kicken, der zwischen den Hütten des Kraals lag. Wenn der Ball manchmal zwischen den mageren Hühnern landete, die eifrig in der Nähe der Blaugummibäume pickten, gackerten sie verärgert, schlugen mit den Flügeln und rannten unter die Bäume. Die Jungen brüllten vor Lachen.

»Macht den Hühnern keine angst«, ermahnte sie ihre Großmutter. »Wenn sie aufgeregt sind, legen sie keine Eier.«

Als Joseph nach zwei Wochen Farmaufenthalt wieder nach Hause fuhr, sah er besser aus und war fröhlicher. Selina gab ihm einen Brief für ihre Schwester, seine Mutter, mit, die in Johannesburg arbeitete. Sie fragte sie, ob sie es ermöglichen könnte, einige Bücher zum Lesen und

Lernen für Tengo zu schicken. Sie schrieb den Brief am Küchentisch im Farmhaus, während ihre Herrin ihr Nachmittagsschläfchen hielt.

»Das Kind ist sehr begierig zu lernen. Wir haben kein Geld für Bücher, und Ihr auch nicht, das weiß ich. Aber ich erinnere mich, daß die Leute, bei denen Du arbeitest, Kinder haben. Vielleicht geben sie Dir ein paar ihrer alten Schulbücher für Tengo.«

Der Oubaas nahm Joseph im Lieferwagen nach Doringkraal mit, als er hinfuhr, um Düngemittel zu kaufen. Seine Frau wies Selina an, Joseph ein paar belegte Brote für die Reise mitzugeben, und der Oubaas schenkte ihm eine Handvoll Kleingeld, als er ihn am Bahnhof absetzte. Als Selina an jenem Abend nach beendeter Tagesarbeit in den Kraal kam, fand sie Tengo niedergeschlagen neben der Kohlenpfanne voll glühender Kohlen sitzen. Er sah zu, wie sich der graue Aschebelag bildete, wenn die rotglühenden Kohlen abkühlten.

»Vermißt du deinen Vetter schon?« fragte sie.

Er nickte.

»Es tut mir leid, Kind.« Sie setzte sich auf die umgedrehte Kiste neben ihn und tätschelte seinen Kopf. Sie wollte ihm nichts von dem Brief sagen, den sie geschrieben hatte, für dann Fall, daß er sich Hoffnungen machte und die Bücher dann doch nicht kamen. »Es dauert jetzt nicht mehr sehr lange bis zum Beginn der Osterferien, dann kommt der Kleinbaas wieder, und du hast jemanden zum Spielen. Oh, bin ich müde . . .« Sie streckte sich und schaute hinauf in den fernen, von Sternen übersäten Himmel. »Schnell, Tengo – dort, eine Sternschnuppe!«

Sie sahen zu, wie die glänzende Kugel, einen langen Schweif aus glitzerndem Silberstaub hinter sich ziehend, durch die dunkle Nacht fiel, um so lautlos und geheimnisvoll zu verschwinden, wie sie gekommen war.

»Das bedeutet Glück«, sagte seine Mutter. Sie dachte, vielleicht bedeutet es, daß die Herrin meiner Schwester meinem Kind Bücher schickt. »Oh«, stöhnte sie, »ich bin heute abend so müde. Die Herrin und ich haben heute miteinander Feigenmarmelade gekocht. Das ist eine heiße Arbeit, den ganzen Tag über dem Feuer in diesem Eisentopf zu rühren. Puhhh!« Sie öffnete ihre rissige Einkaufstasche aus Plastik. »Hier ist ein Glas Marmelade. Die Herrin hat gesagt, ich darf es für uns nach Hause nehmen.«

Aber Tengo interessierte sich nicht für Feigenmarmelade. Er fragte sich, was eine Sternschnuppe war, woher sie kam, warum sie ausgerechnet jetzt aus dem Himmel fiel, wohin sie fiel, wenn man sie nicht mehr sehen konnte. Und er fragte sich, ob auch während des Tages, wenn die Sonne alles so hell machte, daß man die Sterne nicht sehen konnte, trotzdem Sternschnuppen niederfielen.

4

Es war Samstag, als Joseph wieder in Johannesburg ankam. In den Außenbezirken fuhr der Zug an Abraumhalden vorüber, hohen, abgeflachten Hügeln aus gelbem Sand, die noch aus jenen Zeiten stammten, als man hier Gold schürfte. Tiefe Schächte und ein Netzwerk aus Tunnels hatte man unter der Erdoberfläche gegraben, um das Gestein zu erreichen, in dem das Gold eingeschlossen war. In diesen Höhlen unter der Erdoberfläche, nunmehr ihres Goldes beraubt, rumpelten von Zeit zu Zeit herabstürzende Felsbrocken, brachten die Erde zum Beben, erschreckten mitten in der Nacht die Menschen, brachten hohe Gebäude zum Schwanken und ließen kleinere Gegenstände von den Regalen herabfallen. Kahl und häßlich, ohne das geringste Grün in ihrer Nähe, bewachten die Abraumhalden den Zugang zur Stadt, und an windigen Tagen fegte der harte, trockene Sand über die Stadt und legte sich als fahler Staub auf Fenstersimse und Möbel.

Joseph mußte den Bus nehmen, um vom Bahnhof zu dem Haus in der Vorstadt zu kommen, wo seine Mutter als Köchin arbeitete. Der nächste Tag war ihr freier Sonntag, dann wollten sie gemeinsam in die township zurückfahren. Er mußte lange auf seinen Bus warten. Mehrere rotweiße Doppeldecker näherten sich langsam, aber sie waren nur für Weiße bestimmt. Endlich kam er, ein ratternder, grüner, einstöckiger Bus. Joseph fuhr durch die Innenstadt, an Läden und hohen Bürohäusern vorbei. Bald tauchten Apartment-Blöcke auf, Parks, Bäume, Einkaufszentren, dann grüne Vorstädte mit schönen Häusern in wundervollen Gärten. Vom Busfenster aus erhaschte Joseph einen Blick über die Mauern und Hecken auf das blaugrüne Schimmern von Swimmingpools in vielen der Gärten. Er sah das aufspritzende Wasser, wenn die Menschen im strahlenden Sonnenschein des Sommernachmittags herumplanschten, er sah Menschen, die sich auf Liegestühlen und auf kurzgeschnittenen, weichen Rasenflächen sonnten.

Das Einkaufszentrum, in dessen Nähe seine Mutter arbeitete, wimmelte von Samstagnachmittags-Käufern. Joseph betrachtete aufmerksam die Gesichter in der Menge und hoffte wie immer, irgendwo seinen Vater zu entdecken. Er würde aus dem Bus stürzen und sich stoßend und drängelnd durch die Menge kämpfen, bis er ihn erreichte ... Sie hatten von seinem Vater schon lange Zeit nichts mehr gehört. Jahrelang hatte er für eine kleine Reinigungsfirma gearbeitet. Aber die Eigentümer hatten aus Angst vor den Unruhen im Land ihr Geschäft geschlossen und lebten jetzt im Ausland. Die Aufenthaltserlaubnis seines Vaters in der Stadt galt nur, solange er dort eine Arbeit hatte; ohne Aufenthaltsgenehmigung wiederum war es ihm unmöglich, sich eine neue Arbeit zu suchen. Er war ein paarmal eingesperrt worden und hatte es dann nicht mehr gewagt, das Haus in der Township zu verlassen, in dem er bei Verwandten seiner Frau gewohnt hatte. Und eines Tages war er fortgegangen. Eine Zeitlang waren noch Briefe aus der Transkei gekommen, wo sein Großvater ein kleines Stück Land bewirtschaftete. Aber jetzt kamen keine Briefe mehr. Seine Mutter schrieb, bekam aber keine Antwort. Eines Tages, so sagte sie, würde sie gerne in die Transkei fahren, um nach ihm zu suchen. Aber in der Zwischenzeit mußte sie weiterarbeiten, um die Familie zu erhalten. Sie konnte nicht weggehen.

Joseph zog am Glockenseil und stieg aus dem Bus, nachdem dieser angehalten hatte. Er ging durch die stille, grüne Vorstadt. Nur Schwarze waren auf der Straße, Dienstboten, die in den großen Häusern arbeiteten. Die Weißen fuhren überallhin mit ihren Autos. Schwarze Kindermädchen schoben Kinderwagen mit weißen Babys darin. Er kam zu einem Haus mit einem hohen Eisentor. An einem Torpfosten war ein blitzblank poliertes Messingschild mit dem Namen: *Dr. David Miller*. Hier arbeitete Josephs Mutter Matilda seit vielen Jahren, schon seit der Zeit vor seiner Geburt. Als er ein Baby war, pflegte sie ihn bei der Arbeit in ein Tuch auf den Rücken gebunden mit sich herumzutragen. Aber als er zu laufen begann, mußte sie ihn in die Township zurückschicken, wo er bei ihrem Bruder und dessen Frau mit ihren vier Kindern und der Schwiegermutter lebte.

Joseph ging durchs Tor und die Einfahrt hinauf. Auf dem Tennisplatz spielte eine von Dr. Millers Töchtern mit drei Freundinnen ein Match. Sie winkte ihm zu, als er auf seinem Weg zum Hinterhof an ihr vorüberkam. Es gab fünf Kinder in der Miller-Familie, und ihre Mutter war ständig damit beschäftigt, sie zur Schule zu bringen, wieder abzuholen, zu Tanzstunden und Musikstunden und Tennisstunden und Nachhilfestunden vor den Prüfungen zu bringen – Josephs Mutter erzählte ihm, daß die Madam sich niemals auch nur für fünf Minuten hinsetzte. Der Gärtner besprengte gerade die Blumenbeete und drehte den Wasserhahn ab, um mit Joseph zu plaudern. An einem Tisch unter einem Baum im Hof war das Hausmädchen Dora damit beschäftigt, Silbermesser, Gabeln und Löffel zu polieren. »Hau, Joseph!« rief sie. »Deine Mutter schaut schon seit dem Lunch immer wieder zur Tür heraus und wartet auf dich. Da bist du ja endlich.«

Die Küchentür stand offen, seine Mutter war in der Küche und buk einen Kuchen. Sie freute sich sehr, ihn zu sehen und festzustellen, wieviel besser es ihm nach seinem Aufenthalt auf dem Land ging. Er setzte sich an den Küchentisch, und sie gab ihm einen Becher Tee und einen Teller mit belegten Broten. »Dein Appetit ist wieder in Ordnung«, sagte sie, als er hungrig in das Brot biß. »Ich kann sehen, daß du jetzt wieder gesund bist, mein Junge.«

Während er aß, mischte sie den Kuchenteig mit einem elektrischen Handrührer, schabte den Teig dann in eine Kuchenform und stellte sie in den Backofen. Es war angenehm, für die Millers zu arbeiten. Sie halfen den Dienstboten immer mit Geld oder Freizeit aus, wenn sie in Schwierigkeiten waren. Sie hatten die Geldstrafen bezahlt, als Josephs Vater eingesperrt worden war, aber sie konnten auch nichts tun, damit seine Aufenthaltsgenehmigung verlängert wurde. »Zum Glück für uns ist der Master Arzt«, sagte Matilda immer zu neuen Dienstboten, wenn sie mit ihrer Arbeit anfingen. »Er kümmert sich um uns, wenn wir krank sind, und er gibt uns kostenlos

Medizin.« Es war der Master gewesen, der ihr gesagt hatte, Joseph brauche nach seiner Krankheit Ferien auf dem Land, und er hatte ihr das Geld für die Fahrkarte gegeben.

Joseph würde die Nacht vom Samstag auf den Sonntag im Zimmer seiner Mutter im Dienstbotentrakt am anderen Ende des Hofes verbringen, obwohl es illegal war, wenn andere als die im Haus beschäftigten Schwarzen dort schliefen. Der Master wollte ihn untersuchen, um sicher zu sein, daß es ihm wieder gutging.

Während der Kuchen gebacken wurde, erzählte Joseph seiner Mutter von den Ferien. Dann ließ sie sich am Tisch nieder und las den Brief, den Joseph ihr von ihrer Schwester Selina gebracht hatte. Joseph schaute inzwischen ein paar Comic-Hefte an, die eine der Miller-Töchter auf der Anrichte hatte liegenlassen. Als der Kuchen allmählich Farbe bekam, füllte sich die Küche mit dem Duft nach Butter und Zucker und Vanillearoma. Das Telefon läutete, und Matilda nahm den Anruf entgegen.

»Dr. Millers Wohnung hier. – Nein. Der Doktor spielt heute nachmittag Golf.« Sie schrieb eine Nachricht von einem seiner Patienten nieder, dann las sie den Brief zu Ende.

Draußen knallte eine Autotür, und die Madam kam von der Garage durch die Küchentür herein. »Joseph! Du bist also wieder da. Irgendwelche Nachrichten, Matilda?«

»Auf dem Notizblock, Madam.«

Mrs. Miller stellte eine Papiertüte mit Einkäufen auf die Anrichte. »Stell das alles in den Kühlschrank, bevor es schmilzt, Matilda. Mir ist so heiß, ich gehe jetzt sofort schwimmen.« Sie las die Nachricht auf dem Block. »Warum lassen sie den Doktor selbst am Wochenende nicht in Frieden?« klagte sie. »Wir werden zum Abendessen nur zehn Personen sein, nicht zwölf, Matilda.

Meine Kusinen kommen nicht. – Dieser Kuchen duftet köstlich. Hast du Obstsalat gemacht?«

»Ja, Madam.«

Unter der Tür blieb sie stehen. »Joseph sieht viel besser aus, findest du nicht, Matilda?«

»Ja, Madam. Er hatte schöne Ferien auf der Farm.«

»Hat er schon etwas zu essen gehabt? Das Kind muß zunehmen.«

»Er hat gegessen, danke, Madam. Madam, meine Schwester hat Joseph diesen Brief für mich mitgegeben. Ihr kleiner Junge, Tengo, Josephs Vetter, er ist ein kluges Kind. Aber er geht nicht zur Schule. Meine Schwester hat Angst, ihn von zu Hause fortzulassen, weil schon zwei ihrer Kinder gestorben sind. Aber er möchte schrecklich gerne lernen, Madam, und er hat keine Bücher, mit denen er arbeiten könnte. Deshalb schreibt sie und bittet, ob Madam ihr vielleicht ein paar von den alten Schulbüchern der Kinder schicken könnte.«

»Wie alt ist er, Matilda? Zehn? Das Haus quillt über von alten Kinderbüchern. Schreib mir die Adresse auf. Wir werden ihm ein Paket schicken.«

»Vielen Dank, Madam. Dein Vetter Tengo wird sich freuen, was, Joseph?«

Joseph nickte.

»Geh nicht weg, ehe der Herr zurückkommt, Joseph«, sagte Madam. »Er möchte dich untersuchen, um sicher zu sein, daß es dir wieder gutgeht.«

»Er bleibt über Nacht hier, Madam«, sagte Matilda. »Morgen ist mein freier Tag, da werden wir zusammen in die Township zurückfahren.«

»Oh, *du* hast morgen frei? Ich dachte, es wäre Dora. Dann sorge dafür, daß etwas Kaltes zum Abendessen da ist, Matilda. Mein Bruder und seine Familie kommen und verbringen den Tag hier.«

»Ja, Madam. Und Madam, Joseph möchte sich bei Ihnen und dem Master dafür bedanken, daß Sie ihm die Fahrkarte bezahlt haben.«

Joseph starrte auf den Umschlag eines Comic-Heftes und schwieg.

»Oh, solange es ihm gutgetan hat . . .«, sagte die Madam. »Hier drinnen ist es so heiß bei diesem Ofen, mein Kleid klebt an mir. Ich muß schwimmen gehen, Matilda. Sei ein Schatz und bring mir ein Tablett mit Tee an den Pool.« Sie ging hinaus.

Matilda faltete den Brief zusammen und steckte ihn in ihre Schürzentasche. Sie füllte den Wasserkessel und stellte ihn auf den Herd. »Nun, Tengo wird seine Bücher bekommen«, sagte sie. »Wenn Madam sagt, daß sie etwas tut, dann tut sie es auch.«

Joseph starrte auf den Umschlag des Comic-Heftes und sagte nichts.

5

Oom Koos fuhr an jedem Wochentag nach Doringkraal, um die Post abzuholen, Sachen für die Farm einzukaufen und Lebensmittel im Supermarkt zu besorgen. Eines Morgens, nachdem er am Bahnhof ein schweres Ersatzteil für seinen Traktor abgeholt und für Tant Sannie beim Stoffhändler eine Spule braunes Garn gekauft hatte, hielt er wie üblich bei der Post.

Die Postbeamtin bat ihn, hinter die Schaltertheke zu kommen und einen Karton mitzunehmen, der so schwer war, daß sie ihn nicht hochheben konnte.

»Ich habe doch nicht Geburtstag«, scherzte er. »Wer schickt mir Geschenke?«

»Das ist nicht für Sie, *Meneer* (Herr)«, sagte sie. »Es ist für einen Ihrer Kaffern auf der Farm.«

Als er zur Farm zurückkam, sah er Timothy frisches Heu über den Hof zum Stall fahren. »Timothy«, sagte er, »hier ist ein Paket für Tengo aus Johannesburg. Ein schwerer Karton mit der Aufschrift ›Bücher‹. Was fängt ein kleiner Neger mit einem Karton voller Bücher an, wenn er nicht einmal lesen kann?«

»Er kann lesen, Herr. Aber jetzt möchte er lernen. Studieren.«

Der Farmer lachte. »Sag ihm, wenn er zu schlau wird, kann er nicht mehr auf der Farm bleiben. Es ist ein schwerer Karton. Ich habe ihn hinten auf dem Laster gelassen.«

»Danke, Herr.«

Timothy nahm seine Mittagsmahlzeit immer beim Farmhaus ein. Wenn die Sonne direkt im Zenit des harten, blauen Himmels stand und die Schatten unter den Bäumen schrumpften wie ausgetrocknete Pfützen, bespritzte er sich an der Pumpe im Hof Arme und Gesicht und setzte sich an den Tisch unter dem Jacarandabaum, wo man ein wenig Schatten fand. Selina kam mit Tee, Brot und Marmelade aus der Küche. Neben ihm auf der Bank stand der große Pappkarton.

»Was ist das?« fragte sie.

Er lächelte. »Aus Johannesburg. Es müssen die Bücher für Tengo sein.«

»Sie sind gekommen!« sagte sie. Vor Freude klatschte sie in die Hände. »Gott sei Dank! Matildas Herrin ist eine gute Frau. Hast du Tengo schon davon erzählt?«

»Er weiß es noch nicht. Er ist bei den Kühen draußen.«

»Oh, er wird ja so glücklich sein«, sagte sie. Sie ging wieder ins Haus, um für den Oubaas und die Herrin die Mittagsmahlzeit zuzubereiten. Das Paket schleppte sie mit und stellte es in einer Ecke der Küche auf dem Boden ab. Sie summte eine fröhliche kleine Melodie, während sie den Tisch deckte, die Suppe umrührte, kaltes Hammelfleisch hauchdünn aufschnitt und Salatblätter außenherum garnierte. Jedesmal, wenn ihre Augen auf das Paket fielen, wurde ihr vor Freude warm ums Herz.

Als Tengo an die Küchentür kam, um sich Brot und Tee zu holen, sagte er: »Mein Vater hat mir erzählt, hier wäre eine Überraschung für mich.«

»Komm herein.« Die Backen seiner Mutter wölbten sich unter ihrem breiten Lächeln. Sie zeigte ihm das Paket.

»Was ist das?«

»Bücher.«

»Bücher? Für mich? Woher?«

Seine Mutter legte den Arm um ihn und preßte seine Schultern. »Bücher – für *dich*. Die Herrin deiner Tante in Johannesburg schickt sie dir. Sollen wir das Paket jetzt öffnen?«

Tengo starrte das Paket an, als sei es ein Wunder. »Nein. Ich werde es heute abend aufmachen. Zu Hause.«

Tengo hatte einmal mit einem heliumgefüllten Ballon gespielt, den Frikkie auf die Farm mitgebracht hatte. Ihm hatte gefallen, wie der Ballon an der Schnur gezerrt hatte, wie er voller Leichtigkeit versuchte, sich loszureißen, davonzuschweben. Für den Rest des Nachmittags, während er seinen Pflichten auf der Farm nachging, fühlte sich sein Herz an wie jener Ballon. Jedesmal, wenn er an den Karton mit Büchern dachte, ihn im Geiste auf dem Küchenboden stehen sah, fühlte er, wie sein Herz in der Brust zog und zerrte, wie es voller Leichtigkeit davonschweben wollte in das klare, ferne Blau des Himmels.

An diesem Abend ging Timothy nach der Arbeit mit kräftigen Schritten und aufrechtem Gang, den Bücherkarton auf dem Kopf balancierend, über das Weideland nach Hause, während Tengo glücklich und aufgeregt neben ihm her hüpfte.

Jedes Buch wurde herausgenommen, angesehen und bewundert. Tengo konnte sich nicht erinnern, jemals so glücklich gewesen zu sein. Im warmen, flackernden Schein der Kerze erschien ihm die Hütte wie ein verzauberter Ort.

Die Millers hatten eine Auswahl alter Schulbücher geschickt – Geschichte, Geographie, Naturkunde –, alle voller Bilder und Landkarten und Zeichnungen. Tengos Großmutter, sein Vater und Tandi stießen begeisterte Rufe aus, als ein Buch nach dem anderen aus dem Karton geholt wurde, sie blätterten und bewunderten die Abbildungen. Da war auch ein Wörterbuch, und keiner von ihnen wußte, was das sein sollte, bis Tengos Mutter von der Arbeit kam und erklärte, wie man es verwendete. Und da waren Bücher mit Geschichten. Selina setzte sich auf einen Stuhl, ihre Plastikeinkaufstasche noch am Arm, und begann sofort, ihnen eine Geschichte von einem Mädchen namens Goldlöckchen vorzulesen, das sich verirrte und in ein Haus kam, das drei Bären gehörte.

»*Bären*?« fragte Tandi. »Was sind Bären?« Und Tengo deutete auf ein buntes Bild auf der gegenüberliegenden Seite und sagte: »Hier, Dummchen, kannst du nicht sehen? Das sind Bären.« Und die alte Großmutter sagte immer wieder: »Hau...« und schüttelte verwundert den Kopf.

Tengo wollte sofort alle Bücher gleichzeitig zu lesen anfangen. Die Entscheidung darüber, mit welchem er beginnen sollte, erfüllte ihn mit der gleichen Freude, die er empfand, wenn er ein Stück geschmeidigen Ton in der Hand hielt und überlegte, welche Figur – welches kleine Tier oder welcher Mensch – wohl darin verborgen sein mochte und nur darauf wartete, von ihm befreit zu werden...

Seine Mutter stellte die Bücher auf ein Regal und riet ihm, mit dem leichtesten anzufangen. Sie zeigte ihm auch, wie man das Wörterbuch verwendete. Je mehr er las, um so leichter fiel es ihm. Er verbrachte jetzt weniger Zeit damit, Tontiere zu modellieren. Während er draußen war und die Kühe hütete, beim Melken oder wenn er den Boden der Milchkammer aufwischte, dachte er an die Wunder der Welt, die ihm die Bücher eröffneten. Und die Bücher mit Geschichten vermittelten ihm eine Ahnung davon, wie das Land jenseits des Meeres aussah.

Eines Nachmittags, als er die letzte Seite des Buches »Geschichte für die Grundschule« erreicht hatte, schloß er das Buch und blickte über das Weideland, und er erinnerte sich an etwas, was im vergangenen Jahr geschehen war und woran er danach nicht gerne gedacht hatte, denn es machte ihn unglücklich. Sissie war mit Frikkie da, um die kurzen Osterferien auf der Farm zu verbringen. Er und Frikkie waren mit den Eiern vom Hühnerstall zurück in die Küche gekommen. Seine Mutter stand am Spülbekken und scheuerte eine Pfanne; die Herrin rollte am Küchentisch Teig aus, und Sissie saß neben ihr und las laut aus einem Geschichtenbuch vor. Ihr Ellbogen lag auf dem Tisch, die Wange hatte sie in die Hand gelegt, und mit ihrer hohen, klaren Stimme las sie, ohne zu stottern oder zu stocken und ohne ihren Finger zu Hilfe zu nehmen, als sei Lesen das Einfachste auf der Welt.

Seine Mutter hatte ihn gerufen, und er war in die Spülküche gegangen, aber er hatte kein Wort von dem gehört, was sie zu ihm sagte. Alles, was er hören konnte, war diese hohe, piepsige Stimme, die ohne Anstrengung Worte las, die er nur stotternd herausgebracht hätte – Worte, denen er erst mit dem Finger als Zeigehilfe hätte nachspüren müssen, bis die Buchstaben in seinem Kopf Gestalt annahmen und eine Bedeutung ergaben. Sie war drei Jahre jünger als er, und sie konnte besser lesen als er. Er hatte sich sehr unwohl dabei gefühlt, als habe er etwas Bitteres gekostet.

Und dieser bittere Geschmack wollte nicht weichen. Als er und Frikkie hinausgegangen waren, um zu spielen, verfehlte er ständig den Ball und hörte nicht auf das, was Frikkie zu ihm sagte. Er hörte nur Sissies hohe Babystimme, die so mühelos las.

Jetzt fiel ihm das Lesen so leicht, daß er sicher war, er würde Worte lesen können, die für diese blöde kleine Sissie zu schwer waren.

Jetzt nahm er ständig ein Buch mit zur Farm, und wann immer er Zeit übrig hatte, suchte er ein schattiges Plätzchen, setzte sich hin und las. Wenn der Oubaas ihn brauchte und ihn nicht finden konnte, beklagte er sich: »Wo ist dieser Negerjunge schon wieder hin? Ich wette, er hockt irgendwo mit einem Buch. *Tengo!* Wo bist du?«

Tengos Mutter saß in ihrer freien Stunde zwischen Mittagessen und Teezeit am Küchentisch und schrieb einen Brief an ihre Schwester in Johannesburg:

»Sag Deiner Herrin noch einmal, wie dankbar wir für die Bücher sind, die sie geschickt hat. Sag ihr, das Kind saugt das Geschriebene auf wie trockener Boden den Regen...«

Frikkie gegenüber erwähnte Tengo die Bücher nicht, denn er schämte sich nun, daß Frikkie mit seinem Schulwissen so viel weiter war als er, obwohl sie gleichaltrig waren. Und da Frikkie die Hütte nie betrat, sah er auch das Regal mit Büchern nie.

Einmal allerdings, als sie beide in den Ästen eines alten, knorrigen Pfirsichbaumes kauerten und die harten, süßen Früchte pflückten, die später in Sirup eingekocht und in der Vorratskammer aufbewahrt wurden, bemerkte Frikkie, während er an einem Pfirsich kaute:

»Mein Onkel hat mir erzählt, jemand hätte dir ein Paket mit Büchern geschickt.« Tengo nickte, griff nach einem Pfirsich, biß hinein und sagte nichts.

Jahr um Jahr kam Frikkie zur Farm. Im Dezember für die Sommerferien, für die Winterferien im Juli* und zwischendurch für die kurzen Ferien mitten im Schuljahr. Jahr um Jahr packte er am Tag nach Schulschluß in seinem Zimmer auf der Farm seine Sachen aus. Die beiden Jungen sahen einander so häufig, daß keiner die Veränderung beim anderen wahrnahm. Ihre Gesichter wurden ausgeprägter, ihre Stimmen festigten sich, ihre Hände wurden groß und ihre Muskeln straffer und kräftiger.

In dem Jahr, als sie beide dreizehn wurden, kam Frikkie wie gewöhnlich in den Juliferien. Obwohl mitten im Winter, waren die Tage strahlend und heiß, ständig schien die Sonne vom wolkenlosen Himmel. Aber die Nacht fiel plötzlich herein, schwarz und kalt, nachdem ein kurzer, feuriger Sonnenuntergang den Himmel entflammt hatte. Rauhreif knisterte im Gras, und auf der Regentonne im Hof lag eine Eisschicht. Im Laufe des Vormittags jedoch war alles wieder geschmolzen.

Die Luft war klar wie Glas und roch süß und rein, der Schrei der Vögel klang scharf und hell wie Kristall. Das Wasser im Fluß war zu kalt zum Schwimmen, und die Zweige der Weiden hingen gelblich kahl über der Uferböschung. Das nun trockene, harte Gras hakte sich an den Pullovern der Jungen fest.

»Ende Juli gibt es für meinen Onkel eine Riesenparty«, erzählte Frikkie Tengo, als sie Kieselsteine übers Wasser flitzen ließen. »Eine Geburtstagsparty.«

»Wie alt wird der Oubaas?« fragte Tengo.

»Fünfzig. Alle meine Onkel und Tanten und Kusinen und Vettern kommen. Meine Mutter und mein Vater und meine Schwester kommen und bleiben eine Woche. Wir werden *braaivleis* (Bratfleisch) machen. Mein Onkel sagt,

---

* Auf der südlichen Erdhalbkugel sind die Jahreszeiten gegen die der nördlichen Halbkugel verschoben.

er schlachtet einen Ochsen, und deine Mutter wird einen ungeheuer großen Geburtstagskuchen backen, so groß, daß man fünfzig Kerzen hineinstecken kann.«

»Der Oubaas wird alt«, bemerkte Tengo.

»Wenn er stirbt«, sagte Frikkie, »wird diese ganze Farm mir gehören. Du kannst bei mir arbeiten und mein Chefboy sein.«

Tengo hob einen schweren, flachen, grauen Kieselstein vom Flußufer auf, peilte einen Baumstumpf am gegenüberliegenden Ufer an, trat einen Schritt zurück, holte weit aus und traf den Stumpf genau in der Mitte.

»Guter Wurf«, sagte Frikkie. Er hob ebenfalls einen Stein auf, zielte, warf und verfehlte sein Ziel. Er setzte sich, lehnte sich gegen den Stamm einer Weide, zog einen trockenen Grashalm aus dem Boden und kaute darauf herum. »Willst du, Tengo?«

»Will was?«

»Willst du mein Chefboy werden, wenn die Farm mir gehört?«

Tengo traf den Baumstumpf noch ein zweites Mal. Er blieb ein paar Momente stehen, blickte hinab auf Frikkies Haar, das genauso gelb war wie die Weidenzweige, dann wandte er sich ab und ging weg.

»He, warte auf mich!« rief Frikkie, der sich umdrehte, nachdem er keine Antwort bekam, und Tengo schon auf halber Höhe des Abhangs sah. »Wohin gehst du?« fragte er, als er ihn eingeholt hatte. »Ich hole meinen Fußball, wir können zusammen spielen.«

Aber Tengo ging weiter über das trockene Wintergras des Weidelandes, als müsse er irgendwohin gehen, als habe er eine Nachricht erhalten, ohne zu wissen, was die Nachricht enthielt.

Frikkie verfiel in eine schnellere Gangart, um mit Tengo Schritt halten zu können. »Tengo, Mann! Wohin gehst du?«

Tengo rannte jetzt, fühlte das Auf und Ab seiner Beine, die ihn durch das Weideland trugen, über ihm der hohe, blaue Himmel und in seinen Lungen die reine, trockene Luft.

»Ach so, du willst einen Wettlauf machen!« rief Frikkie. »Ich bin schneller am Tor!«

Aber Tengos Füße schienen über das Gras zu gleiten, berührten es kaum, so als strömte der Boden unter seinen Füßen fort. Der Wind pfiff an seinem Gesicht vorbei, er war erfüllt von einer Unrast, die ihn zur Eile antrieb – er wußte nicht, rannte er vor etwas davon oder etwas entgegen. Immer schneller rannte er. Er erreichte das Tor lange vor Frikkie.

Die beiden Jungen lehnten keuchend am Tor, warteten darauf, wieder zu Atem zu kommen. Weit entfernt über einem *koppie* (Hügel) schwebten drei Geier, hingen beinahe regungslos in der Luft, als würden sie von unsichtbaren Fäden gehalten.

»Sie können Blut riechen«, sagte Frikkie. »Jemand jagt dort draußen. Schau sie dir an, sie warten darauf, daß sie sich herunterstürzen und einen Festschmaus halten können, wenn die Jagd vorbei ist.«

Oom Koos war mit einigen Nachbarfarmern auf Jagd gewesen und hatte einen großen Antilopenbock geschossen. Er hatte ihn zerlegt und arbeitete nun am Tisch unter dem Jacarandabaum. Er schnitt eine Keule in Streifen, um *biltong* (eine Art Dörrfleisch) daraus zu machen.

»He! Ich habe euch beiden Schlingel schon gesucht – wo wart ihr? Lungert herum, wenn es hier Arbeit gibt. Kommt und helft mir mit dem biltong.«

Er hatte eine Schüssel mit grobem Salz und Gewürzen gefüllt, und nachdem er die Fleischstreifen geschnitten hatte, reichte er sie den Jungen, die sie mit der Salzmischung einreiben sollten. »Paßt auf, daß ihr sie gut einreibt«, ermahnte er sie, »sonst verdirbt das Fleisch.« Dann mußten alle Fleischstücke an S-förmigen Metallhaken auf einer Leine aufgehängt werden, die zwischen zwei Ästen des Baumes gespannt war, damit Sonne und Wind sie trockneten, bis sie aussahen wie steife Lederbänder.

»Ohne biltong, Frikkie«, erzählte ihm sein Onkel während der Arbeit, »hätten deine Vorfahren, die Voortrekkers, den Großen Treck nie überlebt. Trockener Zwieback und biltong...« Er fühlte Tengos Augen auf sich gerichtet und blickte auf. »Du weißt nicht, was der Große Treck ist, he, Tengo?«

»Nein, Herr«, sagte Tengo. Aber er wußte es. Er hatte in einem der Geschichtsbücher darüber gelesen. Er bohrte einen Haken durch einen Fleischstreifen und hängte ihn auf die Leine.

»Sag es ihm, Frikkie«, sagte der Oubaas.

»Das war damals, als unser Volk, die Buren, ihre Planwagen bestiegen und sich nach Norden aufmachten, weg vom Kap der Guten Hoffnung.«

»Ganz richtig, mein Junge. Und wann war das?«

»Oh, vor fast 150 Jahren.«

»Und erzähl Tengo, warum sie das Kap verlassen wollten, Frik.«

»Na ja, sie wollten eben weg von den Engländern.«

Sein Onkel lachte. »Ganz recht. Ich bin froh, daß du in der Schule aufgepaßt hast.« Von seinen rauhen, kräftigen Händen tropfte das Blut, während er das Fleisch geschickt in gleichmäßige Streifen schnitt. Die scharfe Messerklinge blitzte auf, als sie von der Sonne getroffen wurde. »Die Briten waren sehr hart gegen unsere Leute, die Afrikaander«, fuhr er fort. »Sie hängten manche, nur weil sie ein paar Kaffern auspeitschten, die ihr Vieh gestohlen hatten. Dann zwangen sie unsere Leute, ihre Sklaven freizulassen, und sagten ihnen, sie würden für den Verlust entschädigt. Aber als die Buren dann kamen, um die Entschädigung zu kassieren, sagten die Briten zu ihnen: ›Tut uns leid, aber wenn ihr euer Geld wollt, müßt ihr ein Schiff nehmen und 6000 Meilen übers Meer nach England fahren.‹ Und so verloren sie all ihr Geld, das sie in den Kauf von Sklaven investiert hatten. Sie begannen die Briten zu hassen, weil sie Wilde, die nicht einmal Christen waren, den gottesfürchtigen Buren vorzogen. Also beschlossen sie, alles zu verkaufen, ihre Farmen, ihre Möbel . . . Sie packten, was sie brauchten, in ihre Planwagen, Salz und Zucker und Mehl und Saatgetreide und eine Menge Schießpulver . . . und ihre Bibeln. Und sie setzten ihre Frauen und Kinder in die Wagen, nahmen ihre Dienstboten mit und führten ihr Vieh und ihre Schafe mit sich. Sie spannten die Ochsen als Zugtiere ins Joch, und dann machten sie sich auf den Weg. Und ich kann dir sagen, dazu gehörte eine Menge Mut. Sie kamen in einen Teil von Afrika, in den noch kaum ein weißer Mann seinen Fuß gesetzt hatte. Sie waren die ersten Siedler in diesem Teil des Landes. Und deine Verwandten waren dabei, Frikkie. So kam unsere Familie zu dieser Farm. Wir haben dafür mit unserem Blut bezahlt. Hast du das gewußt?«

»Ja, Oom Koos, aber es ist interessanter, wenn du es erzählst, als wenn unser Geschichtslehrer vor sich hin labert.«

»Du solltest zuhören, mein Kind. Diese Voortrekkers waren sehr mutige Leute. Sie liebten das Land. Und sie bezahlten einen bitteren Preis dafür. Nachdem sie von den Briten weggezogen waren, haben *deine* Leute, Tengo, sie bekämpft und betrogen und abgeschlachtet, so wie ich diesen Bock abgeschlachtet habe.«

»Wie haben sie unsere Leute betrogen, Oom Koos?« fragte Frikkie.

Tengo rieb das Fleisch mit Salz ein und hörte zu.

»Wie? Die Eingeborenenhäuptlinge waren einverstanden, unseren Leuten Land zu verkaufen, einen Handel mit ihnen abzuschließen. ›Ja, ihr könnt soundsoviel haben, vom Fluß bis zu den Bäumen gehört das Land euch.‹ Und dann, nachdem die Buren ihre Ochsen ausgespannt und all ihr Vieh zum Grasen auf die Weide geschickt hatten, vielleicht hatten sie sogar schon angefangen zu säen und zu pflanzen und Häuser zu bauen, da kamen die Horden der *impi* (Zulu-Armee) mit ihren *asgaais* und *knopkieries* (Spießen und Keulen) und metzelten sie nieder und stahlen das Vieh. Es gab entsetzliche Kämpfe zwischen den Buren und den Kaffern. Sie waren uns zahlenmäßig überlegen, aber ihre Speere konnten gegen unsere Gewehre nichts ausrichten, und sie zahlten einen hohen Preis dafür, daß sie mit uns einen Handel abgeschlossen und sich danach nicht an die Abmachung gehalten hatten.«

»Wann wird dieses biltong soweit sein, daß man es essen kann, Oom Koos?« fragte Frikkie.

Sein Onkel wischte sich die Hände an einem Lappen ab und zog Frikkie am Ohr. »Du interessierst dich also mehr für deinen Magen als für die Geschichte deines Volkes«, schalt er ihn.

»Au! Das tut weh!« Frikkie rieb sich das Ohr mit der Außenseite seines Handgelenks, denn seine Hände waren voller Salz und Blut. »Sag doch, Oom Koos, wann ist es fertig? Ich mag Antilopen-biltong sehr gern.«

»Schlingel!« Oom Koos zerzauste das feine, gelbe Haar seines Neffen. »Das Wetter ist trocken, und es weht ein guter Wind, es sollte daher nicht länger als zwei Wochen dauern.«

»Zwei Wochen! Das ist aber lang! Wir geben Tengo auch ein Stück, nicht wahr, weil er uns doch dabei geholfen hat.«

»Ich mag kein biltong«, sagte Tengo. »Es ist zu trocken und salzig und schmeckt nach Blut.«

49

Der Oubaas lachte. »Um so mehr bleibt für uns«, sagte er.

Tant Sannie erschien an der Küchentür und rief in den Hof, daß das Mittagessen auf dem Tisch stehe.

»Wir kommen«, rief der Oubaas. »Du bleibst hier, Tengo.« Er reichte Tengo eine lange Gerte, die er von einem Baum abgeschnitten hatte. »Bleib hier und scheuch damit die Fliegen weg, wenn sie sich auf das Fleisch zu setzen versuchen. Da, Frikkie, bring diese Schüssel in die Küche, damit Selina sie wäscht.« Sorgfältig wischte er das Blut vom Messer und ging ins Haus.

Tengo saß auf der Bank und schlug mit der Gerte nach den Fliegen, die vom Geruch des Blutes angezogen wurden. Auch wenn der Oubaas so stark und so reich und so klug ist, dachte er bei sich, er weiß trotzdem nicht alles. Und er weiß nicht einmal, daß er nicht alles weiß...

Tengo hatte Geschichtsbücher gelesen. Von den Leuten aus Johannesburg war noch ein zweiter Karton gekommen – mit anspruchsvolleren Büchern. Und aus dem, was er da gelesen hatte, erkannte Tengo etwas, was der Oubaas nicht verstanden hatte. Und was Frikkie nicht verstand. Die Buren begriffen nicht, daß die Afrikaander keine Vorstellung davon gehabt hatten, daß Land gekauft oder verkauft werden konnte, daß man es gegen Perlen, Kochtöpfe oder Spiegel eintauschen konnte – für die Eingeborenen war das ebensowenig möglich, wie den Himmel oder den Regen oder das Sonnenlicht zu kaufen. Das Land war da für jene, die darauf lebten und ihr Vieh darauf grasen ließen. Die Herden waren der wertvollste Besitz, und die grasbedeckten Weideflächen und die Flüsse waren da, um das Vieh zu ernähren und zu tränken.

Die Buren kamen in ihren Planwagen an und glaubten, die afrikanischen Häuptlinge würden ihnen das Land verkaufen. Sie wußten nicht, daß ihnen nur das Recht zugestanden wurde, ihr Vieh weiden zu lassen, sogar Getreide anzubauen, aber nicht das Land in Besitz zu nehmen, es einzuzäunen und von da an als ihr Eigentum anzusehen. Es waren zwei verschiedene Blickwinkel, aus denen ein und dieselbe Sache betrachtet wurde, dachte Tengo, während die Fliegen unter dem Schlag seiner Gerte verärgert davonschwirrten. Es waren zwei verschiedene Arten von Menschen, die beide Vieh besaßen und die das gleiche Land als Weide beanspruchten. Wir waren vor ihnen da. Aber ihre Gewehre waren mächtiger als unsere Speere ...

Er war ein paarmal mit dem Oubaas bei der Jagd gewesen. Er hatte gesehen, wie leicht es war, aus der Entfernung zu zielen, zu feuern – und ein paar hundert Meter entfernt fiel ein großer Antilopenbock um und rollte zur Seite. Er hatte neben dem Oubaas gestanden, als der sein Messer herausgezogen und den dampfenden Leib des getöteten Tieres aufgeschlitzt hatte, um es auszuweiden. Er hatte zum Himmel aufgeblickt und die Geier regungslos im Blau hängen sehen, bereit, sich herabzustürzen und sich von dem zu ernähren, was auf dem Grasland zurückgeblieben war.

Die Eingeborenen mit ihren Schilden aus Häuten und ihren asgaais hatten gegen die Gewehre der Buren so wenig Chancen gehabt wie der Antilopenbock gegen die Flinte des Oubaas. Die Buren hatten die Afrikaner nicht verstanden, und die Afrikaner hatten die Buren nicht verstanden.

Tengos Arm ermüdete vom ständigen Wedeln mit der Gerte. Er beschloß, sich nicht mehr darum zu kümmern, ob sich die Fliegen auf dem biltong des Oubaas niederließen. Tief in Gedanken versunken saß er unter dem Jacarandabaum und stellte Überlegungen an, die ihm vor der Ankunft der Bücherpakete nie möglich gewesen wären.

Er erinnerte sich, wie er beim Auspacken des ersten Bücherpakets das Gefühl gehabt hatte, es enthalte einen

Zauber. Vielleicht lag der Zauber, so dachte er jetzt, im Wissen – im Begreifen von Dingen, die Frikkie und der Oubaas nicht wußten. Dieses Wissen verlieh ihm eine Macht über sie, die er vorher nicht besessen hatte, eine Macht, die den Druck verringerte, den sie auf ihn ausübten...

Nachdem er sich durch den Inhalt des zweiten Bücherpaketes hindurchgelesen hatte, hatte er auf eine weitere Sendung gehofft. Wann immer er den Oubaas ein ähnlich aussehendes Paket vom Laster abladen sah, überfiel ihn Herzklopfen bei dem Gedanken, es könnte für ihn sein. Aber mehr als ein Jahr war vergangen, und aus Johannesburg waren keine weiteren Bücher gekommen. Seine Mutter war davon überzeugt, daß sie kommen würden. »Hab Geduld«, hatte sie ihm gesagt, »die Herrin meiner Schwester ist eine gute Frau. Sie vergißt dich nicht.« Doch Tengo war sicher, daß sie ihn vergessen hatte.

Vom Küchenfenster her störte ein Ruf seine Gedanken. »Tengo, du fauler Kaffer!« brüllte der Oubaas. »Du sollst nicht rumsitzen und träumen. Verscheuche diese verdammten Fliegen von meinem biltong!«

Tengo hob die Gerte, und ein Schwarm schwarzer Fliegen erhob sich vom Fleisch und surrte davon.

Frikkie liebte die Winterabende auf der Farm. Selina zündete dann im Kamin des Eßzimmers ein Feuer an, und nachdem das Abendessen vorbei war und sie den Tisch abgeräumt hatte, stocherte sie mit dem Schürhaken in der Asche herum und legte glänzende schwarze Kohlen auf die Glut. Seine Tante und sein Onkel saßen am Tisch. Die Tante nähte oder strickte, und der Onkel arbeitete an den Verwaltungsbüchern der Farm. Zu Hause las Frikkie Comic-Heftchen, aber Tant Sannie erlaubte das auf der Farm nicht. »Sie stopfen die Köpfe der Kinder mit lauter Mist voll«, sagte sie. Es gab ein Radio, aber es wurde nur dazu benutzt, um die Nachrichten oder den Wetterbericht zu hören. An manchen Sonntagen, wenn sie nicht zur Kirche nach Doringkraal gehen konnten, hörten sie sich im Radio einen *predikant* (Priester) an, der die Messe in Afrikaans las. Im Hause gab es nichts zu lesen außer der großen alten Bibel, die die Familie beim Großen Treck auf dem Ochsenwagen mitgebracht hatte, und einen Stoß von Landwirtschafts-Zeitschriften. Frikkie lag auf dem Bauch vor dem Feuer und studierte eifrig Inserate für Mähdrescher, Traktoren, Melkmaschinen, Düngemittel, bis es Zeit war, ins Bett zu gehen.

Er seufzte vor Zufriedenheit. Er brauchte sich keine Gedanken über Hausaufgaben oder über seinen strengen neuen Lehrer zu machen, der die Jungen wegen der geringsten Kleinigkeit mit dem Stock prügelte – wegen ein paar falsch ausgesprochener Worte oder einer winzigen Verspätung nach der Pause. Hier brauchte er sich um nichts zu sorgen. Er sah zu, wie die blauen Flammen über die Oberfläche der Kohlen züngelten. Das Feuer griff auf die Kohlen über, feine Asche rieselte durch den Rost, die blauen Flammen wurden orange und purpurrot in der starken Hitze. Er fragte sich, wann Tessies Kalb zur Welt kommen würde, und hoffte, daß es eine Färse würde, die genausoviel Milch gab wie ihre Mutter.

In der Küche hüllte sich Selina in einen dicken Wintermantel, der vorher ihrer Herrin gehört hatte. Glücklicherweise waren sie beide kräftig gebaute Frauen, so daß er gut paßte. Der Abwasch war erledigt, jede Fläche in der Küche sauber abgewischt und aufgeräumt. Sie packte die Reste einer gebratenen Lammkeule, von der die Herrin gesagt hatte, sie könne sie mitnehmen, in ihre abgewetzte Plastiktasche. Es war noch genug Fleisch daran, daß ihre Mutter einen schmackhaften Eintopf für die ganze Familie daraus machen konnte. Sie wickelte sich ein Tuch um Kopf und Schultern, löschte das Licht und trat hinaus in die beißend kalte Nacht. Der Mond schien nicht, und der Himmel war übersät mit Sternen. Tengo lernte viele interessante Dinge über die Sterne, aber für sie waren es helle Lichter, die durch kleine Löcher in der Dunkelheit glitzerten.

Von der Stelle aus, wo sich die Farmstraße zu der Gruppe von Eukalyptusbäumen senkte, sah sie den schwachen Lichtschimmer aus dem Kraal. Beim Näherkommen konnte sie den orangefarbenen Schein der Kohlenpfanne ausmachen, die ihre Hütte warm hielt und aus den zwei kleinen Fenstern anheimelndes Licht in die Dunkelheit hinausschickte. Mit rascheren Schritten ging sie durch die Stille der afrikanischen Nacht zu ihrer Familie.

Früh am Morgen, als Tengos Großmutter gerade das Feuer fürs Frühstück anzündete, hörte sie Frikkie über das Weideland rufen. »Tengo! Tengo!« Und bald darauf kam er durch den Kraal gerannt. »Lettie«, fragte er die alte Frau, »ist Tengo schon auf?«

Tengo erschien unter der Türöffnung und rieb sich die Augen.

»Tengo! Tessies Kalb ist letzte Nacht geboren worden! Mein Onkel und ich waren fast die ganze Nacht auf, und der Tierarzt ist gekommen. Tessie hat wirklich eine schlimme Zeit durchgemacht, aber jetzt geht's ihr wieder gut.«

Tengos Vater kam an die Tür. »Ist es eine Färse?«

»O ja, Timothy. Eine wunderschöne kleine Färse. Beeil dich und zieh dich an, Tengo. Ich will sie dir zeigen.«

Während er auf Tengo wartete, nahm Frikkie vom äußeren Fensterbrett einen kleinen, roten Tonstier. Er hielt ihn vorsichtig und betrachtete ihn genau. Die alte Frau hockte sich vor ihren eisernen Kochtopf und rührte, rührte den dicken, weißlichen Maisbrei um. Hoch oben in den Blaugummibäumen trillerte ein Vogel in der klaren, frostigen Luft und erhielt Antwort von einer Reihe jubelnder Vogelrufe.

Als Tengo aus der Hütte kam, bemerkte er sofort den Tonstier in Frikkies Hand.

»Ist das einer, den du gemacht hast?« fragte Frikkie.

Tengo nickte.

»Hast du viele gemacht?«

»Nicht besonders viele.«

»Tengo, willst du mir diesen da schenken?«

Tengo zögerte. Er freute sich, daß seinem Freund der kleine Stier so gut gefiel, daß er ihn haben wollte, aber gleichzeitig wehrte sich etwas in ihm dagegen, das Tier herzugeben – so, als stamme das Tontier aus einem Teil seines Lebens, den er von der Freundschaft mit dem weißen Jungen getrennt halten wollte.

In der plötzlichen Stille wartete Frikkie und nahm einen verschlossenen Ausdruck auf Tengos Gesicht wahr, als seien sie Fremde füreinander. »Bitte, Tengo . . .«, sagte er. Die alte Frau rührte den Brei um. Timothy kam aus der Hütte, gähnend, sich streckend.

»Du kannst ihn haben«, sagte Tengo.

»Danke.« Frikkie gab sich lässig, um seine Erleichterung zu verbergen. Es wäre ein Schlag für ihn gewesen, wenn Tengo seine Bitte abgewiesen hätte. Aber es war solch ein hübscher, kleiner Stier – kraftstrotzend, als wolle er augenblicklich davonpreschen –, daß es Frikkie unmöglich war, seine Freude zu verbergen.

»Ich werde ihn immer in meinem Zimmer auf der Farm aufbewahren, Tengo. Ich werde ihn nie in die Stadt mitnehmen. Komm jetzt, Mann, hör auf zu trödeln! Schauen wir uns das neue Kalb an. Wettlauf zum Tor!«

»Tengo!« rief die Großmutter ihm nach. »Was ist mit deinem Frühstück?«

Aber die beiden Jungen rannten über das Weideland

und waren bald außer Hörweite. Ihre Füße hinterließen Abdrücke in der dünnen Kruste knisternden Rauhreifs, der das Gras weiß gefärbt hatte. Bald stieg die Sonne ein wenig höher und schmolz die beiden parallel nebeneinander verlaufenden Spuren, die vom Kraal zum Farmgebäude führten.

An jenem Abend schloß Frikkies Onkel, nachdem der Junge zu Bett gegangen war, die dicke, schwarze Mappe, in der er über alles Buch führte, was auf der Farm vor sich ging. Er hatte soeben die Geburt von Tessies Kalb eingetragen. Tant Sannies Nadeln klapperten, während sie an einem Paar großer, grauer Socken strickte, wie sie ihr Mann immer trug.

»Ich wünschte, du hättest heute morgen die beiden Jungen sehen können, als sie kamen, um sich das Kalb anzuschauen«, sagte Oom Koos. »Frikkie lief zum Kraal hinunter, um Tengo zu wecken, er war so aufgeregt. Sie schauten zu, wie Tessie ihr neugeborenes Kalb säugte. Ich sage dir, Sannie, ihre Gesichter – es hat mir richtig den Hals zugeschnürt, die Gesichter von diesen beiden Kindern, schwarz und weiß. Es war, als seien sie Zeugen eines Wunders.« Er schüttelte den Kopf und starrte ins Feuer.

Tant Sannie wickelte etwas Wolle ab und begann mit einer neuen Runde. »Nun, die beiden spielen zusammen, seit sie etwa drei Jahre alt waren, vergiß das nicht, Koos. Sie sind beide auf der Farm aufgewachsen. Es liegt ihnen im Blut.«

»Er ist ein kluger Kaffer, dieser Tengo«, bemerkte Oom Koos. »Und ein guter Arbeiter. Wenn er bleibt, kann ich ihm in ein paar Jahren die Aufsicht über die Milchkammer geben. Aber . . . ich weiß nicht . . . Hast du diesen kleinen Tonstier gesehen, den er Frikkie schenkte? Ich sag dir, Sannie, dieses Negergör ist schlauer, als für ihn gut ist.«

Seine Frau rollte ihr Strickzeug zusammen und legte es in ihren Arbeitskorb.

»Diese stillen Kaffern...«, sagte sie. »Auf die muß man aufpassen. Sie sagen nicht viel, aber ihre Gedanken – man weiß nie, was sie denken. Es ist Zeit zum Schlafengehen, Koos. Du warst den Großteil der Nacht wegen Tessies Kalb wach. Du siehst müde aus.«

6

In der letzten Juliwoche begannen das große Kochen und Backen und die Vorbereitungen für Oom Koos' Geburtstagsparty. Frikkies Eltern und seine Schwester trafen ein. Seine Mutter, Tant Sannie und Selina waren vom frühen Morgen an mit Braten, Mahlen, Hacken, Ausrollen, Rühren, dem Stopfen von Würsten beschäftigt. Sie zogen Kuchen und Obsttorten und Pasteten aus dem Backrohr des Herdes. Die Küche war den ganzen Tag über von wunderbaren Düften erfüllt. Frikkies Vater half Oom Koos, den Ochsen zu schlachten und Schnüre mit farbigen Lampen quer über den Hof zu spannen. Sie fuhren nach Doringkraal und kamen mit dem Laster voller Bierkisten, Schnaps und bunter Säfte für die Kinder zurück.

Da seine Mutter so beschäftigt war, mußte Frikkie auf seine Schwester aufpassen. Er war es gewöhnt, auf der Farm seine Freiheit zu genießen, und ärgerte sich darüber, daß Sissie ständig hinter ihm her trottete, wenn er in der Milchkammer half oder auf dem Mähdrescher fuhr, oder wenn er und Tengo zum Fluß hinuntergingen oder miteinander Fußball spielten. Sie konnte nicht mit ihnen Schritt halten, wenn sie rannten, oder einen Ball ordentlich auffangen. Oft versuchten die Jungen, ohne sie wegzulaufen. Aber sie kam ihnen jammernd und protestierend hinterher. Manchmal konnten sie ihr entkommen, dann beklagte sie sich bei den Erwachsenen, und Frikkie wurde gescholten.

Sie stand vor dem Hühnerauslauf und sah zu, wie die Jungen die Eier einsammelten. »Ich hab' überhaupt nichts zu tun«, sagte sie schlechtgelaunt und gelangweilt.

»Komm und hilf uns«, sagte Frikkie.

»Nein. Ich mag Hühner nicht. Sie zwicken mich in die Beine.«

»Warum sollten sie dich in die Beine zwicken, wo sie doch so viel Futter hier haben? Du würdest nicht mal einem Huhn schmecken.«

Die Jungen lachten, und sie stampfte mit dem Fuß auf und rüttelte am Drahtzaun. »Ich sag Ma, daß ihr euch über mich lustig macht«, schrie sie und rannte ins Haus. Tengo war froh, daß sie gegangen war. Er machte sich nichts aus Sissie. Sie hatte ein rundes, rosiges Gesicht und hellblaue Augen, und ihr Haar war so blaß wie Stroh, straff aus dem Gesicht gezogen und zu kleinen, festen Rattenschwänzen geflochten. Er fand, sie sah aus, als seien ihre Farben ausgeblichen. In der Sonne wurde sie sehr schnell rot und mußte im Freien immer einen Hut tragen. Niemals redete sie Tengo direkt an. »Sag ihm, daß ich jetzt dran bin«, sagte sie zu Frikkie. »Sag ihm, er soll mir eine pflücken . . . sag ihm, es ist da drüben . . .« Wenn er ihr dann gab, wonach sie verlangt hatte, sagte sie nicht einmal danke. Er war froh, daß sie nur selten auf die Farm kam.

Sie brachten den Korb mit Eiern ins Haus, und Selina bat Tengo, die Eier in die Vorratskammer zu tragen. Er stellte den Korb auf den glänzenden, roten Steinfußboden und sah sich um. Noch nie hatte er so viel Eßwaren auf einmal gesehen. Jedes Regal war voll beladen. Um die Fliegen fernzuhalten, waren Netze über große Platten mit rohen Steaks und Koteletts und hausgemachten Würsten gespannt, die sie *boerwors* nannten. Da gab es Schüsseln mit *bobotie*, gewürztem Hackfleisch mit Sahnesoße bedeckt und mit Blättern vom Zitronenbaum garniert. Es gab *melktert*, köstliche, süße Eierrahmtorten, und *koeksisters*, in Sirup golden herausgebackene Kuchenteilchen. Tengo wußte, dies waren alles Gerichte, die die Afrikaander für Feste und Feierlichkeiten zubereiteten. Da stand auch der riesige Kuchen, den seine Mutter gebacken hatte, verziert mit rosarotem und weißen Zuckerguß und mit silbernen Kügelchen geschmückt.

Frikkie kam in die Vorratskammer, gefolgt von Sissie.

»Nicht schlecht, was, Tengo?« meinte Frikkie.

»Das wird ein richtiges Festessen«, sagte Tengo.

»Tant Sannie sagt, ich darf die Kerzen auf den Kuchen stecken«, brüstete sich Sissie. »Fünfzig Kerzen.«

»Möchtest du ein koeksister, Tengo?« fragte Frikkie.

»Oh, ich verrate euch bei Tant Sannie!« Sissie rannte in die Küche zurück.

Tant Sannie erschien. »Na schön, ihr beiden, ein koeksister für jeden von euch, und dann alle raus hier. Wir haben eine Menge zu tun, und ihr lauft uns nur zwischen den Füßen herum.«

Am nächsten Tag waren Frikkie und Tengo Sissie los. Sie hatte Fieber und Halsschmerzen und mußte im Bett bleiben. Die beiden Jungen verrichteten ihre Arbeiten auf der Farm, am Nachmittag spielten sie Fußball und genossen den Tag ohne Sissie.

Sie ruhten sich unter dem Jacarandabaum aus, und Frikkie zog einen Streifen biltong aus der Tasche. »Willst du ein Stück?«

Tengo schüttelte den Kopf.

»Mist, ich kann's nicht schneiden. Ich muß mein Taschenmesser in meinem Zimmer gelassen haben.«

In diesem Augenblick rief Oom Koos über den Hof: »Frikkie, komm und hilf mir mit der Pumpe.«

»Ich komme schon, Oom Koos. Tengo, tu mir bitte einen Gefallen. Geh in mein Zimmer und hol mir das Messer. Ich glaube, ich habe es auf der Kommode neben dem Bett liegenlassen.«

Tengo lief in die Küche und sagte seiner Mutter, wohin er ging, dann betrat er durch die Küchentür den Hauptteil des Hauses. Er war selten jenseits der Küchentür gewesen. Auf der einen Seite des langen Ganges befand sich das Wohnzimmer, auf der anderen Seite das Eßzimmer. Die Tür zum Wohnzimmer stand offen, und er konnte einen Blick auf die polierten Möbel werfen: üppig gepolsterte Sessel, ein Sofa, kleine Tische mit Vasen und Ziergegenständen auf gehäkelten Deckchen, eine Vitrine mit einem Teeservice aus Porzellan hinter den Glastüren. Das Zimmer ging nach Süden und war kalt und düster. Seine Mutter hatte ihm erzählt, es würde nur benützt, wenn der Pfarrer zum Tee kam.

Der Gang führte nach rechts, und Tengo wußte, daß sich Frikkies Zimmer am Ende befand. Er kam an einer offenen Tür vorbei und sah Sissie im Bett.

In Frikkies Zimmer stand auf der Kommode der rote Tonstier auf einem gehäkelten Deckchen. Daneben lag das Taschenmesser. Er nahm es und verließ das Zimmer. Als er den Gang entlangging, rief Sissie aus ihrem Zimmer: »Tengo!«

Er blieb auf dem Gang stehen.

»Komm herein.«

Er trat ein.

»Was willst du im Haus?«

»Frikkie hat mich gebeten, sein Taschenmesser zu holen.«

»Du sollst *Kleinbaas* Frikkie sagen.«

Er antwortete nicht.

»Warum kann er sein Messer nicht selbst holen?«

»Er hilft seinem Onkel mit der Pumpe.«

»Wozu braucht er es?«
»Um biltong zu schneiden.«
»Für euch beide?«
»Nein.«
»Warum nicht?«
»Ich mag kein biltong.«

Sie trug ein gelbes Nachthemd. Das Bett war von Buntstiften übersät, mit denen sie ein Bilderbuch ausmalte. »Ich will biltong. Sag ihm, er soll mir ein Stück bringen.«

Auf dem Gang waren Schritte zu hören, und die Herrin kam ins Zimmer. »Tengo! Was willst du hier im Zimmer der jungen Herrin?«

»Er hat Frikkies Messer geholt«, piepste Sissie.

»Nun, dann nimm es und geh. Und laß dich nicht noch einmal hier drinnen erwischen, hörst du!«

Er drehte sich um und verließ das Zimmer. Während er den Gang entlanglief, hörte er die Herrin mit scharfer Stimme sagen: »Du darfst nie wieder einen Kaffernjungen in dein Zimmer lassen, du dummes Mädchen. Hast du mich verstanden! Man muß vorsichtig sein.«

Als er durch die Küche ging, hörte er, wie seine Mutter etwas zu ihm sagte, aber er setzte seinen Weg nach draußen fort, ohne stehenzubleiben.

Frikkie kam über den Hof. »Hast du mein Messer gefunden?«

Tengo reichte es ihm. »Das nächste Mal holst du es selbst.«

»Was ist los?«

Tengo sagte nichts. Er wünschte, Sissie wäre nicht auf die Farm gekommen. Er war verwirrt und gekränkt. Er wollte weg von Frikkie – weg von ihnen allen. Er sagte, er ginge zum Kraal zurück, und ließ Frikkie biltong schneidend und kauend unter dem Jacarandabaum sitzen.

Ein kühler Wind hatte sich erhoben, er pfiff durch ein Loch am Ellbogen seines Pullovers. Ihm war kalt, aber innerlich brodelte er. Er fragte sich, wieso er sich beschämt und mutlos fühlte, obwohl er nichts Falsches getan hatte.

Vor der Hütte putzte seine Großmutter Gemüse für das Abendessen. Er setzte sich neben sie auf den Boden und lehnte sich an die Mauer. Sie sah ihn an. »Bist du krank, mein Kind?«

Er schüttelte den Kopf.

»Was ist dann los?«

»Nichts.«

Eines nach dem anderen legte sie das geputzte Gemüse in eine Schüssel mit Wasser. Die Schüssel war abgestoßen und rostig. Ich sehe diese Schüssel jeden Tag, seit ich geboren bin, dachte Tengo.

»Hast du dich mit dem Kleinbaas gestritten?«

Er sah zu, wie ihre kräftigen, verkrümmten schwarzen Finger orangefarbene Karotten in den eisernen Kochtopf schnitten. »Nein. Aber, Großmama, ich verstehe es nicht . . . ich verstehe diese Leute auf der Farm drüben nicht, wie sie denken . . .«

Sie nahm eine Zwiebel aus der Schüssel und schnitt sie in Ringe. »Sie werden nicht immer hier sein, Kind. Es gab einst eine Zeit ohne sie. Es wird wieder eine Zeit ohne sie geben . . .«

Am Samstag, dem Tag der Party, gingen Timothy, Tengo, der alte Ezekiel und ein paar andere aus dem Kraal, die zur Mithilfe aufgefordert worden waren, frühzeitig hinauf zum Farmhaus.

Es wurden sechzig Gäste erwartet. Ab Mitte des Vormittags rollten die Autos über die Landstraße heran. Einer der Boys war für das Parken verantwortlich und leitete die Autos zu einem Feld neben der Schaftränke.

Lange Tische hatte man unter dem Jacarandabaum aufgestellt, Essen und Trinken aufgetragen. Das alte, hohe Klavier, auf dem schon Frikkies Mutter und seine

Tanten als Mädchen geübt hatten, wurde von vier Farmarbeitern in den Hof hinausgetragen. Unter den Grills wurden Holzfeuer angezündet, und als sie weiß glühten, briet man fette Würste und Steaks und Koteletts zischend und spritzend über der Glut. Die helle, sonnenerfüllte Luft zitterte in Wellen über dem Fleisch, der Wohlgeruch zog hinunter zum Kraal und lockte die Farmkinder zum Haus herauf. Sie versammelten sich entlang des Drahtzauns, plauderten und schauten, beobachteten in ihren ausgeblichenen, zu engen, zerschlissenen Kleidern die Festlichkeiten mit Neugier. Manche der größeren Kinder trugen in zusammengeknoteten Tüchern auf dem Rücken ihre kleinen Brüder oder Schwestern. Die Babys verrenkten sich ihre kleinen Hälse, um zu sehen, was vor sich ging.

Tandi hatte an diesem Tag Husten und mußte im Bett bleiben, ihre Großmutter kümmerte sich um sie. Ihre Mutter hatte versprochen, von der Feier etwas zum Essen mitzubringen. Sie spielte mit ein paar Puppen, die sie bekommen hatte, nachdem Sissies Mutter ihrer Tochter befohlen hatte, ihren Spielzeugschrank auszuräumen.

Tengo war damit beschäftigt, Kästen mit Getränken und Schüsseln mit Essen hinauszutragen, schmutzige Teller wegzuräumen und saubere hinzustellen. In der Spülküche trocknete der alte Ezekiel das Geschirr, das Selina ihm reichte. Die beiden lachten und unterhielten sich in ihrer eigenen Sprache über die Weißen.

Als sie nichts mehr essen konnten, miteinander alberten und sich nachliefen und allen im Weg waren, befahl Oom Koos Frikkie und einer Schar seiner Vettern, auf der Wiese hinter dem Hof zu spielen. Frikkie rannte durch die Küche, um den Fußball aus seinem Zimmer zu holen. Auf dem Rückweg stieß er fast mit Tengo zusammen, der einen Stapel schmutziger Teller trug. »Tolle Party, Tengo, was?« rief er. »Meine Vettern und ich spielen Fußball.« Tengo reichte die Teller dem alten Ezekiel, der sie abkratzte und dann an Selina weitergab, die sie ins heiße Seifenwasser gleiten ließ.

»Hilf uns beim Abtrocknen, Tengo«, bat seine Mutter. Er stand am Abtropfbrett mit einem Trockentuch in der Hand und sah durchs Fenster auf die fröhliche, lärmende Gesellschaft. Hinter dem Hof konnte er die Jungen den Fußball rund ums Feld kicken sehen.

Als die Sonne wie ein großer, roter Teller auf den Horizont niederzusinken begann, wurden die bunten Lampen an den Schnüren angezündet, und ihr Licht fiel auf die Farmkinder, die durch den Drahtzaun spähten, so daß ihre staunenden Gesichter in der wachsenden Dunkelheit rosa und grün und golden schimmerten. Der Geburtstagskuchen wurde herausgebracht, und ein Raunen ging durch die Menge, als Sissie alle Kerzen angezündet hatte. Die Flammen tanzten und flackerten, beleuchteten die Gesichter der Umstehenden und warfen lange, verzerrte Schatten unter die Bäume.

Oom Koos füllte seinen ungeheuren Brustkorb mit Luft, blies die Wangen auf, und lautes Hurrageschrei erhob sich, als er mit einem einzigen Atemzug alle Kerzen ausblies. Der alte Ezekiel beobachtete es durchs Küchenfenster und bemerkte: »Der Oubaas ist stark wie ein Ochse.«

Der Kuchen wurde angeschnitten und herumgereicht, Kaffeetassen wurden aus großen, dampfenden Kannen gefüllt. Dann begann der Tanz. Frikkies Mutter setzte sich ans Klavier, trat das Pedal so weit herunter, wie es nur ging, und die alten Afrikaander-Volkslieder entströmten mit blechernem Klang dem alten Instrument. Die Tänzer stellten sich in Reihen auf – Männer auf der einen, Frauen auf der anderen Seite – und wanden, wirbelten, hüpften und sprangen sich durch die traditionellen Volkstänze: ›Jan Pierewiet‹, ›Ek soek my Dina‹ und das lebhafte ›Suikerbossie‹.

Sissie kam, begleitet von zwei kichernden Kusinen, erhitzt und mit vom Tanzen und von der Aufregung geröteten Wangen ins Haus. Alle drei trugen Teller mit einem Stück Geburtstagskuchen darauf. »Ma sagt, ich soll mich ausruhen, Selina. Wir essen den Kuchen in meinem Zimmer.«

In diesem Augenblick stürzte Frikkie mit einem Milchkrug in der Hand zur Tür herein. »Meine Ma möchte noch mehr Milch für den Kaffee haben, Selina!« In seiner Hast prallte er mit einem der Mädchen zusammen, ließ den Krug fallen und stieß ihr den Kuchenteller aus der Hand.

»Oh, Frikkie . . . schau, was du angerichtet hast!« rief Sissie.

Zermatschter Kuchen und Scherben lagen auf dem Boden. Rosaroter und weißer Zuckerguß zerbröselten auf dem Linoleum, und silberne Kügelchen rollten überall herum.

Tengo hatte in der Vorratskammer saubere Teller ins Regal geräumt, als er das Gepolter und das Klirren zersplitternden Porzellans hörte. Er kam an die Tür der Vorratskammer und schaute, was passiert war.

»Frikkie, du wirst was von Tant Sannie zu hören bekommen!« Eine der Kusinen, ein dickes Mädchen mit kurzen, glatt ins Gesicht gekämmten Ponyfransen, hielt sich die Hand über den weit geöffneten Mund und starrte Frikkie vorwurfsvoll an.

»Ach, das macht doch nichts«, sagte die andere Kusine. Sie war ein dünnes, sommersprossiges Mädchen von zwölf Jahren mit einem dichten Schopf roter, wirrer Haare. »Der Boy kann das wegwischen.« Sie wandte sich an den alten Ezekiel. »He, Boy, Jim oder wie du heißt, komm her und wisch diese Schweinerei weg.«

Tengo fand sich in der Mitte der Küche wieder, ohne zu merken, daß er sich bewegt hatte. Das Entsetzen über die Worte des Mädchen hatte ihn wie von einem Katapult geschossen nach vorne getrieben. Er stand plötzlich vor ihr, bebend vor so heftigem Zorn, daß es ihm einen Moment die Luft abschnürte und die Sprache verschlug. Er konnte nicht fassen, was er gehört hatte – ein fremdes Mädchen redete mit dem geachteten alten Ezekiel, als sei er einer der streunenden Hunde!

Mit gepreßter, tiefer Stimme sprach Tengo aus, was ihm in den Kopf schoß: »Unterstehen Sie sich, diesen alten Mann Boy zu nennen!« Er machte einen Schritt auf sie zu. »Sie haben keinen Respekt!« Er hob die Stimme, während kalte Wut in ihm hochstieg. »Begreifen Sie nicht? Er ist einer unserer Stammesältesten, er ist älter als der Oubaas, er ist ein Angehöriger der Häuptlingsfamilie! Wer erlaubt Ihnen, so mit ihm zu reden –« Er hob die Hand, als wollte er sie schlagen, und seine Stimme wurde wieder leise, als er ihr mit zusammengepreßten Zähnen zuzischte: »Wagen Sie es *nie* wieder, einen alten Mann Boy zu nennen!«

In der Küche herrschte Stille. Aus einem leckenden Wasserhahn tropfte es in den Ausguß, tropfte, tropfte. Tengos Mutter stand regungslos, die Hände im seifigen Wasser und beobachtete voll unguter Ahnung über ihre Schulter hinweg, was vor sich ging. Der alte Ezekiel sah sie alle an, wischte immer wieder den Teller in seiner Hand ab, drehte ihn, obwohl er trocken und glänzend war, immer von neuem in seinem Trockentuch. Ein schmerzliches kleines Lächeln stand in seinem Gesicht.

Tengo fühlte sein Herz in der Brust hämmern und gegen seine Rippen schlagen, so daß er kaum atmen konnte. Sein Mund war trocken, er konnte sich keuchen hören. Er hatte die Hände zu Fäusten geballt und starrte das Mädchen an.

Frikkie schwieg, er war überrascht und entsetzt über das Ausmaß von Tengos Zorn.

Das rothaarige Mädchen war mit einem Ausdruck von Furcht und Ungläubigkeit zurückgewichen. Sie war blaß geworden, die Sommersprossen stachen von ihrem farblosen Gesicht ab. Mit einer raschen Bewegung reckte sie ihren Kopf auf dem dünnen Hals nach vorn. »Wage es nicht noch einmal, so mit mir zu reden!« Sie spuckte die Worte förmlich aus. »Du bist nichts als ein frecher Kaffer...«

Mit tropfenden Händen stürzte Selina nach vorn. »Ruhig, Kinder! Ihr sollt nicht streiten. Macht keinen Wirbel. Es ist doch nichts.« Sie stellte sich zwischen Tengo und das rothaarige Mädchen, so daß beide zurücktreten mußten. »Sie gehen jetzt in Fräulein Sissies Zimmer, Mädchen, und Sie, Kleinbaas Frikkie, gehen hinaus und holen Ihrer Kusine ein frisches Tortenstück.« Mit ausgebreiteten Armen scheuchte sie die Mädchen aus der Küche.

»Tengo, ich sage meiner Tante, daß du frech warst«, rief Sissie über die Schulter zurück, und ihr Gesicht strahlte vor Bosheit. »Ich bin sicher, mein Onkel wird dich mit seinem *sjambok* (Nilpferdpeitsche) schlagen!« Kichernd rannte sie den Gang entlang.

Jetzt ließ sich Selina zwischen den beiden Jungen auf die Knie nieder und begann, die Scherben aufzulesen. Tengo und Frikkie sahen einander über den gebeugten Rücken der Frau an.

Tengo spürte ein Pochen in seinem Kopf, als wolle etwas aus seinem Schädel herausfliegen.

Der Ausdruck auf seinem Gesicht jagte Frikkie Angst ein. Es war, als kenne er Tengo nicht, als sei er jemand anderer. »Tengo...«, sagte er. »Mach dir keine Sorgen. Ich sage ihnen, daß sie meiner Tante nichts erzählen sollen.«

Tengo wandte den Blick ab.

»Ich gehe jetzt sofort.« Frikkie lief hinaus und den Gang entlang zu Sissies Zimmer.

»Tengo?« Seine Mutter blickte von ihrer Arbeit hoch.

Aber er konnte sie nicht ansehen. Er riß das Trockentuch los, das um seine Taille gebunden war, warf es auf den Tisch und ging hinaus; er rannte an den Tänzern im Hof vorbei, vorbei am klimpernden Klavier, wo sich eine Gruppe von Leuten um Frikkies Mutter versammelt hatte und gemeinsam die alten Volkslieder sang; er ging durch das Tor und an den Farmkindern vorbei, die durch den Zaun spähten, vorbei an den Vettern, die Tauziehen spielten. Die Nacht legte sich über das Grasland, schwach glitzerten ein paar Sterne am Himmel. Tengo ging weiter, über den Hügel, bis er ans Flußufer kam. Dort setzte er sich, lehnte sich an den Stamm einer kahlen Weide. Seine Verwirrung war so groß, daß seine Brust im Inneren schmerzte. Ihm war, als habe jemand sein Herz aufgerissen. Die Nacht war ruhig, aber in seinem Innern herrschte Tumult. Ihm fehlten die Worte für seine Gefühle. Er saß neben dem dunkelnden Wasser, frierend und aufgewühlt, während sich die Nacht um ihn verdichtete.

In der Küche brachte der alte Ezekiel Selina eine Kehrschaufel, und sie fegte die Kuchenreste und die Scherben auf. Peinlich berührt von dem Benehmen des rothaarigen Mädchens, vermieden es beide, davon zu sprechen. Mit einem feuchten Lappen wischte Selina das Linoleum sauber. Dann richtete sie sich auf, streckte sich und seufzte. »Irgend etwas quält Tengo. Er ist nicht wie sonst.« Sie war müde. Seit dem Morgengrauen war sie auf und arbeitete. »Ich mache mir seinetwegen Sorgen.« Schwerfällig bewegte sie sich zum Spülbecken.

Der alte Ezekiel trocknete Teller ab und sagte: »Er ist kein Kind mehr. Und es tut weh, Selina. Es tut weh, in einer solchen Welt zu leben. Und genau das wird ihm jetzt klar. Deshalb ist er durcheinander.«

Ärgerlich drehte Selina am Wasserhahn. »Ich

wünschte, der Oubaas würde diesen Hahn reparieren. Ich weiß nicht, wie oft ich ihn schon darum gebeten habe. Dieses plop, plop, plop den ganzen Tag geht mir auf die Nerven.«

Frikkie ging den Flur entlang in Sissies Zimmer. Die Mädchen saßen auf dem Bett und teilten den Kuchen untereinander. Die dicke Kusine blickte auf. »Ich dachte, du bringst uns noch mehr Kuchen.«

»Ich bin nur gekommen, um euch zu sagen, daß ihr weder bei Tant Sannie noch bei Ma ein Wort davon erwähnen dürft, was heute passiert ist.«

»Warum nicht? Er ist doch nichts weiter als ein frecher Kaffernjunge«, sagte die rothaarige Kusine.

»Und er hat seine Hand gegen sie erhoben!« sagte das dicke Mädchen. »Er verdient eine Tracht Prügel mit dem sjambok.«

»Ich bitte euch um einen Gefallen«, sagte Frikkie. »Sagt niemandem was, bitte. Ich will nicht, daß er Schwierigkeiten bekommt.«

Das rothaarige Mädchen schüttelte den Kopf und warf ihr Haar über die Schultern zurück. »Na, in Ordnung. Ist mir doch egal.«

»Wir halten ja den Mund«, sagte die andere. »Aber was ist mit Sissie? *Die* wird reden.«

»Sissie?«

»Was?«

»Sag Ma nichts davon. Und Tant Sannie auch nicht.«

»Und wieso nicht?«

»Weil ich dich darum bitte.«

»Was gibst du mir, wenn ich's nicht tue?«

»Alles, was du willst.«

Sie starrte nachdenklich an die Decke, stippte mit dem Finger etwas rosa Zuckerguß vom Teller und leckte ihn ab. Dann sah sie ihren Bruder mit schlauer Miene an.

»Na schön. Gibst du mir den kleinen Tonstier, der auf deiner Kommode steht?«

Frikkie hätte ihr am liebsten eine heruntergehauen, aber er ballte die Hände zu Fäusten. »Alles, außer dem Stier.«

»Das ist nicht fair. Also gut . . .« Ein unterdrücktes Lächeln huschte über ihre runden Wangen und verlieh ihr einen durchtriebenen Ausdruck. »Was ist mit deiner rotgrünen Riesenmurmel?«

Sie wußte, es war die schönste Murmel seiner Sammlung. Er spürte, wie er zusammenzuckte. Er biß die Zähne fest zusammen, um sich zur Ruhe zu zwingen. Die Hände in seinen Hosentaschen waren noch immer geballt. »Okay. Du kannst sie haben. Aber du mußt mir versprechen, nichts zu sagen.«

»Ich versprech's.«

Er trat nahe an sie heran und sagte drohend: »Sissie, weißt du, was mit Leuten passiert, die ihr Versprechen nicht halten?«

»Laß mich in Ruhe, Frikkie«, jammerte sie und wich vor ihm zurück. »Ich verspreche es, ich verspreche es.«

Die rothaarige Kusine beobachtete ihn. »Warum machst du so eine große Geschichte daraus? Was kümmerst du dich um diesen Eingeborenenbengel? Bist du ein *kaffirboetje* (Kaffernfreund) oder so was?«

Die beiden anderen Mädchen kicherten.

Frikkie spürte, wie sein Gesicht rot und heiß wurde. Er sagte: »Ich warne euch alle«, und verließ das Zimmer.

Der Sonntag nach der Party war Frikkies letzter Ferientag. Er würde nach dem Tee mit seiner Familie zusammen nach Hause fahren. Am Morgen gingen alle in die Kirche nach Doringkraal, und er mußte mit. Sobald sie zurück waren, zog er seine Sonntagssachen aus und rannte zum Kraal hinunter, um sich von Tengo zu verabschieden. Er hatte ihn letzte Nacht nicht finden können, als die Dienstboten nach der Party aufräumten.

Vor der Hütte saß Tengos Großmutter auf einer Strohmatte in der Sonne. Ihr Schoß war gefüllt mit winzigen, farbigen Perlen. Mit Nadel und Faden wob sie eine Perlenborte um ein quadratisches Stück Stoff, das dazu diente, die Fliegen von den Lebensmitteln abzuhalten. Wenn sie eine gewisse Anzahl davon angefertigt hatte, setzte sie sich an Sonntagnachmittagen an den Straßenrand, die vorbeikommenden Autofahrer hielten an und kauften sie ihr ab.

»Hallo, Lettie. Ich bin gekommen, um mich von Tengo zu verabschieden.«

»Ah, Kleinbaas! Sie gehen schon so bald wieder fort.« Sie ließ die Perlen über die Nadel auf den Faden gleiten und fügte sie dann in das muschelförmige Muster der Borte ein.

»Ich war einen ganzen Monat hier.« Er sah zu, wie unter den verkrümmten schwarzen Fingern das Muster entstand. »Du kannst diese winzigen Perlen auffädeln und brauchst nicht einmal eine Brille dazu, Lettie.«

»Auw, Kleinbaas. Aber meine Augen – sie sind nicht mehr so gut.«

»Ist Tengo drinnen?« fragte er.

»Nein, Kleinbaas. Tengo ist nicht hier.«

»Weißt du, wo er ist?«

»Er macht mit seinem Vater und Tandi einen Besuch bei den Verwandten auf Meneer Van Rensburgs Farm.«

Die Nachbarfarm lag zwei Meilen entfernt. »Wann werden sie zurückkommen?« fragte Frikkie enttäuscht.

Die alte Frau befeuchtete das Fadenende mit den Lippen, hielt die Nadel gegen das Licht und führte den Faden durch die Öse. Sie hob die Schultern und konzentrierte sich auf ihr Muster.

Tengo wußte, daß er heute abreiste, trotzdem war er

weggegangen, ohne ihn noch einmal gesehen zu haben. Frikkie mochte es, wenn sich alles nach bestimmten Regeln und unverändert abspielte. Es bekümmerte ihn, daß er weggehen mußte, ohne sich von Tengo verabschiedet zu haben. Er wollte ihm erzählen, daß er seine beste Murmel weggegeben hatte, um ihn vor Sissies Schandmaul zu bewahren. Er scharrte mit der Spitze seines Schuhs im Staub und blickte an den Blaugummibäumen vorbei dorthin, wo die rote Sandstraße auf die Hauptstraße traf, die ihn in die Stadt, in die Schule zurückbringen würde. »Sag Tengo, daß ich gekommen bin, um mich zu verabschieden, Lettie.«

»Ja, Kleinbaas.«

»Sag ihm, ich sehe ihn wieder, wenn ich im Frühjahr in den kurzen Zwischenferien komme.«

»Ja, Kleinbaas.«

»Auf Wiedersehen, Lettie.«

»Auf Wiedersehen, Kleinbaas.« Die Nadel huschte wie ein Silberfisch durch die Perlen in ihrer Hand und ließ sie auf den Faden gleiten. Ganz auf ihre Arbeit konzentriert, blickte die alte Frau nicht hoch.

Mit schlurfenden Füßen wanderte Frikkie langsam zurück. Während er die ansteigende Straße hinaufging, betrachtete er das Farmgebäude, das auf der Hügelkuppe stand – lang und niedrig mit weißgetünchten Wänden unter rotgestrichenem Wellblechdach. Auf der *stoep*, der vorderen Veranda, die sich über die gesamte Länge des Hauses zog, standen auf dem roten Steinfußboden Korbstühle und eine alte Hollywoodschaukel. Der Hausboy rutschte auf Händen und Knien herum, neben sich eine Büchse mit Steinwachs, und polierte den Boden auf Hochglanz, wie Tant Sannie es wünschte. Die Gäste vom Vortag hatten ihn zerschrammt und staubig zurückgelassen. An einem Ende der Veranda wuchs ein Dschungel von Bougainvillea, die im Frühsommer eine überreiche Fülle purpurner Blüten hervorbrachten. Er haßte es immer, die Farm am Ende der Ferien zu verlassen, er haßte es, in die Schule zurückkehren zu müssen ... bis zum Frühjahr war es eine so lange Zeit. Er wollte, daß die Dinge immer gleich blieben ... er mochte keine Veränderung.

Als er ins Haus kam, saßen schon alle beim Mittagessen, und sein Vater wies ihn scharf zurecht, weil er sich verspätet hatte. Nach dem Mittagessen begann dann das Durcheinander des Einpackens, das Auto mußte mit Eiern, Butter und Sahne, mit biltong und einer Lammseite, mit Flaschen und Tant Sannies Marmeladegläsern und anderen Konserven beladen werden. Da blieb keine Zeit, um zum Kraal hinunterzulaufen.

Nach dem Tee umarmte Tant Sannie ihn, und Oom Koos hob die Fäuste wie ein Boxer und führte ein paar spielerische Schläge gegen Frikkies Brust. »Schau nicht so *treurig* drein, alter Knabe – so kummervoll.« Er hob Frikkies Kinn mit seiner großen Faust. »Du gehst zurück in die Schule, nicht ins Gefängnis.«

»Das ist das gleiche«, sagte Frikkie, und alle lachten.

Tant Sannie und Oom Koos standen auf der Veranda und winkten, solange das Auto in Sichtweite war. Frikkie und Sissie winkten zurück bis zur Kurve, wo die Farmstraße in die Hauptstraße mündete und das Farmhaus aus ihrem Blickfeld verschwand. Als sich die Entfernung vergrößerte, drehte sich Frikkie um, kniete sich hin und schaute sehnsüchtig aus dem Rückfenster. Hoch oben auf dem Hügel konnte er die Rauchwolke sehen, die sich aus dem Kamin des Farmhauses senkrecht ins Blaue erhob. Weiter unten zum Talboden hin hing neben den Eukalyptusbäumen blaugrauer Dunst von den Kochstellen und Kohlepfannen der Lehmhütten im Kraal. Er wollte, daß alles so blieb, daß sich nichts veränderte ...

7

Nachdem Frikkie abgereist war, wußte Tengo, daß er nicht so weitermachen konnte wie bisher. Irgend etwas mußte sich ändern. Er tat seine Arbeit, aber er war ruhelos, unzufrieden. Für gewöhnlich vermißte er Frikkie, wenn er wieder in die Schule zurückgekehrt war. Aber jetzt wäre Tengo Frikkie ausgewichen, selbst wenn er hier gewesen wäre. Er hatte ihn nach der Nacht der Party nicht wiedersehen wollen und war absichtlich weggegangen.

Er fühlte sich von allen abgesondert – von Frikkie, von den Weißen oben im Haus, von seinen Eltern und seinen Leuten im Kraal. Die Arbeit auf der Farm machte ihm keine Freude mehr. Selbst die Bücher auf dem Regal waren für ihn uninteressant geworden, denn er hatte sie schon zu oft gelesen. Er hatte die Hoffnung auf ein weiteres Bücherpaket aufgegeben, er wußte, daß ihn die Leute in Johannesburg vergessen hatten.

Er war still, launisch. Vieles, was er vorher nicht bemerkt hatte, ärgerte ihn jetzt. Es gab so vieles, was er verstehen wollte, und niemanden, mit dem er über seine Sorgen reden konnte. Seine Eltern nahmen die Dinge, wie sie waren. Sie stellten keine Fragen und wußten keine Antworten, wenn er ihnen Fragen stellte.

»Warum kannst du nicht deine eigene Farm haben?« fragte er seinen Vater. »Warum mußt du die ganze Zeit für den Oubaas arbeiten?«

Sein Vater kicherte. »Eine Farm kostet eine Menge Geld, mein Junge. Woher sollte ein Schwarzer das Geld haben, um sich eine eigene Farm zu kaufen?«

Als seine Mutter eines Abends nach der Arbeit nach Hause kam und sich auf einen niedrigen Holzschemel neben der heißen Kohlepfanne sinken ließ, zu müde, um Mantel und Schuhe auszuziehen, fragte Tengo:

»Mutter, wie alt ist die Herrin?«

»Sie und ich sind gleich alt, Tengo.«

»Warum kann sie dann nicht dem Oubaas sein Abendessen servieren und den Tisch abräumen, damit du früher weggehen und zu Hause mit uns zu Abend essen kannst?«

Seine Mutter blickte zu ihm empor und dann ins Feuer. Sie wärmte sich ihre Hände an den rotglühenden Kohlen. »Stell keine Fragen, auf die es keine Antworten gibt, mein Kind. Die Hauptsache ist, Arbeit und genügend zu essen und ein Dach über dem Kopf zu haben, wo wir alle zusammensein können. Nichts anderes ist wichtig.«

Tengo sagte nichts mehr. Aber er war sicher, *daß* es Antworten auf seine Fragen gab. Und er war ebenso sicher, daß auch noch andere Dinge wichtig waren.

Nachdem er eingeschlafen war, sagte Selina zu Timothy:

»Ich mache mir Sorgen wegen Tengo. Er verändert sich. Er ist nicht mehr glücklich. Irgend etwas geht in seinem Kopf vor, und es macht mir angst. Er braucht mehr Bücher. Er muß studieren. Ich dachte, daß Matildas Herrin noch mehr Bücher schicken würde, aber das ist schon so lange her...«

»Er ist ein kluges Kind, Selina. Vielleicht sollten wir ihn zur Schule gehen lassen.«

»Nein!« schrie sie auf. »Verlange nicht von mir, ihn wegzuschicken, Timothy!«

Er tätschelte ihre Schulter. »Nun, wir müssen Geduld haben. In seinem Alter werden Jungen ruhelos. Er wird sich wieder fangen.«

»Dieser Tengo...«, beklagte sich Oom Koos im Spätwinter bei seiner Frau. Sie saßen nach dem Abendessen vor dem Feuer. »Ich hatte große Hoffnungen für ihn.

Aber jetzt, ich weiß nicht – er wächst sich zu einem dieser verdrossenen Kaffern aus, die einem nicht in die Augen sehen, wenn sie mit einem reden.«

»Wird er frech?« fragte Tant Sannie. Sie steckte ein hölzernes Stopfei in die Ferse einer Socke, und mit Nadel und Faden begann sie einen ordentlichen Flicken über das Loch zu stopfen, das Oom Koos gebohrt hatte.

»Nein. Er macht alles, was man ihm sagt. Aber früher war er eifrig, willig, und jetzt ... Ich weiß nicht, was in ihn gefahren ist.« Er schüttelte den Kopf und starrte ins Feuer. »Diese Kaffern, ich kann dir sagen, da kannst du dein ganzes Leben mit ihnen verbringen und weißt trotzdem nicht, was in ihren Köpfen vor sich geht.«

Der Frühling legte einen grünen Hauch über das trockene, braune Weideland. Feste Knospen an den Zweigen der Weiden öffneten sich zu winzigen, gelben Blättern, und von der Hügelkuppe aus schien der Fluß golden gesäumt. Die Felder mit hellgrünem, jungem Getreide erstreckten sich bis an den Horizont, die Dornbüsche wurden grün, und neugeborene Lämmer hüpften umher und blökten jämmerlich, wenn sich ihre Mütter von ihnen entfernten.

Frikkie kam für die Kurzferien. Er besuchte alle seine Lieblingsplätze und machte sich danach auf die Suche nach Tengo. Er fand ihn beim Ausfegen der Kuhställe.

»Tengo! Ich bin da! Ich dachte, die Schule ginge nie zu Ende. Mann, ich sage dir, das ist vielleicht eine Erleichterung, der alten Schlange Steenkamp zu entkommen!«

Tengo lehnte sich auf den Besenstiel. »Wer ist das?«

»Mein Geschichtslehrer. Mann, ist der streng! Daten ... man muß lange Listen mit Daten auswendig können. Wann war die Schlacht am Blutfluß? Die Matabele-Kriege? Der Jameson-Raid? Der Burenkrieg? Und wenn du nicht sofort antworten kannst – patsch! Schon saust sein Rohrstock auf deine Hand herunter. Und mein Lieber, das tut weh! Es ist so langweilig, diese ganze trokkene, alte Geschichte lernen zu müssen. Oh – zehn Tage ohne die alte Schlange, ich kann es kaum glauben. Ich werde jetzt auspacken. Sag mir Bescheid, wenn du hier fertig bist, wir können dann noch Fußball spielen, bevor es dunkel wird.«

Tengo fegte weiter. Über den Blutfluß hatte er in einem Geschichtsbuch gelesen. Aber die Matabele-Kriege? Während er arbeitete, fragte er sich – der Jameson-Raid, der Burenkrieg ... Was war das? Das waren Dinge, die wirklich passiert waren. Er brannte vor Wissensdurst. Er hatte das Gefühl, seine Unwissenheit mache ihn so schwach und machtlos wie die jungen Lämmer, die nach ihren Müttern riefen.

Nachdem er die letzte Box ausgefegt hatte, räumte er den Besen weg und nahm eine Abkürzung über das Weideland zum Kraal. Ihm war nicht nach Fußballspielen mit Frikkie zumute.

Die zehn Ferientage Frikkies rasten dahin, sie waren nur zu bald wieder vorüber. Irgendwie verbrachten er und Tengo nicht viel Zeit miteinander. Auf der Farm war viel zu tun, und Frikkie arbeitete einen Großteil des Tages mit Oom Koos auf dem Traktor, sie düngten, pflügten, säten.

»Kann Tengo mit uns an der Maschine arbeiten?« fragte er seinen Onkel eines Morgens.

»Nein. Kaffern taugen nichts an Maschinen«, antwortete Oom Koos. »Sie können gut mit Tieren umgehen, sie sind für Hilfsarbeiten zu gebrauchen. Aber gib ihnen eine Maschine in die Hand, und sie werden sie bald ruinieren. Man läßt sie besser das machen, wofür sie geschaffen sind.«

Ein paarmal kickten die Jungen den Fußball herum, aber Frikkie sah, daß Tengo nicht wirklich interessiert war und nur halbherzige Versuche unternahm, zwischen den Pfosten für die Wäscheleinen, die sie seit Kindertagen dafür verwandten, ein Tor zu schießen. Einmal, als sie bei den Kühen arbeiteten, hatte Frikkie bemerkt, daß Tengo ihn mit einem seltsamen Blick anstarrte. Tengo hatte dann rasch weggesehen und weitergemolken. Der Becher, aus dem sie oft rohe Milch getrunken hatten, hing an seinem Haken, und keiner von ihnen schlug vor, ihn zu benützen.

Am letzten Ferientag gingen sie zum Fluß hinunter. Tengo war nicht eigentlich unfreundlich, aber er war still und schien nicht zuzuhören, wenn Frikkie redete. Sie ließen Steine übers Wasser flitzen, und Frikkie war im Begriff, Tengo zu erzählen, wie er Sissies Schweigen mit seiner schönsten Murmel erkauft hatte; aber irgend etwas hielt ihn davon ab. Er war sich nicht sicher, was es war – etwas Abweisendes, das in jenen Tagen von Tengo ausging –, und er beschloß, lieber nicht darüber zu sprechen.

»Diese Ferien sind so rasch vergangen«, sagte er statt dessen. »Wenn ich im Sommer wiederkomme, bin ich fünfzehn.«

»Ich auch«, sagte Tengo.

»Messen wir, wer größer ist«, schlug Frikkie vor.

Sie standen Rücken an Rücken und tasteten über ihre Köpfe.

»So geht es nicht«, sagte Tengo. »Hier, stell dich an den Baumstamm.« Er hob einen Stock auf und legte ihn auf Frikkies Kopf. Wo er den Baum berührte, ritzte er mit einem scharfen Stein eine Markierung in die Rinde.

»Jetzt bist du dran.« Frikkie maß Tengo, danach traten sie beide zurück, um die Markierungen am Baum zu betrachten. Frikkies Marke war etwa zweieinhalb Zentimeter höher als die von Tengo. »Du solltest mehr Mielie-Brei essen, um mich einzuholen«, neckte Frikkie ihn. Tengo lachte nicht. Als sie sich am Tor trennten, sagte er auf Wiedersehen und ging weg. Frikkie sah ihm nach, wie er die Farmstraße entlangging, in einem enganliegenden Militärpullover, die Hände in den Hosentaschen und einen Stein vor sich her kickend auf dem Weg ins Tal.

»Tengo«, rief er ihm nach, »bis Weihnachten ... Wiedersehen ... Tengo ...« Seine Stimme hallte im Tal wider. »... sehen ... Tengo-o-o-o ...«

Aber Tengo schien ihn nicht zu hören. Er drehte sich nicht um und winkte nicht. Er ging immer weiter und stieß dabei den Stein vor sich her.

Die jungen Getreideschößlinge auf der Plantage wurden dicker und schwerer. Ihre silbernen Ähren begannen sich zu formen. Die jungen Lämmer und Kälber verloren ihre Babygestalt. Und die Bougainvillea breitete Purpur über die Veranda und schuf eine kühle, schattige Ecke in der beständigen, brütenden Hitze. Der Boden war ausgedörrt. Jeden Tag kam Oom Koos auf die Veranda, von der aus man seine riesige Farm überblicken konnte. Jeden Tag sah er zum Himmel empor in der Hoffnung, wenigstens eine Wolke von der Größe seiner Faust zu entdecken, die Regen bedeuten könnte. Aber der Dezemberhimmel schien mit einer Schicht aus undurchdringlichem Blau überzogen, die keine Wolke durchbrechen konnte. Besorgt schüttelte er den Kopf und ging ins Haus, um zu frühstücken.

Am Nachmittag setzte sich Tant Sannie im Schatten der Bougainvillea auf der Veranda in einen Sessel. Für gewöhnlich machte sie nach dem Mittagessen ein Nickerchen, aber durch die anhaltende Hitze war es im Schlafzimmer zu drückend und stickig. Sie arbeitete an einer Stickerei. Sie nähte Tablettdeckchen, die vor Weihnachten beim Kirchenbasar verkauft werden sollten. Der Erlös war zur Unterstützung armer Weißer gedacht, deren Notlage der Priester der Gemeinde geschildert hatte.

»Wir können es nicht hinnehmen, daß Afrikaander, unsere eigenen Mitmenschen, wie die Kaffern leben«, hatte er gesagt. »Wir müssen unseren Brüdern und Schwestern helfen, die weniger glücklich sind als wir . . .« Mit einem roten Seidenfaden stickte sie ein paar Blumen in Kreuzstich, dann sah sie zum Himmel empor. Alle Farmer im Distrikt begannen sich Sorgen wegen der Dürre zu machen. Wenn nicht bald Regen kam, war das Getreide verdorben. Und der Wasserstand an der Wasserstelle wurde von Tag zu Tag niedriger, das Vieh mußte im Schlamm waten, um zu trinken. Am Sonntag in der Kirche hatte der Priester um Regen gebetet.

Aus der Küche ertönte ein Klirren und das Geräusch zersplitternden Porzellans. Mißbilligend schnalzte Tant Sannie mit der Zunge, legte ihre Handarbeit beiseite und ging hinein. Selina fegte gerade gemusterte Porzellanscherben auf die Kehrichtschaufel.

»Selina! Diese Gemüseschüssel gehört zum Tafelgeschirr, das von der Großmutter des Herrn stammt! Was ist mit dir los, Mädchen? Gestern hast du eine Tasse zerbrochen, und am Freitag hast du das Brot verbrannt!«

»Ach, Herrin, es tut mir leid.« Sie richtete sich auf und leerte die Scherben in den Abfalleimer. »Ich weiß nicht, was mir in letzter Zeit fehlt. Es kommt daher, weil mein Herz weh tut . . . Ich habe eine Menge Sorgen.«

»Was ist los, Selina?« fragte die Herrin scharf. »Warum bist du nicht zu mir gekommen und hast mir gesagt, daß etwas nicht in Ordnung ist?«

»Es geht um Tengo, Herrin.«

»Tengo! Hat er etwas angestellt? Wenn er mit dem Gesetz in Konflikt geraten ist, dann können wir nicht helfen, das weißt du.«

»Nein, Herrin. Tengo ist ein guter Junge. Er würde nie etwas Schlechtes tun. Nein, Herrin. Er macht uns nur verrückt. Er möchte weg von hier, weg von der Farm. Er möchte zur Schule gehen. Das ist alles, was wir von ihm zu hören bekommen, Tag und Nacht, Nacht und Tag.«

»Schule! Ist er denn nicht glücklich auf der Farm? Wir behandeln ihn gut. Er hat einen vollen Magen.«

»Nein, Herrin. Sie und der Oubaas, Sie sind sehr freundlich. Das ist es nicht. Er ist ein kluger Junge, und er wollte schon immer lernen, studieren. Aber seit meine Zinsi zur Schule gegangen ist und krank wurde und starb – und das war nicht lange, nachdem wir schon unser Baby verloren hatten –, seitdem habe ich Angst, ihn weggehen zu lassen.«

»Warum hast du Angst? Die Schule in Boesmanskloof ist nicht weit. Er könnte dorthin gehen und an den Wochenenden nach Hause kommen.«

»Nein, Herrin. Er will nicht dorthin. Seine Vettern haben ihm erzählt, das sei eine schlechte Schule. Er möchte in Johannesburg zur Schule gehen.«

»Johannesburg!« sagte die Herrin. »Das Kind muß verrückt sein. Hat er eine Ahnung, wie es da zugeht? Die township ist ein schrecklicher Ort, schmutzig und voller Krimineller. Und jetzt hetzen dort einige ständig die Leute auf, stiften Unruhe und Unfrieden, so daß die Polizei eingreifen und für Ruhe sorgen muß.«

»Ich weiß, Herrin«, sagte Selina. Sie seufzte tief und schüttelte den Kopf. »Timothy und ich, wir sagen ihm das die ganze Zeit ... jeden Tag. Aber er sagt, wenn seine Vettern – Joseph und die anderen – es fertigbringen, dort zur Schule zu gehen, kann er es auch. Joseph ist ein sehr guter Schüler. Er bereitet sich auf sein Abitur vor. Und genau das will Tengo auch.«

»Was wirst du also tun, Selina?«

»Ich habe an meine Schwester in Johannesburg geschrieben. Sie und mein Bruder und seine Frau und seine Schwiegermutter haben ein Haus in der Township. Ich habe geschrieben und gefragt, ob Tengo zu ihnen kommen und zur Schule gehen kann. Aber, Herrin, mein Herz ist sehr schwer.«

»Der Herr wird nicht erfreut sein, davon zu hören, Selina. Nach all den Unkosten und der Ausbildung, die Tengo auf der Farm erhalten hat. Er macht sich schon genug Sorgen wegen der Dürre.«

»Es tut mir leid, Herrin.«

»Möchtest du, daß der Herr versucht, Tengo zur Vernunft zu bringen?«

»Es würde nichts nützen, Herrin. Sein Entschluß steht fest.«

»Nun . . .« Die Herrin tupfte sich die Oberlippe mit dem Taschentuch ab. »Ich bedaure deine Probleme, Selina, aber ich wünsche kein zerschlagenes Porzellan mehr.« Sie ging hinaus auf die Veranda, ließ sich in dem quietschenden Korbsessel nieder und nahm ihre Stickarbeit wieder auf, mit einem Ausdruck der Mißbilligung auf ihrem roten, erhitzten Gesicht.

Beim Abendessen kam Selina mit einem Tablett ins Eßzimmer. Sie stellte es auf der Anrichte ab und brachte die Platten und Schüsseln zum Tisch. Der Oubaas nahm Tranchiermesser und Wetzstahl und schärfte die Schneide. »So, Selina . . .« Mit größter Genauigkeit schnitten seine kräftigen Hände dünne Scheiben vom weißen Fleisch der Hühnerbrust. »Was höre ich da für einen Unsinn über Tengo, er will nach Johannesburg zur Schule gehen?«

»Das stimmt, Herr. Timothy und ich, wir machen uns große Sorgen, aber es hat keinen Sinn. Er sagt, wenn wir ihn nicht gehen lassen, geht er ohne unsere Erlaubnis.«

»Vielleicht braucht er nur eine ordentliche Tracht Prügel, die all diesen Unsinn aus ihm herausschüttelt.«

Selina verharrte schweigend, das Tablett in der Hand.

Die Herrin legte Kohl und gekochte Kartoffeln auf die Teller.

»War er jemals in der Stadt, Selina?«

»Nein, Herr. Er war noch nie in Johannesburg.«

Der Oubaas stieß ein kurzes Lachen aus. »Dann mach dir keine Sorgen. Er wirft einen Blick auf die Stadt und kommt wieder auf die Farm zurückgerannt, das verspreche ich dir, Selina. Wenn ich du wäre, würde ich mir keine allzu großen Sorgen machen, daß er dort bleibt.«

»Ja, Herr.« Sie ging zurück in die Küche.

Tant Sannie zerteilte eine Kartoffel auf ihrem Teller und wartete, daß sie abkühlte. »Ich wußte, es führt zu nichts Gutem, als diese Bücherpakete ankamen.« Sie spießte ein Stück der Kartoffel auf die Gabel und blies darauf. »Stopfen seinen Kopf voll mit Ideen, die nicht zu einem Kaffer passen...« Sie schob die Kartoffel in den Mund und entließ die Hitze durch gespitzte Lippen. »Bis zu diesem Zeitpunkt war er ein ausgesprochen williges Kind.«

»Solange ein Eingeborener seinen Platz kennt, ist alles in Ordnung.« Oom Koos legte ein paar Scheiben des Fleisches, von dem er wußte, daß sie es mochte, auf ihren Teller. »Aber wenn er einmal anfängt, sich Flausen in den Kopf zu setzen, kennt er seinen Platz *nicht* mehr – und schon gibt es Probleme. Das ist der Grund für all die Unruhen, die sie in der Stadt haben. Ich sag dir etwas, Sannie, als ich ein Junge war und hier auf der Farm aufwuchs, hat man nie von einem Kaffer gehört, der lesen und schreiben lernen wollte.« Er goß sich Soße über sein Essen.

»Selina ist sehr aufgeregt. Ständig läßt sie Sachen fallen, zerbricht sie und läßt das Essen anbrennen. Schau bloß, diese Kartoffeln sind verkohlt. Vielleicht solltest du mit Tengo zu reden versuchen, Koos.«

Er schüttelte den Kopf. »Wenn sich ein Kaffer einmal etwas in den Kopf gesetzt hat, nützt alles nichts. Nichts kann ihn ändern, Sannie.«

Die grausame Hitze des Tages ließ ein wenig nach, als der Abend dunkelte und die Sterne am violetten Himmel erschienen. Frösche quakten ihr Lied an der halbleeren Wasserstelle, und die Hunde auf der Farm hoben ihre Schnauzen und jaulten, während sich der Mond über die Blaugummibäume erhob. Timothy und Selina und die alte Großmutter saßen vor der Hütte und genossen die kühlere Nachtluft. Drinnen schliefen Tengo und Tandi.

»All diese Bücher, die ich für ihn bekam«, sagte Selina. »Ich war so froh. Ich dachte, sie würden ihm genügen und ihn bei uns halten.« Sie seufzte.

»Du hast gedacht, sie würden seinen Durst löschen«, sagte Timothy. »Aber diese Bücher sind wie Salz, sie haben ihn nur durstiger gemacht.«

»Die Bücher nehmen ihn uns weg«, sagte Selina. »Und er hat Tandi Lesen und Rechnen beigebracht. In ein paar Jahren wird sie auch weggehen wollen.«

Die alte Frau öffnete eine kleine Blechdose, holte mit Daumen und Zeigefinger etwas Schnupftabak heraus, schnupfte und nieste. »Das Kalb verläßt die Kuh«, sagte sie, »das Lamm verläßt das Schaf. Wie sollte es bei einem Kind anders sein?« Sie ließ den Deckel der Dose zuschnappen und steckte sie in die Tasche ihres langen Rocks.

Tengo goß Milch aus einem Eimer in eine der großen metallenen Milchkannen, als der Oubaas in die Milchkammer kam.

»Na, Tengo. Was höre ich da? All diese Jahre habe ich damit zugebracht, dich anzuleiten, dir etwas zu zeigen, dich durchzufüttern. Und gerade, wenn du mir nützlich werden könntest, verläßt du mich. Du bist ein undankbarer Kaffer, das bist du.«

»Nein, Herr. Der Herr war gut zu mir. Aber ich möchte lernen – eine Ausbildung bekommen.«

»Wozu? Was stimmt nicht mit der Ausbildung, die du bei mir bekommen hast? Du bleibst, und wenn du achtzehn bist, bist du ein geschickter Farmarbeiter. Ich zahle meinen erfahrenen Boys gute Löhne.«

Tengo blickte zu Boden. »Ich möchte Dinge studieren, die ich auf der Farm nicht lernen kann.«

»Das Problem mit dir ist, dich hat der Größenwahn gepackt. Nicht nur dich, zu viele Angehörige deines Volkes. Stiften nichts als Unruhe in diesem Land. Wenn die Schwarzen wissen, wo ihr Platz ist, können wir alle in unserem Land sehr gut miteinander zurechtkommen. Aber wenn sie einmal anfangen, die Grenzen zu überschreiten – ich sage dir, Tengo, sie beschwören den Ärger geradezu herauf.«

Tengo sagte nichts. Er verstand nicht, was der Oubaas meinte. Aber er wußte, daß sich ihm der Oubaas, genau wie seine Eltern, in den Weg stellen wollte, ihn von etwas fernhalten wollte, was sich in seinem Innern regte und ihn nicht zur Ruhe kommen ließ. Etwas in ihm, das wissen wollte, das Fragen stellte, das ihn nicht losließ, bis er irgendwo angelangt war, wo er vielleicht einige Antworten finden konnte.

»Nun«, sagte der Oubaas, »wenn dein Entschluß feststeht, kann ich nichts dagegen tun. Aber du wirst es bedauern, Negerjunge. Und du wirst nach Hause gerannt kommen und wieder um deinen alten Job betteln. Atme die Luft hier« – er holte tief Atem und weitete seine große Brust – »sauber, rein . . . Du wirst dich an die Luft und an die Stille von hier erinnern, wenn du erst einmal im Gestank und Schmutz und Lärm der Stadt bist, das verspreche ich dir. Und du wirst dich fragen: ›Warum habe ich nicht auf den Oubaas gehört?‹« Er drehte sich um und verließ die Milchkammer.

Selinas Schwester beantwortete den Brief:

Da Tengo so sehr wünscht, eine Schule zu besuchen, wäre es falsch, ihn auf der Farm zu behalten. Wenn es Dir gelänge, ab und zu ein bißchen Geld zu schicken, würde das bei den Extraausgaben im Haushalt helfen. Die Familie in der Township wird sich um Tengo kümmern. Aber bedenke, die Stadt ist gefährlich. Doch er wird dort eine Ausbildung bekommen. Wenn er ein gutes Abitur macht, kann er auf eines der Colleges für Schwarze gehen und Lehrer oder sogar Priester werden.

Sie schrieb noch, man solle ihr ein Telegramm schicken, um sie wissen zu lassen, wann er ankäme. Leider sei es ihr nicht möglich, sich freizumachen und ihn am Bahnhof abzuholen. Sie gab Anweisungen, wie er zum Haus ihres Arbeitgebers finden würde. Es war einfach, mit dem Bus dorthin zu fahren. Er sollte an einem Freitag kommen. Er könnte dann bei ihr übernachten, und am Sonntag, ihrem freien Tag, würde sie ihn in die Township mitnehmen. Sie schickte die herzlichsten Grüße an die ganze Familie.

Selina trug den Brief ein paar Tage in ihrer Schürzentasche mit sich herum. Sie mußte erst all ihre Kraft zusammennehmen, bis sie Tengo davon erzählen und die Vorbereitungen für seine Abreise treffen konnte.

8

Tengo saß im Zug und beobachtete die am Fenster vorbeihuschende Landschaft – das mit Dornbüschen gesprenkelte, endlose Grasland; gelegentlich Windmühlen, deren Flügel sich in der trockenen, windlosen Luft nicht regten; Kühe an schlammigen Tränken, dazwischen gewichtig umherstaksende weiße, dicke Vögel, die ihnen Insekten aus der Haut pickten; weite Landstriche mit Mielie-Plantagen; im Sonnenschein aufblitzende Blechdächer von Farmhäusern; Gruppen von Lehmhütten mit nackten schwarzen Kindern, die sich im Staub zwischen Hühnern und Katzen tummelten. Wenn der Zug manchmal an flachen Bahnübergängen langsamer fuhr, rannten schwarze Kinder mit ausgestreckten Händen herbei und schrien: »Penny, Penny, Penny!« Und aus den Fenstern der Waggons für die Weißen wurden Münzen oder Orangen oder Kuchenbrötchen geworfen, und die Kinder kletterten die Böschung hinauf, um sie aufzufangen.

Alles war trocken, gelb, ausgedörrt. Leere, steinige Flußbetten zeigten tiefe Risse und Spalten von der Dürre. Darüber hielt der knallblaue Himmel wie eine auf das Land gestülpte Schale die über Grasland und Farmland in Wellen wabernde Hitze gefangen.

Immer wieder klopfte Tengo auf seine Hemdtasche, um das beruhigende Knistern des zusammengefalteten Briefs mit dem Wegweiser zum Arbeitsplatz seiner Tante in Johannesburg zu hören. Er hatte ihn ein dutzendmal gelesen – durch den Hauptausgang des Bahnhofs, dann nach links, um einen halben Block herum, Bus Nummer zwölf, bitte den Schaffner, dich am Winchester Drive aussteigen zu lassen ... Es würde nichts ausmachen, wenn er den Brief verlieren sollte, er kannte die Anweisungen auswendig. Er war nervös, aber zugleich schien sein Herz – genau wie der Zug – fröhlich einem Ort zuzustreben, nach dem er sich so sehr gesehnt hatte, daß er fast krank geworden wäre bei dem Gedanken, er könnte vielleicht nie so weit kommen.

Er war froh, daß seine Mutter nicht auf den Bahnhof mitgekommen war. Das hätte es ihm zu schwergemacht. Während der letzten Woche war sie so bedrückt und still herumgegangen, daß er wünschte, er hätte ihr sagen können: Ich habe meinen Entschluß geändert, ich bleibe, ich bleibe – nur damit sie nicht mehr so schaute. Aber er konnte es nicht sagen. Er mußte gehen.

Am Morgen, als er seine wenigen Sachen in einen kleinen Pappkoffer gepackt hatte, hatte ihm seine Großmutter ein paar perlenbestickte Deckchen als Geschenke für die Verwandten mitgegeben. »Gib eins auch Matildas Herrin«, hatte sie ihm eingeschärft. Er hatte auch ein paar seiner Tontiere eingepackt. Er wollte zuerst nicht, aber seine Mutter sagte, seine Vettern und Kusinen hätten sie vielleicht gerne als Geschenke. Als Tandi ihm zusah, wie er sie in zusammengeknülltes Zeitungspapier wickelte und zwischen seine Kleider steckte, hatte sie gefragt: »Wann kommst du zurück, Tengo?«

»Oh«, sagte er und fühlte sich großartig dabei. »Ich komme in den Schulferien nach Hause.«

»Wie Kleinbaas Frikkie?«

»Genau.«

»Wann sind Ferien?«

»Er hat noch nicht einmal mit der Schule angefangen«, sagte die Großmutter, »und schon fragst du, wann Ferien sind.«

»Meine Freundin Dimasala hat mir erzählt, in der Stadt gibt es eine Menge tsotsis, und die sind sehr böse«, sagte Tandi.

»Ich werde schon aufpassen. Hier, Tandi, das kannst du haben.« Er gab ihr ein Tonkalb, das den Kopf emporreckte, als halte es Ausschau nach der Mutter. Aber Tandi schaute noch immer, als wollte sie ihn nicht gehen lassen. »Ich werde dir Briefe schreiben«, versprach er. »Und du mußt mir antworten. Das ist eine gute Übung für deine Handschrift.«

»Ich wollte, du würdest dableiben, Tengo«, sagte sie. Sie war ein dünnes, kränkliches Kind, das ständig hustete, und als Tengo ihre großen, tiefliegenden Augen auf sich gerichtet sah, kam er sich schäbig vor, wegzugehen.

»Ich muß gehen, Tandi. Jetzt kannst du in meinem Bett schlafen. Du brauchst das Bett nicht mehr mit Großmama zu teilen.«

Von Doringkraal fuhr der Zug bis Johannesburg durch, so daß Tengo nicht umzusteigen brauchte. Es war ein Güter- und Personenzug, der an jeder kleinen Station hielt. Seine Mutter hatte ihm ein Paket mit belegten Broten und eine Plastikflasche mit gesüßtem, milchigem Tee mitgegeben. Er hatte sich an der Einfahrt zur Farm von seinen Eltern verabschiedet. Sein Vater hatte den Koffer auf die Ladefläche des Lasters gestellt, und Tengo kletterte auf den Vordersitz neben den Oubaas. Er war froh, daß seine Mutter nicht weinte, als sie ihn, bevor er in den Laster stieg, umarmte. Sie standen in der Einfahrt vor dem Haus und winkten, und er winkte zurück und lehnte sich aus dem Fenster, bis die Straße eine Kurve machte und er sie nicht mehr sehen konnte.

Dann hatte Timothy seine Frau besorgt angeschaut, aber sie sagte nur: »Ich muß gehen und das Gemüse fürs Mittagessen putzen.« Und er sah ihr nach, wie sie langsam und schwerfällig zurück in die Küche ging. Danach ging er in die Milchkammer, um die Milchkannen zu sterilisieren.

Die Eltern hatten Tengo Geld für seine Fahrkarte gegeben, aber als er zum Bahnhof kam und in seine Tasche griff, sagte der Oubaas:

»Behalt dein Geld, Tengo. Da, wo du hingehst, wirst du eine Menge brauchen.« Der Oubaas hatte ihm seine Fahrkarte beim alten Meneer Viljoen, dem Stationsvorsteher, gekauft. »Hier, steck sie in die Tasche und verlier sie nicht«, sagte er zu ihm, »und hier ist ein Taschengeld für dich, obwohl du's nicht verdienst.« Er hielt ihm einen Fünf-Rand-Schein hin.

Bevor er die Fahrkarte und das Geld nahm, legte Tengo seine Handflächen aneinander, um seinen Dank zu zeigen, dann streckte er die Hand aus und nahm das Geschenk an. »Danke, Herr«, sagte er.

Der Zug fuhr ein. Zuerst kamen die Waggons für die Weißen mit gepolsterten Sitzen – wie die Sofas im Wohnzimmer des Farmhauses, dachte Tengo. Dann kamen die Güterwaggons und ganz hinten die Abteile dritter Klasse für die Schwarzen mit harten, klapprigen Holzbänken.

»Einsteigen, einsteigen«, befahl Meneer Viljoen ihm. »Steh nicht herum und glotz wie ein Esel.«

Tengo stieg ein, und der Stationsvorsteher knallte die Tür zu. Niemand sonst war in dem Abteil, und Tengo legte seinen Koffer auf das Metallgestell über dem Sitz und beugte sich zum Fenster hinaus. Der Zug roch nach Kohlenstaub und Metall. Draußen auf dem Bahnsteig lachten und redeten der Oubaas und Meneer Viljoen miteinander und zündeten sich Zigaretten an. Tengo umklammerte den Fenstergriff, er konnte es kaum glauben, daß er wirklich im Zug saß.

Dann blickte Meneer Viljoen plötzlich auf seine Uhr, blies in seine Pfeife, nahm eine grüne Fahne aus der Tasche und winkte damit. Der Oubaas rief: »Du fährst – *tot siens*, Tengo – auf Wiedersehen!« Und der Zug tuckerte aus der Station und entfernte sich von Doringkraal.

Tengo hob die Hand, um zu winken. Sein Mund war trocken, und sein Herz raste vor Aufregung. Er dachte: Der Zug fährt so langsam, ich könnte noch immer hinausspringen. Aber dann wurde der Zug schneller, das kleine Bahnhofsgebäude mit dem roten Dach fiel zurück, und nur noch das endlose Grasland war ringsum. Tengo setzte sich, lehnte sich zurück und sah die Landschaft am Fenster vorüberfliegen.

Am Bahnhof von Johannesburg waren mehr Menschen, als Tengo je gesehen hatte. Ein Mann, der an der Station hinter Doringkraal den Zug bestiegen hatte, sagte ihm, er würde ihm den Weg zum Bus zeigen. Er war ungefähr so alt wie Tengos Vater. Er erzählte Tengo, er arbeite in einem Supermarkt in Johannesburg und sei zu Hause gewesen, um seine Frau im Kraal zu besuchen, die ein Baby bekommen hatte. Das Baby war bereits sechs Monate alt, aber er hatte erst jetzt freinehmen können, denn sein Arbeitgeber hatte ihm schon zum Begräbnis seines Vaters Urlaub gegeben. Er hätte zwar unbezahlten Urlaub nehmen können, aber da das Baby sein fünftes Kind war, konnte er es sich nicht leisten, auf das Geld zu verzichten.

Tengo gab dem Mann eines seiner belegten Brote, und sie teilten sich die Flasche mit Tee, der nur noch lauwarm, aber trotzdem erfrischend war. Später, als der Zug an einer Station längere Zeit hielt, stieg der Mann aus und kam mit einer Flasche Orangensprudel für jeden zurück. Er hatte Tengo gefragt, ob er nicht auch aussteigen und sich die Beine vertreten wolle, aber Tengo fürchtete, der Zug könnte ohne ihn weiterfahren, und blieb sitzen.

Jetzt folgte er dem Mann durch das Menschengewühl, das Gedröhn und den Lärm des riesigen Bahnhofs auf die Straße. Der Mann lachte, als er sah, wie Tengo mit offenem Mund die vielen Menschen auf den Bürgersteigen anstarrte, die hohen Gebäude, den Verkehr, der die Straßen verstopfte, hupend und die Luft mit Tosen erfüllend.

Sie wandten sich nach links, und als sie um den halben Block herumgegangen waren, zeigte der Mann Tengo die Bushaltestelle, schüttelte ihm die Hand, wünschte ihm viel Glück bei seinen Studien und verschwand im Gedränge.

Eine große Uhr in einem Schaufenster zeigte an, daß es fünf Uhr war. Die Leute gingen von der Arbeit nach Hause. Sie strömten durch getrennte Eingänge für

Schwarze und Weiße in den Bahnhof und bildeten lange Schlangen an den Bushaltestellen. Die Luft roch nach Benzin, der Lärm dröhnte in Tengos Ohren. Rotweiße Doppeldeckerbusse hielten häufig, um die weißen Passagiere aufzunehmen. An den Bushaltestellen für Schwarze waren die Schlangen länger, und die einfachen Busse füllten sich rasch, wenn sie endlich kamen, so daß die Menschen zusammengepfercht standen und viele sich halsbrecherisch außen am Trittbrett festklammerten. Tengo fand heraus, daß die überfüllten Busse offenbar die Arbeiter in die townships jenseits der Stadt brachten, denn als der Bus Nummer zwölf kam, der in die weiße Vorstadt fuhr, war er halbleer.

Er stieg ein und setzte sich, mit dem Koffer an seiner Seite. Er sagte dem Schaffner, wohin er wollte, und der Schaffner nahm sein Geld, lochte eine Fahrkarte und sagte, er würde Tengo Bescheid geben, wenn sie seine Haltestelle erreichten.

Tengo klopfte auf den Zettel in seiner Tasche:

Steig aus am Winchester Drive – und überquere die Straße bei der Ampel – geh am Einkaufszentrum vorbei, wo um einen Brunnen herum Tische mit gelben Sonnenschirmen stehen – gehe fünf Häuser weiter den Winchester Drive entlang bis zur Nummer 77 – eine hohe, weiße Wand mit großem Tor und einer Messingtafel, auf der Dr. Miller steht...

Die City lag hinter ihnen, und Tengo blickte voller Staunen auf die wunderschönen Häuser und Gärten der Vorstadt. Der Bus hielt an einer roten Ampel vor einer Schule, aus der Jungen mit blauen Blazern und Mützen und grauen langen Hosen zu Fuß weggingen oder mit Fahrrädern wegfuhren. Auf einem grünen, mit weißen Linien markierten Spielfeld standen Jungen in weißen Anzügen herum, und auf Bänken saß eine Gruppe in blauen Uniformen und sah zu. Tengo sah einen der Jungen auf dem Feld einen Ball werfen und einen anderen, der ihn mit dem Schlagholz traf, während ein dritter über das Feld dem fliegenden Ball nachrannte. Als der Bus abfuhr, begriff er, daß dort Kricket gespielt wurde. Die Holzpfosten an beiden Enden des Feldes mußten die Tore sein, die der Werfer treffen und umstoßen sollte. Jahrelang hatten er und Frikkie auf dem Hof der Farm Kricket gespielt, und oft hatte Frikkie beschrieben, wie das Spiel richtig gespielt wurde, mit elf Spielern in jeder Mannschaft und Toren zu beiden Seiten des Feldes. Doch diese über das Feld verteilten weißen Gestalten ... irgendwie hatte er sich nie vorgestellt, daß es so aussehen würde.

»Winchester Drive«, rief der Schaffner. Den Koffer fest umklammert, stieg Tengo aus dem Bus. Mit Hilfe der Anweisungen, die er auswendig gelernt hatte, kam er zu Nr. 77. Das Tor war geschlossen. Dahinter konnte Tengo am Ende einer langen, geschwungenen Einfahrt ein hohes Haus mit rotem Ziegeldach erblicken, das aussah, als hätte man ein Haus auf ein anderes gestellt. Er sah von Blumen umrahmte, weiche, grüne Rasenflächen.

Ein schwarzer Mann in Khaki-Kleidung kniete in einem Blumenbeet. »Dumela«, rief Tengo.

Der Mann blickte hoch. »Dumela.«

»Ich bin gekommen, um meine Tante zu besuchen.«

»Auw, ja. Komm herein. Öffne das Tor und komm herein. Deine Tante wartet auf dich.«

Tengo entriegelte das Tor, ging hindurch und verriegelte es wieder sorgfältig, wie man es ihm auf der Farm beigebracht hatte.

»Du bist gerade erst mit dem Zug angekommen?«

Tengo nickte.

»Geh die Einfahrt hinauf, um das Haus herum auf den Hof, dann siehst du die Hintertür. Du wirst deine Tante in der Küche finden.«

Hinter einem hohen Drahtzaun sah er zwei weiße

Mädchen in kurzen, weißen Röcken auf einer roten Lehmfläche herumrennen und über ein Netz hinweg sich gegenseitig einen Ball zuschlagen. Um einen großen, quadratischen, mit grünem Wasser gefüllten Pool standen weiße Tische und Stühle und bunte Schirme. Neben dem Haus parkten drei Autos. Tengo kam zu einem gepflasterten Hof mit einer Wäscheleine voller Kleider und einem Jacarandabaum in voller Blüte, genau wie der auf der Farm. Die Hintertür stand weit offen. Er klopfte, und in weniger als einer Sekunde, so schien es ihm, fühlte er sich an den mächtigen Busen seiner Tante gedrückt.

»Tengo! Bist du's! Ich habe dich nicht mehr gesehen, seit du ein kleiner Junge warst. Laß dich anschauen! Du bist ganz dein Vater.«

»Und du bist wie meine Mutter«, sagte er schüchtern.

»Komm herein, komm herein.« Sie führte ihn in eine weiße, makellose Küche mit weißen, makellosen Maschinen. An einem Bügelbrett stand eine junge Schwarze und bügelte Wäsche. »Dora. Hier ist er. Das Kind meiner Schwester ist gekommen. Das ist Tengo.«

Sie lächelte in an. »Hauw – dumela, Tengo.«

»Er sieht ganz seinem Vater ähnlich. Du wirst groß und dünn werden. Setz dich. Setz dich. Ich bin sicher, du hast Hunger nach einer so langen Bahnfahrt. Dein Vetter Joseph fragt dauernd, wann du kommst.« Sie setzte ihn an einen makellosen weißen Tisch und gab ihm einen Becher Tee, einen Teller voll Sandwiches mit kaltem Fleisch und eine Orange. Während er aß, redete sie, stellte Fragen, erzählte ihm von ihren Plänen. Er sollte auf einer Matratze im Zimmer des Gärtners schlafen, und am Sonntag würde sie ihn mit hinaus in die Township nehmen.

Nachdem er gegessen hatte, fand sie, er sähe erhitzt und müde aus. Sie brachte ihn in den Wohntrakt der Dienstboten und zeigte ihm, wie man duscht. Lange Zeit stand er unter den kalten, stechenden Wassernadeln. Die

Farm, der Kraal, der Oubaas, Frikkie ... das alles kam ihm wie ein Traum vor, den er in einem anderen Leben geträumt hatte. In jener Nacht schlief er auf der Matratze im Zimmer des Gärtners ein, während der Gärtner noch mit ihm redete.

Am Samstag morgen aß Tengo sein Frühstück schon zeitig, ehe die Familie erwachte. Dora zeigte ihm die ganze Küche und erklärte ihm, wie all diese Maschinen funktionierten – eine Waschmaschine, eine Geschirrspülmaschine, eine Maschine, die Lebensmittel pürierte, und eine, die Lebensmittel hackte, und eine, die Brot toastete – sogar ein elektrisches Messer, das Fleisch schnitt. Er schaute ihr zu, wie sie eine Ladung Wäsche in eine der Maschinen steckte, dann sah er hinter einem runden Glasfenster die Kleidungsstücke im Schaum herumwirbeln. Auf der Farm gab es eine alte Waschmaschine mit einer Schleuder obendrauf, nicht so etwas wie das hier. Er wünschte, seine Großmutter könnte das sehen. Sie wusch die Kleider der Familie auf einem flachen Stein am Fluß.

Seine Tante stand am Spülbecken und spülte Geschirr.

»Warum läßt du nicht die Maschine das Geschirr für dich sauber machen?« fragte er sie.

»Oh, wir rühren den Geschirrspüler nicht an«, sagte sie. »Der ist nicht für uns. Den benützt die Madam, wenn wir nicht da sind, an unseren freien Tagen.«

»Aber warum darf Dora dann die Waschmaschine benützen?«

Dora lachte. »Ihre Wäsche waschen sie niemals selbst«, sagte sie.

Später lernte er die Familie Miller kennen, als sie zum Frühstück herunterkam. Es lebten noch zwei Mädchen und zwei Jungen zu Hause. Seine Tante hatte ihm erzählt, daß der älteste Sohn in England studierte. Sie waren alle freundlich, als sie Tengo in der Küche trafen. Die Eltern und die Kinder fragten ihn nach seinen Plänen. Er gab Mrs. Miller das perlenbestickte Deckchen, das seine Großmutter ihm mitgegeben hatte. Sie dankte ihm und sagte: »Matilda, leg das in die Schublade in der Speisekammer.«

»Du warst das, dem ich die Bücher geschickt habe, nicht wahr?« fragte sie.

»Ja, Madam. Danke, Madam.« Er dachte, sie würde ihm jetzt gleich erklären, weshalb sie keine mehr geschickt hatte, aber sie sagte nichts davon.

»Und nun willst du zur Schule gehen und ernsthaft studieren?« fragte Dr. Miller.

»Ja, Master.«

»Gut für dich, Tengo«, sagte Mrs. Miller. »Ich bin sicher, du machst deine Sache gut. Wenn wir dir auf irgendeine Weise helfen können, sag es uns frei heraus.«

»Du wirst Geld für Bücher brauchen«, sagte Dr. Miller. »Du mußt Matilda sagen, wieviel es kostet, und wir geben es dir dann.«

»Hau, der Master ist sehr freundlich«, sagte Matilda.

Claire, die älteste Tochter, die er am Tag zuvor hatte Tennis spielen sehen, wie ihm der Gärtner erklärt hatte, wickelte sich eine Strähne ihres langen, dunklen Haares um den Finger. Seine Tante hatte gesagt, sie sei fünfzehn. Sie aß ein Stück Toast mit Butter. »Dies ist ein wunderbares Land«, sagte sie. »*Er* muß für die Schule und für seine Schulsachen bezahlen, und *ich* bekomme alles umsonst. Wie lange geht das wohl noch so weiter?« Sie schien ihre Frage an die Lampe über dem Tisch zu richten.

Tengo war überrascht. Hier stellte ein weißes Mädchen genau die Frage, die ihn schon so lange beschäftigte. Sie erhielt kostenlosen Unterricht und fragte trotzdem, weshalb die Schwarzen dafür bezahlen mußten. Das war wieder etwas Neues, eine neue Erfahrung, über die er nachdenken mußte.

»Der Wandel kommt, der Wandel kommt«, sagte Dr. Miller. »Aber in der Zwischenzeit füllt sich mein Wartezimmer mit Patienten. Bis später.« Er ging zu seinem Auto hinaus und fuhr weg.

Matilda hatte einige von Tengos Tonfiguren in die Küche gebracht, um sie ihren Arbeitgebern zu zeigen. Sie standen aufgereiht auf dem Fensterbrett: ein paar Kühe, ein Stier mit gesenktem Kopf, als ginge er zum Angriff über, vier Ochsen und ein dünner, traurig aussehender Farmhund aus gelbem Ton.

»Du hast die selbst gemacht, Tengo? Niemand hat es dir gezeigt? Sie sind gut«, sagte Mrs. Miller. »Sehr gut. Du solltest in der Schule Kunst belegen.«

Tengo nickte und wußte nicht, was das bedeutete – Kunst belegen . . .

Später am Morgen half er Dora beim Polieren des Silbers. Sie erzählte ihm, daß das jede Woche gemacht wurde, ob es notwendig war oder nicht. Der Tisch unter dem Baum im Hof war übersät mit Messern und Gabeln und Löffeln, da stand ein silbernes Teegeschirr und ein Kaffeegeschirr, eine silberne Suppenterrine mit Schöpfer, Silbertabletts. Dora besprühte jedes Stück mit einer Flüssigkeit, die die Gegenstände beim Trocknen mit einer kalkigen Schicht überzog. Dann rieb sie mit einem weichen Tuch, bis sie strahlenden Glanz erzeugt hatte. Sie gab Tengo ein Tuch, und er hatte seine Freude daran, die silberne, blinkende Oberfläche erscheinen zu sehen, in der sich die grünen Blätter und die violetten Blüten des Jacarandabaums widerspiegelten.

Er polierte den Suppenschöpfer und mußte beim Anblick seines Gesichtes lachen, das verkehrt herum und verzerrt in der schimmernden Wölbung erschien, als sei es aus irgendeiner seltsamen Suppe geschöpft. Claire kam im Badeanzug und mit einem Stapel Bücher und Papiere aus der Küchentür. Sie trat an den Tisch.

»Tengo, ich habe mir deine kleinen Skulpturen angesehen . . .«

»Was ist das, Madam?« fagte er.

»Diese Tontiere, die du gemacht hast. Sie sind wirklich sehr gut, weißt du.«

»Danke, Madam.«

»Nenn mich doch nicht Madam. Ich bin Claire.«

»Ja, Madam«, sagte er und wurde verlegen, als die anderen beiden lachten.

»Aber ganz im Ernst, Tengo. Du bist begabt. Du solltest Kunst studieren.«

»Ich weiß nicht, was das ist, Kunst studieren.«

»Kunst . . . Kunst ist Zeichnen und Malen und diese Tontiere, die du gemacht hast. Warte eine Minute.« Sie stellte ihre Last ab und ging ins Haus. Nach einer Weile kam sie wieder heraus und trug ein paar große Bücher, größer, als Tengo je welche gesehen hatte. »Schau. Das sind Kunstbücher. Das sind einige der größten Künstler, die jemals gelebt haben. Schau, das ist Rembrandt . . . das ist van Gogh . . . das ist Michelangelo, er war Bildhauer, er hat Figuren gemacht wie du, aber aus Marmor. Schau, sind sie nicht wunderschön? Hier, sieh die Bücher durch. Dann wirst du verstehen, was Kunst ist.« Sie nahm ihre Bücher und Papiere wieder auf. »Ich muß jetzt lernen. Wir haben nächste Woche Prüfungen.«

Sie ging zum Swimmingpool, legte sich ins Gras und schlug ihre Bücher auf.

Tengo legte den silbernen Schöpfer und das Tuch weg und begann, eines der Kunstbücher durchzublättern. Nachdem einige Zeit vergangen war, sagte Dora: »Ich sehe schon, ich muß allein fertigpolieren«, aber er blickte nicht einmal auf. Er betrachtete jede Einzelheit ganz genau, ehe er eine Seite umwandte. Das Papier, auf dem die Bilder gedruckt waren, war glatt und schwer wie der Rahm, der in der Milchkammer von der Milch geschöpft wurde. Auf jeder Seite gab es so viel anzuschauen, daß er sich nur widerwillig davon trennte, aber seine Gier nach mehr ließ ihn umblättern, umblättern. Wer war das? Vielleicht ein Heiliger, die Gestalt eines alten Mannes mit Bart und Hörnern auf dem Kopf, so wie die, die er dem Stier gemacht hatte – und mit einem Gesichtsausdruck, als sei etwas Schreckliches passiert ... Aus Marmor sei das gemacht, hatte Claire gesagt, aber dies sah ganz anders aus als das Material von Frikkies Marmormurmeln.

Dora hörte auf, die Messer und Gabeln und Löffel zu bearbeiten. Sie legte sie in eine flache Holzkiste, die mit grünem Flanell ausgepolstert war, und brachte sie ins Haus. Dann kam sie zurück, um den Rest des Silbers zu holen, aber Tengo bemerkte kaum, daß sie gegangen war. In der kurzen Zeit, seit er die Farm verlassen hatte, hatte sich ihm eine vollkommen neue Welt eröffnet, voll seltsamer, unerwarteter Dinge. Aber nichts, so schien es ihm, war so wunderbar, so erstaunlich wie die Bilder und Skulpturen auf den Seiten der Kunstbücher. Er brütete hingebungsvoll darüber, wendete die Seiten, nahm sie in sich auf.

Manchmal war er auf der Farm bei Sonnenuntergang oder wenn der Mond über dem dunklen, stillen Grasland emporstieg, erfüllt gewesen von dem Gefühl, wie geheimnisvoll und schön die Welt war. Beim Umblättern der Seiten erfaßte ihn das gleiche Gefühl; er empfand es, ohne jedoch zu wissen, was es war, das er fühlte. Nach dem Abendessen ließ er die Bücher auf dem Küchentisch liegen. Bevor er auf dem Fußboden des Gärtnerzimmers einschlief, lösten sich die Farben und Figuren vom Papier und huschten hinter seinen geschlossenen Augen umher und drangen bis in seine Träume.

Am Sonntag morgen frühstückte er zeitig zusammen mit seiner Tante. Sie bereitete das Mittag- und Abendessen der Millers vor, und nachdem sie ihnen das Frühstück serviert hatte, zog sie ihren Kittel und ihre Schürze aus, legte ihr Sonntagskleid an, und sie beide machten sich auf den Weg in die Township.

9

Ein paar Tage vor Beginn der Weihnachtsferien telefonierte Oom Koos, um mitzuteilen, daß Meneer Van Rensburg, sein Nachbar auf der nächstgelegenen Farm, seine Schwester in der Stadt besuchte. Er wollte am letzten Schultag zurückfahren, und wenn Frikkie an diesem Tag etwa um die Mittagszeit reisefertig sein könnte, würde er ihn auf die Farm mitnehmen.

Frikkie erhielt die Erlaubnis, die Schule früher zu verlassen. Als sein Lehrer ihm das Zeugnis überreichte, sagte er: »Ich wünschte, du würdest dich ebenso für die Schule begeistern wie für die Farm deines Onkels, Frederiek.« Aber da er alle seine Prüfungen bestanden hatte, kümmerte es Frikkie nicht, daß seine Noten nicht allzu gut waren. Er wußte, er konnte ein guter Farmer werden, auch wenn er in Geschichte, Geometrie oder den Naturwissenschaften nicht glänzte.

Er war fertig und stand wartend am Tor, als Meneer Van Rensburg vorbeikam, um ihn abzuholen. Er genoß die Fahrt und die Unterhaltung über die Dürre, die Milcherträge und den Stand des Getreides und über den neuen Stier, für den Meneer Van Rensburg eine Menge Geld bezahlt hatte in der Hoffnung, er würde seinen Mastviehbestand verbessern.

»Setzen Sie mich nur unten an der Farmstraße ab«, sagte Frikkie, als sie die Farm erreichten. »Meine Tasche ist nicht schwer. Vielen Dank fürs Mitnehmen, Meneer.«

Es war ein heißer, stiller Nachmittag. Die Zikaden sägten eifrig und erfüllten die Luft mit ihrem Zirpen. Frikkie war voller Glück bei dem Gedanken an sechs ganze Wochen auf der Farm – keine Schule, keine Schlange Steenkamp, die ihm das Leben schwermachte. Ein schmaler Pfad neben der Farmstraße führte durch das Gebüsch zum Kraal. Frikkie beschloß, diesen Weg zu nehmen und nachzuschauen, ob Tengo da war.

Einer der halbwilden gelben Hunde fing bei Frikkies Erscheinen zu bellen und zu schnappen an. Er hob einen Stein und warf ihn, und das räudige Tier rannte davon in den Busch. Niemand war zu sehen. Im grellen, harten Sonnenschein wirkte der Kraal verlassen. Nicht einmal die alte Lettie ließ sich blicken. Die Hühner drängten sich in dem spärlichen Schatten zusammen, den sie finden konnten. Frikkie stellte seinen Koffer vor der Hütte ab und spähte durch die Tür. Nach dem gleißenden Sonnenlicht draußen war das Innere düster, er brauchte ein paar Momente, bis sich seine Augen an den Wechsel gewöhnt hatten. Er trat ein. Die Hütte war spärlich möbliert und tadellos sauber, der festgestampfte Lehmboden gefegt. Verblichene Blümchenvorhänge, an die er sich aus dem Wohnzimmer seiner Tante erinnerte, teilten den Raum in verschiedene Abteilungen, und in einer davon schlief die alte Lettie auf einem eisernen Feldbett. Der Raum war durchdrungen vom Geruch nach rauchendem Feuer und dem säuerlichen Aroma vergorenen Maisbreis.

Frikkie war überrascht, ein mit Büchern vollgestelltes Regal zu sehen. Er wollte gerade einen Schritt nach vorn tun, um nachzusehen, was das für Bücher waren, als sich die alte Frau rührte, die Augen öffnete und sich aufsetzte.

»Oh, es ist der Kleinbaas.« Sie schwang ihre Beine in dem langen, schwarzen Rock über die Bettkante.

»Hallo, Lettie. Ich wollte dich nicht aufwecken. Ich suche Tengo.«

»Tengo.« Sie gähnte. »Er ist nicht hier.«

»Ist er oben auf der Farm?«

»Nein, Kleinbaas. Er ist nicht hier. Er ist weg.«

Die alte Lettie schläft noch halb, dachte Frikkie. »Ich sehe, daß er nicht hier ist, Lettie. Wann wird er heimkommen?«

»Das wissen wir nicht, Kleinbaas. In zwei Jahren . . . in drei Jahren vielleicht . . .«

»Lettie, wovon redest du? Wo ist er?«

»Tengo ist weggegangen. Nach Johannesburg.«

»Johannesburg! Wozu?«

»Er geht dort zur Schule.«

»Schule?! Wann ist er weggegangen?«

Sie zuckte mit den Schultern. »Vor drei Wochen, vier Wochen . . .«

»Aber jetzt sind Ferien, Lettie. Jetzt ist keine Schule.«

Sie stand vom Bett auf, tappte barfüßig über den Lehmboden, nahm eine Schüssel mit saurem Brei und ging hinaus.

Frikkie folgte ihr nach draußen. Nach dem gedämpften Licht in der Hütte blendete ihn die Sonne wieder. »Wird er in den Ferien nach Hause kommen, Lettie?«

Sie kauerte sich nieder, brach Zweige als Zündmaterial für ihr Feuer und gab keine Antwort.

Frikkie nahm seinen Koffer und entfernte sich langsam aus dem Kraal. Ein Mädchen, das seinen kleinen Bruder in einem Tuch auf dem Rücken trug, ging an ihm vorbei und grüßte »dumela«, aber er achtete nicht darauf. Er glaubte nicht, daß Tengo fortgegangen war zur Schule. Er hatte doch nie davon gesprochen, daß er so etwas vorhatte. Die alte Lettie war vermutlich nicht mehr ganz richtig im Kopf. Sie war inzwischen ungefähr hundert Jahre alt und wußte nicht mehr, was vor sich ging.

Aber sie hatte seine gute Laune verdorben. Er ging die Straße entlang auf die Farm zu, und der Koffer wurde mit jedem Schritt schwerer. Er ging ums Haus herum und in die Küche. Selina stand am Spülbecken und scheuerte einen Topf.

»Kleinbaas Frikkie! Wo kommen Sie denn her?«

»Meneer Van Rensburg hat mich mitgenommen. Er hat mich am unteren Tor abgesetzt.« Er stellte seinen Koffer ab und rieb sich die verschwitzte, taube Handfläche, in die sich der Koffergriff eingegraben hatte. »Selina, ich bin unten im Kraal vorbeigegangen, um nach Tengo zu suchen, und da hat mir Lettie gesagt, er sei nach Johannesburg gegangen.«

»Das ist richtig, Kleinbaas.«

»Aber Selina, *warum?*«

Sie spülte den Topf unterm heißen Wasserstrahl ab und stellte ihn auf das Abtropfbrett. »Um die Schule zu besuchen. Tengo hat sich schon seit langer Zeit gewünscht, die Schule zu besuchen. Er möchte eine Ausbildung. Wir versuchten, so lange wir konnten, ihn hier bei uns zu behalten. Aber dann beschloß er, er müsse gehen.« Sie hob die Schultern. »Und wir konnten ihn nicht zurückhalten.«

»Ich wußte das gar nicht ... er hat mir nie etwas davon gesagt ... Welche Schule?«

»Eine Schule in der Township. Er ist ein sehr kluger Junge, unser Tengo. Das Lernen fällt ihm leicht.« Sie seufzte, füllte den Teekessel und stellte ihn auf den Herd.

»Aber Selina, jetzt sind Ferien. Wird er nach Hause kommen?«

»Nein, Kleinbaas. Der Geistliche in der Methodistenkirche, in die meine Schwester geht, hat es eingerichtet, daß Tengo Nachhilfestunden bekommt, damit er gegenüber den anderen Schülern aufholen kann. Er muß die ganzen Ferien lernen.«

»Wo wohnt er?«

»In der Township, bei der Familie meiner Schwester. Tengo hat dort viele Vettern und Kusinen.«

»Aber Selina . . .« Er nahm seinen Koffer und empfand das gleiche Gefühl der Ohnmacht, das ihn in der Schule immer überwältigte, wenn er geprügelt wurde, weil er die Geschichtsdaten nicht auswendig wußte, oder wenn er nach der Schule dableiben mußte, weil seine Algebraaufgaben alle falsch waren. Dieses Gefühl brachte er mit der Schule in Zusammenhang. Hier war immer alles so, wie er es haben wollte. Und jetzt – Tengo war nicht mehr da. Alles war verdorben.

»Lassen Sie Ihren Koffer stehen, Kleinbaas. Ich bringe ihn in Ihr Zimmer, wenn ich den Tee gemacht habe. Sie sehen erhitzt und müde aus.«

»Wo ist meine Tante?«

»Im Eßzimmer.« Selina stellte Tassen und Untertassen aufs Tablett, füllte das Milchkännchen und ging mit schleppenden Schritten in die Vorratskammer, um die Kuchendose zu holen.

Tant Sannie erhob sich von ihrer Nähmaschine, um Frikkie zu umarmen. »Wie war die Fahrt mit Meneer Van Rensburg?« fragte sie.

»In Ordnung. Tant Sannie, hast du gewußt, daß Tengo vorhatte, die Farm zu verlassen und zur Schule zu gehen?«

Sie schnalzte gereizt mit der Zunge. »Ich kann dir sagen, Frikkie, mit diesen Kaffern hat man nichts als Schererein. Da verwendet dein Onkel alle Zeit und Mühe darauf, einen geschickten Farmarbeiter aus ihm zu machen, und er setzt sich in den Kopf, er muß eine Schulbildung bekommen. Schulbildung! Welchen Sinn hat Schulbildung bei einem Kaffer! Sie stopft ihm nur den Kopf voll mit Ideen, ohne die er besser dran wäre.« Sie trat ärgerlich das Pedal ihrer Nähmaschine und säumte ein Stück Stoff, dann riß sie den Faden ab und faltete ihre Näharbeit zusammen. »Ich sag dir was, Frik, in letzter Zeit haben wir sie nicht mehr richtig in der Hand. Früher waren sie gehorsam, dankbar, aber jetzt...« Sie schüttelte den Kopf, ihr Gesichtsausdruck war grimmig. »Jetzt sind sie auf Ärger aus – Ärger für sich selbst und für uns. Dein Onkel ist nicht zufrieden mit der Entwicklung der Dinge in diesem Land. Er meint, wir müssen die Kaffern fester anpacken, um sie unter Kontrolle zu halten.«

»Aber Tengo... er war *immer* hier!«

Tant Sannie lachte. »Du solltest dich anschauen, Frik. Du siehst aus, als hättest du einen Zehn-Rand-Schein verloren. Bloß wieder ein undankbarer Kaffer weniger, sonst nichts! Das ist doch alles das gleiche Pack; kein Grund also, so geknickt zu sein.« Sie stülpte den Deckel über ihre Nähmaschine. »In ein paar Minuten kommt dein Onkel herein zum Tee. Er macht sich große Sorgen wegen der Dürre. Geh, bring deine Sachen weg und wasch dich. Selina hat dir deinen Lieblings-Obstkuchen gebacken.«

Frikkie ging in sein Zimmer. Er kniete sich aufs Bett und blickte aus dem Fenster auf die ausgedehnten Maisfelder mit ihren gelblichgrünen Blättern und den vom Wassermangel verkümmerten Halmen. Nach Westen bot sich ihm die Aussicht auf den sanft zum Tal abfallenden Hang, das Weideland war braun und ausgedörrt. Frikkie konnte die Gruppe der Eukalyptusbäume sehen und den Rauch aus dem Kraal, der ins wolkenlose Blau aufstieg. Er drehte sich um und setzte sich, sah sich im Zimmer um, betrachtete all die vertrauten Dinge, die genauso waren, wie sie sein sollten, nichts umgestellt. Oben auf der Kommode stand auf dem gestickten Deckchen der kleine Tonstier. Er ging hin und nahm ihn in die Hand. Unter seinem Daumen wölbten sich die straffen Muskeln der Flanken; über der Stirnlocke erhoben sich die kleinen Höcker der Hörner und drängten sich gegen seine Finger.

Er wollte, daß sich nichts veränderte, daß alles so weiterlief wie immer. Und jetzt war Tengo weggegangen, ohne ihm etwas davon zu sagen ... Er war an Tengo gewöhnt. Sie waren seit ihrer frühesten Kindheit Freunde. Und jetzt war er fortgegangen in eine Schule, ohne ihm zu sagen, daß er sich das schon immer gewünscht hatte. Ohne Tengo würde die Farm nicht mehr dieselbe sein. Warum hatte er gehen müssen? Er drückte seine Finger erneut auf die Hörner des kleinen roten Stiers, und sie gruben sich in sein Fleisch.

»Frikkie!« Die Stimme seiner Tante hallte den Gang entlang. »Wo bleibst du so lange, Kind? Oom Koos wartet auf dich. Der Tee steht auf dem Tisch.«

Er stellte den Tonstier weg und wusch sich die Hände.

Nach dem Tee bat sein Onkel ihn, mitzukommen und ihm beim Melken zu helfen.

»Ich – ich habe noch nicht ausgepackt«, sagte er. »Und – ich habe ein wenig Kopfschmerzen. Ich glaube, ich lege mich eine Weile hin.«

Tant Sannie befühlte seine Stirn. »Du wirst doch nicht krank werden, Frikkie, hm? Ich wunderte mich schon, weshalb du nur ein Stück Kuchen gegessen hast. Du hättest dich von Meneer Van Rensburg bis zur Farm heraufbringen lassen sollen, statt in dieser Hitze einen schweren Koffer über das Land zu schleppen. Geh und leg dich hin, mein Junge. Wenn dir nicht danach zumute ist, aufzustehen, wird dir Selina dein Abendessen ans Bett bringen.«

Teil 2

10

Tengo nahm den Lärm, den Gestank und den Schmutz kaum mehr wahr. Nach beinahe drei Jahren in der Township hatte er sich daran gewöhnt. In der Anfangszeit jedoch, geschockt von dem Gedränge und dem Tumult, von der Unmöglichkeit, sich zurückzuziehen, den täglichen Gewalttätigkeiten, den Spannungen und der Häßlichkeit, hatte er nachts wach gelegen und gedacht: Der Oubaas hat recht ... der Oubaas hat recht ... ich schaffe es nicht ... ich muß hier weg und auf die Farm zurückkehren ...

Aber er wußte, es war das offene Grasland, nach dem er sich sehnte, wenn er an die Farm dachte, mit dem hohen Himmel darüber und dem sauberen Geruch der Luft und dem warmen Atem der Kühe. Wenn er sich an die Leere erinnerte, an die Langeweile, an all die unbeantworteten Fragen, die von allen Seiten auf ihn einstürmten – von den Sternen und den Insekten, dem Aufblitzen und Umherhuschen der Schwärme kleiner Fische im Fluß, von der Art, wie der Oubaas und seine Frau mit seinen Eltern redeten, und der Art, wie seine Eltern sich ihnen unterwarfen –, wenn er sich an all das erinnerte, erkannte er, daß er Glück hatte, von dort entkommen zu sein.

An Frikkie dachte er selten. Inmitten der Abgaswolken, der Hast und dem Lärm des Stadtlebens erschienen ihm jene Tage am Fluß – das Klettern in den Bäumen, ein Wettlauf übers Grasland – wie ein Traum, an den man sich nach dem Erwachen kaum noch erinnert.

Er vermißte seine Eltern, Tandi und seine Großmutter nicht mehr so sehr. Auch nicht die tröstliche Vertrautheit des Geruchs von Rauch und vergorenem Maisbrei, der das Innere der runden Lehmhütte durchdrang. Oder vielmehr, so dachte er, hatte er sich daran gewöhnt, sie zu vermissen. Seit dem Tag, an dem der Oubaas ihn zum Zug gebracht hatte, war er nicht mehr auf der Farm gewesen. Während der Ferien mußte er hart arbeiten, um all die Jahre versäumten Unterrichts nachzuholen.

Bei seiner Ankunft in der Stadt hatte er sich darauf gefreut, viel Zeit mit seinem Vetter Joseph verbringen zu können. Aber Joseph war oft von zu Hause weg, und Tengo sah ihn kaum.

Tengo hatte Glück, daß sich Reverend Gilbert, der Geistliche der Methodistenkirche, die seine Tante besuchte, für ihn interessierte. Dieser Mann war ungefähr so alt wie der Oubaas, sah aber älter aus. Er hatte ein blasses, faltiges Gesicht, weiße Haare und immer einen besorgten Ausdruck in seinen freundlichen Augen. Er hatte in Südafrika und England studiert und unterrichtete nun Tengo, vor allem in Naturwissenschaften und Mathematik. In Geschichte und Englisch konnte Tengo leichter aufholen, aber auch das bedeutete eine Menge Arbeit; bis spät in die Nacht las er beim Schein einer winzigen Lampe, die der Geistliche ihm gegeben hatte, während die anderen im Haus schliefen.

Als der Geistliche einige der Tontiere sah, die Tengo geformt hatte, schlug er ihm vor, Kunstunterricht zu nehmen. Aber Tengo wurde klar, wieviel Anstrengung die Bewältigung aller Pflichtfächer für das Abitur erforderte, das ihn zum Übertritt aufs College befähigte, und er begriff, daß er keine Zeit für Kunstunterricht erübrigen konnte. Manchmal verspürte er in seinen Handflächen und Fingerspitzen den Drang nach einem Klumpen Ton, und manchmal träumte er, er würde Tonfiguren modellieren. Doch, so fragte er sich beim Erwachen, wenn er jetzt mit Ton arbeiten könnte, welche Figuren würde er im Ton verborgen finden? Was war, wenn aus seinem Kneten, Formen, Glätten etwas Häßliches, etwas Erschreckendes entstand?

Er erinnerte sich an die Marmorgestalten, die er in dem Kunstband gesehen hatte, und er dachte: Eines Tages, wenn ich mehr Zeit habe, werde ich wieder an solche Dinge denken... und vielleicht... Aber es war ihm nicht möglich, oder er wollte es sich nicht zugestehen, den Gedanken zu Ende zu denken.

Zuerst hatte man ihn in eine Klasse mit Kindern gesteckt, die jünger als er waren. Doch seine Entschlossenheit zu lernen trieb ihn vorwärts, und er bestand die Tests mühelos und bereitete sich auf die Prüfung für den Eintritt in eine höhere Klasse vor. Schließlich konnte er seinen Eltern schreiben, daß er nicht nur in eine Klasse mit Gleichaltrigen versetzt worden, sondern sogar oft Klassenbester war.

Seine Familie sehnte sich danach, ihn wiederzusehen. *Die Hütte ist ohne Dich leer*, schrieb ihm seine Mutter. Aber sie verstanden, daß er von seinem Lernen keine Zeit abzweigen konnte. Und eine Fahrkarte kostete Geld. Ein Besuch zu Hause war ein Luxus, den sie sich nicht leisten konnten.

Seine Vettern zogen ihn immer auf, denn es gelang ihnen nicht, ihn von seinen Büchern zu trennen, damit er draußen mit ihnen spielte. Aber Tengo hatte größere Freude an seinen Büchern als daran, einen Fußball auf einem staubigen, mit alten Autoreifen, verschimmelten Matratzen und stinkendem Abfall übersäten Platz herumzukicken. Es gab viele Arbeitslose, Jugendliche und Männer, die mit leerem Blick, gelangweilt und deprimiert in den Straßen herumlungerten. Selbst die Bäume, die vereinzelt zwischen den Unmengen zusammengepferchter, wellblechgedeckter Häuschen standen, in denen sich eine Million Menschen zusammendrängten – große, staubige Palmen, Platanen, hier und da ein Jacarandabaum –, machten einen niedergeschlagenen Eindruck.

Es war für Tengo nicht einfach zu lernen. Das Haus mit den vier Räumen war ständig voller Menschen, voller Unruhe und Lärm. Verwandte aus anderen Orten kamen und blieben; Tag und Nacht schauten Besucher herein; Babys mit bloßem Po krabbelten herum, und kleine Kinder rannten ein und aus. Seine Tante und sein Onkel arbeiteten beide in der City und mußten vor Tagesanbruch aufstehen, um den mit Arbeitern vollgestopften Frühzug zu erreichen. Tagsüber kümmerte sich die Großmutter um den Haushalt, aber sie war alt, und die Arbeit fiel ihr schwer.

Seine andere Tante war »Tee-Mädchen« im Büro einer Werbeagentur, die ihren Sitz in einem der großen Wolkenkratzer in der Innenstadt hatte. »Wie können sie dich ›Tee-Mädchen‹ nennen, Tante«, fragte Joseph sie einmal während eines seiner seltenen Besuche zu Hause, »wo du doch beinahe fünfzig Jahre alt bist?«

Sie war ausgepumpt und müde. Gerade war sie von der Arbeit nach Hause gekommen und schleppte eine schwere Tasche voller Gemüse. Da es laut Regierungsbeschluß in der Township weder Supermärkte noch Warenhäuser gab, mußte sie sämtliche Einkäufe nach der Arbeit in der City erledigen und die unförmigen Taschen jeden Abend in überfüllten Bussen und Zügen nach Hause bringen. Bevor sie den Mantel auszog, stellte sie einen Topf mit Wasser zum Kochen auf den Herd. Dann schälte sie Kartoffeln. »Oh, Joseph!« sagte sie schließlich gereizt, »diejenige, die für alle im Büro den Tee macht, wird immer ›Tee-Mädchen‹ genannt. Das ist die Bezeichnung für den Job, sonst nichts.«

Die Küche war klein und voll. Es gab keinen Platz für

einen Eßtisch, alle saßen im Wohnzimmer mit den Tellern auf dem Schoß, während der Fernseher in seiner Ecke plärrte.

Tengo teilte eines der Schlafzimmer mit seinen Vettern. Er übte sich darin, den Lärm und das Kommen und Gehen auszublenden und sich ganz auf seine Arbeit zu konzentrieren. Wenn die Zeit für Prüfungen näher rückte, ging er in die Kirche hinüber, wo ihm der Geistliche ein kleines Hinterzimmer zur Verfügung stellte, in dem er lernen konnte. Seine Lehrer ermutigten ihn, und er wußte, sie waren stolz auf ihn. Sie sagten ihm, wenn er den eingeschlagenen Weg fortsetze, werde er ein erstklassiges Abitur ablegen, und damit könne er eventuell ein Stipendium fürs College bekommen.

Wenn er auftauchte, erzählte Joseph wenig von dem, was ihn von zu Hause fernhielt. Tengo mochte ihn sehr und riß sich sogar von seinen Büchern los, wann immer sich eine Gelegenheit ergab, mit ihm zusammenzusein.

Doch Joseph hatte sich verändert, er war schweigsam geworden. Er hatte die Schule wenige Monate vor dem Abitur verlassen, kurz ehe er aufs College gehen sollte. Als Tengo ihn nach dem Grund fragte, wollte er darüber nicht reden.

Aber eines Tages unterhielten sie sich, weit entfernt vom Lärm und der Enge der Township. Es war an einem Sonntag; Joseph, der für ein paar Tage zu Hause war, lud Tengo ein, mit ihm in die Stadt zu gehen und seine Mutter zu besuchen, die an diesem Wochenende nicht heimkommen konnte, weil die Millers eine Gartenparty gaben. Am Nachmittag, als Matilda beschäftigt war, machten sie einen Spaziergang zum Zoo Lake und setzten sich dort ins Gras. Ringsum machten die Leute unter den Bäumen Picknick, gingen am Wasser spazieren oder lasen die Sonntagszeitung. Hunde rasten aufgeregt hinter Stöckchen und Bällen her, Kleinkinder stolperten im strahlenden Frühlingssonnenschein herum. Draußen auf dem See schwammen braune Enten und ein paar Ruderboote.

»Hier ist es schön«, sagte Tengo. Er legte sich der Länge nach ins Gras. »In letzter Zeit habe ich kaum etwas Grünes gesehen.«

»Als ich klein war, war es den Schwarzen nicht erlaubt, zur Erholung hierher an den See zu kommen«, sagte Joseph düster. »Jetzt erlauben sie es uns, und sie glauben, derartige Kleinigkeiten genügen uns. Sie denken, sie können uns zum Schweigen bringen, indem sie uns ein paar Brocken hinwerfen . . .« Er verstummte und schien in Gedanken verloren.

Wenn sich Joseph auf solche Weise in seinen Zorn zurückzog, wußte Tengo nicht, wie er ihn erreichen sollte. Also schwieg auch er und beobachtete durch die Bäume den Himmel.

Joseph suchte in seiner Tasche nach einer Zigarette und zündete sie an. Rauchen schien ihn zu beruhigen. Er war ein starker Raucher und hatte einen chronischen Husten, der von den Zigaretten kam, wie seine Mutter immer sagte. »Dr. Miller hat dir schon ein dutzendmal gesagt, daß der Husten erst weggeht, wenn du das Rauchen aufgibst«, sagte sie, sobald seine Hand nach der Hemdtasche griff. Aber er war oft angespannt und nervös und schien nicht ohne Zigaretten auszukommen. »Laß mich damit in Ruhe, Ma«, sagte er zu Matilda.

Jetzt streckte er sich auf dem Rücken aus und blies den Rauch in die Luft. »Wenigstens ist es hier schön friedlich, weg vom Gestank und Krach der Township«, sagte er.

Da er gelassener schien, fragte ihn Tengo erneut: »Joseph, du hast immer gesagt, du würdest Abitur machen und dann aufs College gehen. Was ist passiert?«

»Frag nicht, Tengo. Ich will dich nicht von deiner Lernerei abhalten.«

»Sag es mir.«
»Was passiert ist? Soweto ist passiert.«
»Soweto?«
»Oh, Tengo, du hast damals auf der Farm wirklich überhaupt nichts mitbekommen. Es war das erstemal, daß alle Schulkinder in einen Streik getreten sind. Das erstemal, daß man in eine Township Polizei gebracht hat, die auf Kinder schoß und sie tötete, nur weil sie protestiert hatten.«
»Und weswegen haben sie protestiert?«
»Die Regierung wollte Afrikaans zur offiziellen Sprache an Schulen für Schwarze machen. Sie wollten uns zwingen, unsere englischen Bücher aufzugeben und nur noch in ihrer Burensprache zu lernen.«
»Aber warum, Joseph?«
»Warum? Weil es für sie besser ist, wenn wir dumm bleiben und durch eine Sprache isoliert sind, die außer den verdammten Afrikaandern niemand auf der Welt versteht. Auf diese Weise glaubten sie uns kontrollieren und vom Kontakt mit der Außenwelt abschneiden zu können. Aber sie hatten sich geirrt. Zwanzigtausend Kinder schlossen sich dem Marsch an. Die Polizei wollte sie aufhalten, und einige von ihnen fingen an, mit Steinen zu werfen. Da eröffnete die Polizei das Feuer und tötete einen dreizehnjährigen Jungen. Danach konnte nichts mehr die Kinder aufhalten. Sie bewaffneten sich mit Stökken und Steinen und Mülleimerdeckeln und kämpften so gegen das Gewehrfeuer. Die Polizei schoß weiter, bis Hunderte tot und Tausende verletzt waren. Es war ein Krieg gegen unbewaffnete Schulkinder. Darauf folgten Aufruhr und Brandschatzung, und der Aufstand breitete sich auf die Townships des ganzen Landes aus. Die Kinder gaben nicht auf. Und sie haben gewonnen. Sie gingen erst wieder zur Schule, als der Plan für den Unterricht in Afrikaans fallengelassen wurde. Ich war noch klein, aber ich

kann mich gut daran erinnern. Nach Soweto begannen junge Menschen sich ihrer Macht bewußt zu werden.«

Tengo blieb eine Weile ruhig, dann fragte er: »Aber warum hast du dann die Schule nicht beendet, Joseph?«

»Weil Soweto die Aussichten für viele von uns verändert hat. Nach Soweto begann ich erwachsen zu werden. Und ich begann zu begreifen, daß sie uns, anstatt uns eine richtige Schulbildung zu geben, nur einen Knochen zuwerfen. In den schwarzen Schulen und Universitäten bieten sie uns einen minderwertigen Unterricht, eine Gossenbildung. Sie dient dazu, uns zu besseren Sklaven zu machen.«

Während Tengo seinem Vetter zuhörte, spürte er, wie die Angst nach ihm griff. Er wußte nicht, ob der Unterricht, den er bekam, minderwertig war oder nicht. Er wußte nur, daß er Türen öffnete, die bis dahin verschlossen und verriegelt gewesen waren. Daß er seinen Wunsch nach Wissen befriedigte und gleichzeitig ständig Neues brachte, worüber er noch mehr wissen wollte. Für ihn war das ein endloses Fest. Er erinnerte sich daran, wie es all die Jahre auf der Farm gewesen war, als er keine Aussichten auf Beantwortung der Fragen hatte, die auf ihn einstürmten, wohin er sich auch wandte. Ihm war zumute gewesen wie einem, der mit Seilen gefesselt war, obwohl er über das weite Grasland davonrennen konnte. Gleichgültig, was Joseph darüber sagte, für ihn bedeutete das mehr als irgend etwas anderes.

Joseph setzte sich auf und drückte seine Zigarette im Gras aus. Er blickte auf Tengo hinab, der schweigend dalag und in den Himmel starrte. »Was ich sage, bekümmert dich, Vetter?«

Tengo nickte.

»Deshalb wollte ich mit dir nicht über diese Dinge reden. Du bist noch jung. Du hast noch eine Menge zu lernen, vor allem, weil du spät mit der Schule angefangen hast. Mach weiter, Tengo. Wie ich höre, stellst du dich ziemlich schlau an. Aber ich denke, mit der Zeit wird das, was um dich herum passiert, dich lehren, darüber nachzudenken – auf deine Weise. Und wenn die Zeit kommt, wirst du entscheiden müssen, was für dich am besten ist.«

»Wenn die Zeit kommt? Welche Zeit?«

Joseph stand auf. »Komm. Gehen wir zurück. Inzwischen sollte ihre Party vorbei sein. Es ist bestimmt eine Menge gutes Essen übriggeblieben. Wenn man Hunger hat, ist es gut, sich in der Nähe liberaler Weißer aufzuhalten. Sie haben Schwierigkeiten mit ihrem Gewissen, das macht sie großzügig.«

»Die Millers sind liberale Weiße?«

»Richtig.«

»Dr. Miller bezahlt alle meine Schulbücher.«

»Gut so. Er kann es sich leisten«, sagte Joseph kurz. »Er hat auch meine bezahlt. Das kostet ihn vermutlich weit weniger als der Mitgliedsbeitrag für seinen Golfklub.«

Das war eine andere Art, die Dinge zu betrachten. Als sie durch den sonntäglich stillen Vorort zurückgingen, warf Tengo seinem Vetter Seitenblicke zu. Mit den Händen in den Taschen, den Kopf gesenkt und eine leise Melodie pfeifend, schlenderte er neben ihm her.

»Joseph«, fragte er ihn, »was machst du, wohin gehst du, wenn du nicht zu Hause bist?«

Ohne den Kopf zu wenden, sagte Joseph: »Es ist besser, keine Fragen zu stellen, Vetter. Je weniger du weißt, um so weniger kannst du in Schwierigkeiten kommen.«

11

Für Frikkie schleppten sich die Schuljahre dahin. Als er sechzehn war und sich knapp durchs Examen für die mittlere Reife gemogelt hatte, wollte er die Schule verlassen, aber seine Eltern, sein Onkel und seine Tante bestanden darauf, daß er Abitur machte.

»Sei vernünftig, alter Knabe«, sagte Oom Koos zu ihm. »Wenn du achtzehn bist, mußt du sowieso für zwei Jahre zum Militär. Mach also dein Abitur, bring deinen Militärdienst hinter dich, und wenn du zwanzig bist, kommst du her. Die Farm wartet auf dich, und du wirst mein Assistent.«

Also tat er, was sie wollten. Alles, was er vor sich hatte – Prüfungen ablegen, die Schule beenden, Militärdienst leisten –, betrachtete er als Hindernisse, die aus dem Weg geschafft werden mußten, damit er endlich sein wirkliches Leben beginnen konnte: sein Leben auf der Farm.

Oom Koos brachte ihm das Autofahren bei, und er konnte den Mähdrescher schon selbst bedienen. Er bastelte gern an Maschinen herum und verstand es geschickt, Teile zu reparieren, wenn sie kaputt waren. Oom Koos sprach davon, die Milchwirtschaft auf Maschinen umzustellen. »Lieber eine leistungsfähige Maschine als eine Horde fauler Kaffern«, sagte er. »Ich sag dir was, Frikkie, wenn du aus der Armee kommst, werden wir Melkmaschinen aufstellen. Mit einem geschickten Mechaniker wie dir auf der Farm wird das eine prima Sache.«

Obwohl der Militärdienst streng war und große Anforderungen stellte, zog Frikkie ihn der Schule vor. Er genoß es, ein hervorragender Rekrut zu sein, nachdem er bisher immer nur ein miserabler Schüler gewesen war. Was von ihm verlangt wurde, erledigte er ordentlich und gewissenhaft. Seine Erfahrung mit den Maschinen auf der Farm kam ihm zugute. Auf Märschen und im Kampftraining war er stark und ausdauernd. Und seine Offiziere mochten ihn, er kam mit ihnen besser aus als je mit seinen Lehrern. Es machte ihm Spaß, sein Gewehr auseinanderzunehmen und zu ölen und die Teile des Präzisionsmechanismus wieder zusammenzusetzen; er hatte Oom Koos oft auf Jagden begleitet und war ein erstklassiger Schütze.

Er war in einer Kaserne in einer kleinen Stadt außerhalb von Johannesburg stationiert. Gelegentlich ging er mit einigen Kameraden seines Zuges in die Stadt, aber er machte sich nichts aus dem Lärm und den großen Gebäuden und dem schnellen Lebensrhythmus. Nur mit einem jungen Mann freundete er sich an, mit Pieter Uys, ebenfalls ein Farmerjunge, der sich danach sehnte, wieder auf die Farm seines Vaters zurückzukehren.

Tant Sannie schickte ihm Farmer-Zeitschriften, und in seiner freien Zeit lag er auf seiner Pritsche und schmiedete für die Zeit nach seiner Entlassung aus der Armee Pläne zur Modernisierung der Farm. Sein Captain machte ihm mehr als einmal den Vorschlag, er solle darüber nachdenken, ob er nicht in der Armee bleiben und Berufssoldat werden wolle, und er versprach ihm, er würde bald Offizier werden. Aber nach einiger Zeit gab er es auf. »Es wird uns nicht gelingen, diesen *plaasseuntjie*, diesen Bauernburschen, von seinem Land wegzuholen«, mußte er eingestehen.

Als Frikkie Gelegenheit hatte, ein paar Tage freizubekommen, fuhr er sofort auf die Farm. Oom Koos und Tant Sannie waren stolz darauf, ihren Neffen in Uniform zu sehen.

»Das Leben in der Armee tut dir gut, Frikkie«, sagte seine Tante. »Sieh dir nur den Jungen an, Koos, er ist beinahe so groß wie du.« Sie strickte für ihn einen khakifarbenen Pullover. Als sie die Länge seines Armes für den

Ärmel maß, klopfte sie ihm auf den muskulösen Oberarm. »Wie Eisen«, sagte sie. »Dieses Land ist in den Händen von Jungen wie dir in Sicherheit.«

Die Farmarbeiter versammelten sich im Hof, um den Kleinbaas in seiner Uniform zu bewundern. »Hau, Sie werden so groß, daß Sie ein *grootbaas* werden, ein großer Herr«, bemerkte Timothy.

In der Küche starrte ihn Selina an. »Du meine Güte! Kleinbaas Frikkie ist jetzt ein richtiger Soldat.«

»Wie geht's Tengo?« fragte er. Seit Tengo weg war, war Frikkie nie mehr unten im Kraal gewesen.

»Oh, er macht sich ja so gut in der Schule! Er macht nächstes Jahr Abitur. Und es heißt, er soll ein Stipendium bekommen, damit er aufs College kann. Er hat uns geschrieben, daß er eines Tages in die Vereinigten Staaten gehen will, um dort zu studieren! Können Sie sich so etwas vorstellen, Kleinbaas?«

»In die Vereinigten Staaten!« Das brachte Frikkie seltsam aus der Fassung. Doch da er es sich während seiner unerfreulichen Schulzeit zur Gewohnheit gemacht hatte, unangenehme Dinge beiseite zu schieben, fragte er nur: »Hast du Obstkuchen da, Selina?«

»Aber natürlich, Kleinbaas. Sobald mir die Herrin gesagt hatte, daß Sie kommen würden, habe ich sofort einen gebacken.«

Er ging in sein Zimmer, um die Uniform auszuziehen. Die schweren Stiefel polterten laut auf dem linoleumbelegten Boden des Ganges. Der rote Tonstier stand noch immer auf der Kommode, sein Fußball lag auf dem Boden des Kleiderschrankes. Frikkie blickte an dem Tonstier vorbei aus dem Fenster auf das ausgedörrte Land, das gelb und welk unter der Sonne brütete. Und er dachte: In unserer Kindheit war alles so grün. Ohne ihn zu berühren, betrachtete er den kleinen Stier, der aussah, als hätte er eine kurze Pause eingelegt, ehe er zum

Angriff überging. Und er dachte bei sich: Vereinigte Staaten . . .

Am Teetisch sagte er nach seiner dritten Tasse Tee und seinem dritten Stück Obstkuchen: »Selina sagt, daß Tengo in den Vereinigten Staaten studieren möchte.«

Tant Sannie schnalzte mit der Zunge.

»Ich sage dir eines, Frikkie«, antwortete Oom Koos, und dabei vertieften sich die Linien um seinen Mund, »diese Schwarzen gleiten einem wirklich aus der Hand. All diese Liberalen – diese Kaffernprediger in Übersee, die nichts davon wissen, wie Agitatoren in diesem Land die Schwarzen aufstacheln –, die setzen ihnen Flausen in den Kopf, die sie auf die Idee bringen, sie könnten unseresgleichen werden. Es wird immer schwieriger, sie in ihre Schranken zu verweisen. Jetzt wollen die Farmkaffern schon zum Studieren in die Staaten; ich frage mich, was wohl als nächstes kommt.«

»Als nächstes werden sie *uns* regieren wollen«, warf Tant Sannie ein.

»Niemals!« Oom Koos stellte seine Teetasse ab. »Dagegen würde ich bis zum letzten Blutstropfen kämpfen.«

Tant Sannie tätschelte den Arm ihres Mannes. »Reg dich nicht auf, Koos. Wenn tüchtige Männer wie Frikkie uns beschützen, werden die Kaffern schon dort bleiben, wo sie hingehören.« Sie sah Frikkie liebevoll an.

»Aber sie werden uns noch eine Menge Schwierigkeiten machen«, sagte Frikkie. »Letzte Woche mußte eine Einheit unserer Kaserne ausrücken, um der Polizei zu helfen, eine Demonstration in einer Township am Rand von Pretoria zu zerschlagen. Das war eine gefährliche Bande. Die Polizei war in der Minderzahl, und unsere Jungen kamen gerade rechtzeitig, um ein paar von denen niederzuschießen und die übrigen in die Flucht zu jagen. Sie warfen Benzinbomben, Steine . . .«

»Die einzige Sprache, die sie verstehen, ist die der Gewalt.« Oom Koos reichte seine Tasse herüber, um sich nachschenken zu lassen. »Diese Kinder in den Townships zetteln die Unruhen an. Was hat ihnen die Schulbildung genützt? Sie hat sie unzufrieden gemacht und begierig nach dem, was uns gehört. Wenn wir ihnen nur im geringsten nachgeben, betrachten sie es als Zeichen von Schwäche. Von Schwarzen kann man keine Vernunft verlangen. Gewalt ist die einzige Möglichkeit, sie unter Kontrolle zu halten.«

»Genau das sagen uns unsere Offiziere in der Kaserne auch«, bestätigte Frikkie.

»Auch ohne diese Schwierigkeiten mit den Schwarzen steht es schlimm genug um unser Land«, sagte Oom Koos. »Das ist jetzt das vierte Dürrejahr. Wenn es nicht bald regnet, ich weiß nicht, Frikkie... Ich weiß nicht, wieviel von der Farm dann noch übrig ist, wenn du aus der Armee entlassen wirst.«

Tant Sannie sah ihren Mann ängstlich an. »Der Regen wird kommen, Koos, der Regen wird kommen. Hab Geduld, der Herr wird unsere Gebete erhören.« Sie berührte seine riesige Hand und redete beruhigend auf ihn ein, als sei er ein Kind. »Der Regen wird kommen.« Sie zuckerte seinen Tee, rührte ihn um und stellte ihn vor ihn hin. »Trink jetzt deinen Tee, Koos, und hör auf, dir Sorgen zu machen. Der Arzt hat dir gesagt, Ärger ist schlecht für deinen Blutdruck.«

Schweigend beendeten sie ihre Teestunde. Als Selina hereinkam, um den Tisch abzuräumen, sagte Tant Sannie: »Pack den Rest des Kuchens ein, Selina. Der Kleinbaas kann ihn mit in die Kaserne nehmen.«

»Ich wünschte, du würdest für uns in der Kaserne kochen, Selina«, sagte Frikkie. »Das Essen dort ist abscheulich.«

»Hau, armer Kleinbaas.« Selina sah ihn mitfühlend an. »Dann sollten Sie soviel essen, wie Sie nur können, solange Sie bei uns sind.«

Wieder in der Kaserne zurück, trat Frikkie auf der Stelle. Er marschierte, exerzierte in der erbarmungslosen Sonne, rannte meilenweit, trottete dahin auf endlosen Tagesmärschen, übte Zielschießen, lernte mit Tränengas umzugehen, mit Gummigeschossen, Handgranaten, Maschinengewehren. Er besuchte Vorträge über Terrorismus, über Stadtguerillakämpfe und Befreiungsgruppen der Schwarzen. Er polierte seine Knöpfe und Schnallen und Schuhe. Und er machte jeden Morgen sein Bett, daß es aussah wie ein sauberes Rechteck und so die Kontrolle des Sergeanten überstand. Im Vergleich zu ihm war die Schlange Steenkamp ein sanfter, gütiger Mann gewesen. Was immer Frikkie tat, er wartete – wartete darauf, daß er seine steife Uniform gegen weiche, abgetragene Arbeitskleidung eintauschen konnte. Er wartete darauf, daß er jeden Tag die Wärme einer glänzenden Kuhflanke in der Handfläche spüren würde; daß er von seinem Sitz hoch oben auf dem Traktor hinter sich blicken konnte, wo die rote Erde unter seiner Pflugschar aufbrach und gerade, regelmäßige Reihen und Furchen bildete; daß er den vom Sonnenschein durchfluteten Staub in der Dreschkammer schmecken und in den Heuballen, die sich auftürmten bis unters Dach der Tenne, die gespeicherte Süße des Sommers riechen konnte. Jeden Abend stellte er sich beim Einschlafen auf seinem schmalen Feldbett die Zeit vor, da er morgens beim Krähen des Hahnes im ersten Licht erwachte und der frische, neue Tag den Himmel vor dem Fenster seines Zimmers auf der Farm weiß färbte.

12

Tengo kannte die Blumen in dem Beet nicht, in dem er Unkraut jätete. Keine von ihnen hatte in dem Garten auf der Farm geblüht. Als er noch ein unwissendes Negerkind war, hatte er für die Frau des Oubaas die Beete gejätet, aber sie hatte ihre Beete nur mit zwei oder drei Arten von Blumen bepflanzt. Der Garten der Millers sah aus wie ein Bild in einem Buch. Mrs. Miller wußte alles über Gartenpflege. Sie erklärte ihm, was im Schatten angepflanzt werden mußte und was die volle Sonne vertragen konnte, wo alte Gewächse gelichtet oder geteilt werden mußten und wie man Büsche beschnitt. Sie kam jeden Morgen mit einem großen Sonnenhut heraus und erklärte Tengo, was getan werden mußte. Er hatte auch den Rasen gemäht. Er sah aus wie ein weicher, grüner Teppich, den man zwischen Swimmingpool und Tennisplatz ausgebreitet hatte.

Nach den vielen Jahren, die er bei spärlichem Licht über seinen Büchern gebückt verbracht hatte, tat es gut, wieder feuchte Erde an den Fingern zu spüren, während ihm die Sonne auf den Rücken schien und die Vögel in den Baumwipfeln zwitscherten. Ein Glück, fand Tengo, daß der Gärtner der Millers ausgerechnet in den Schulferien zu seiner kranken Frau nach Hause gerufen worden war. Nach der langen Abwesenheit von der Farm war es für Tengo ein Vergnügen, einen Monat lang im Garten zu arbeiten und dabei gutes Geld zu verdienen.

Reverend Gilbert hatte ihn ermutigt, den Job anzunehmen, nachdem seine Tante ihm davon berichtet hatte, daß die Millers einen Aushilfsgärtner suchten. »Du hast die ganzen Jahre hart gearbeitet«, sagte er zu ihm. »Du hast es vielleicht übertrieben. Nie hast du dir freie Zeit genommen. Gönn dir eine Pause. Körperliche Arbeit wird dir nach der geistigen Anstrengung guttun. Und nach den Ferien hast du nur noch ein einziges Jahr vor dir. Ich bin zuversichtlich, daß du ein erstklassiges Abitur ablegen wirst, mein Junge. Also vergiß für einen Monat die Bücher, genieße das schöne Wetter und nimm die Dinge leicht.«

Auch die Kinder der Millers hatten Schulferien. Sie waren jetzt nur noch zu dritt. Die beiden älteren Jungen hatten beschlossen, lieber das Land zu verlassen als hier Militärdienst zu leisten. Sie studierten beide im Ausland und konnten nie mehr nach Südafrika zurückkommen, hatte ihm seine Tante gesagt. Wenn sie es täten, würden sie entweder sofort zur Armee eingezogen oder verhaftet. Dr. Miller und seine Frau fuhren jetzt jedes Jahr zuerst zum einen Sohn nach England und dann zum anderen in die Staaten.

Hier am nördlichen Stadtrand war es still und friedlich. Schwer zu glauben, daß der Lärm und Schmutz der Township nur wenige Meilen entfernt waren. Man schien hier in einer anderen Welt zu leben. Für Tengo war es ein besonderes Erlebnis, das Zimmer des Gärtners ganz für sich allein zu haben. Und es gab eine Menge zu essen. Am warmen, schläfrigen Nachmittag gurrten die Tauben im Dach über der Garage, und Insekten summten im Gras. Die beruhigenden Geräusche führten Tengo zurück zu den Sommertagen auf der Farm.

Kurz vor Ende des Schulsemesters hatte er einen Brief von seiner Mutter bekommen:

Tandi ist wieder aus dem Krankenhaus entlassen. Anscheinend hat die Behandlung gewirkt. Sie hustet jetzt nur noch sehr wenig, aber sie ist sehr dünn. Sie muß noch ziemlich lange zum Arzt, der ihr Spritzen gibt. Er sagt, sie hat Tbc. Deine Großmutter und Dein Vater sind bei guter Gesundheit. Kleinbaas Frikkie war zu Besuch hier. In seiner Uniform sieht er wie ein richtiger Soldat aus. Am Sonntag haben wir Deinen Vetter Benjamin auf der Farm von Me-

neer Van Rensburg besucht. Er ist während der Ferien nach Hause gekommen. Er hat uns erzählt, daß es in der Stadt in den Schulen eine Menge Unruhen gibt. Wir möchten, daß Du gut aufpaßt, mein Sohn. Halt Dich aus allem heraus. Für Dich ist es jetzt das wichtigste, Dein Abitur zu machen und aufs College zu gehen. Laß Dich durch nichts daran hindern, ganz gleichgültig, was andere Dir vielleicht sagen. Wenn Du ein besseres Leben führen willst, brauchst Du Bildung und einen guten Job...

Tengo zog an einem tief verwurzelten Unkraut. Er löste es mit einem befreienden Ruck aus dem Boden, schüttelte die Erdklumpen ab und hockte sich auf die Fersen. *Laß Dich durch nichts daran hindern, ganz gleichgültig, was andere Dir vielleicht sagen*, hatte seine Mutter geschrieben. Wenn sie wüßte, wieviel ihn zu hindern versuchte! So viel, daß es ein Wunder war, daß er seine Prüfungen überhaupt hatte machen können. Der Kampfruf der militanten Schüler- und Studentengruppen, ihr gemeinsamer Gesang dröhnte in seinen Ohren:

Erst die Freiheit – dann die Bildung!
Erst die Freiheit – dann die Bildung!

Er versuchte, nicht auf sie zu hören, wenn sie ihn drängten, den Unterricht zu boykottieren. Er kapselte sich ab gegen das, was sie sagten. Er verfolgte ein Ziel, von dem er sich durch nichts abbringen lassen durfte. Er wußte jetzt, daß es stimmte, was sie sagten – daß die Schulbildung, die sie in den Schulen für Schwarze bekamen, minderwertig war; daß die Regierung vor langer Zeit entschieden hatte, die Schwarzen nur so weit zu bilden, wie sie es für die Verrichtung untergeordneter Arbeiten brauchten; daß die meisten ihrer Lehrer selbst keinen Hochschulabschluß hatten; und daß in den Klassenzimmern der Weißen auf einen Lehrer weniger als zwanzig Schüler kamen, während es in seiner Schule über vierzig waren.

Die militanten Schüler wollten den Unterricht so lange boykottieren, bis die Bedingungen für die Schwarzen geändert wurden. Doch während Tengo mit ihnen darin übereinstimmte, daß dies alles ungerecht und unrecht war, wollte er trotzdem nicht von seinen Büchern aufschauen, bis er erreicht hatte, was er sich vorgenommen und wofür er die Farm verlassen hatte.

»Ich kann jetzt nicht an Dinge wie Revolution denken«, sagte er zu seinem Freund Elijah, der zu den Rebellen gehörte. »Ich habe zuviel zu tun, Mann. Wenn ich meinen Universitätsabschluß habe, dann kann ich mich mit solchen Dingen beschäftigen.«

»Jetzt ist die Zeit reif zum Handeln, Tengo«, sagte Elijah. »Alles ist am Brodeln. Schon bald wird es gefährlich sein, wenn man zur Schule zu gehen versucht. Die Jugendtrupps wollen einen Schulboykott erzwingen. Man spricht sogar davon, daß unsere Eltern daran gehindert werden sollen zu arbeiten, bis die Regierung beginnt, auf unsere Forderungen einzugehen.«

Tengo spürte, wie sich sein Magen zusammenkrampfte.

»Ich kann jetzt nicht mit dir reden, Elijah. Die Prüfungen stehen unmittelbar bevor. Ich muß sofort nach Hause und lernen.« Er ging nach Hause und dachte an Elijahs Vetter, der ein Stipendium bekommen hatte und damit an einem amerikanischen College studieren konnte.

Tante Matilda kam um die Hausecke und rief über die Wiese: »Tengo, Teezeit! Dein Tee steht auf dem Tisch im Hof.«

Er saß unter dem Jacarandabaum und nippte an einem großen Emaillebecher mit süßem Tee, und ein Bild tauchte in seinem Kopf auf – Frikkie und er unter dem Jacarandabaum auf dem Hof der Farm, der Boden von blauvioletten Jacarandablüten bedeckt wie von einem

Teppich. Er dachte kaum noch an Frikkie. Und wenn, dann immer mit einem Gefühl, das ihn irritierte, und so verbannte er ihn rasch wieder aus seinen Gedanken. Er erinnerte sich jetzt daran, daß er einmal ein Gespann aus Tonochsen gemacht und sie nebeneinander in ein kleines, hölzernes Joch gespannt hatte. Sie sahen aus, als würden sie geduldig eine schwere Last ziehen. Dann hatte Tandi versehentlich einen dieser Ochsen zerbrochen, und das Ganze war zerstört: Das Joch fiel herunter, und die Ochsen kippten um. Genau das gleiche Gefühl überkam ihn – so überlegte er jetzt, während er seinen Tee trank –, wenn er an Frikkie dachte – als sei etwas durch ein Versehen zerstört worden – aber durch welches Versehen?

Claire kam aus dem Haus. Sie war inzwischen Studentin an der großen weißen Universität in Johannesburg. Sie trug ein paar Bücher und setzte sich neben ihn auf die Bank. »Tengo, ich sortiere alte Bücher aus, die ich nicht brauche. Dies sind Bücher über Kunst und Kunstgeschichte. Kannst du sie brauchen?«

»Ich glaube nicht. Danke. Für so was habe ich keine Zeit. Ich muß zuviel für mein Abitur lernen.« Die Bücher lagen auf dem Tisch, und er wandte den Blick ab. Er wollte nicht einmal die Titel ansehen, nicht jetzt.

»Machst du noch immer diese Tonfiguren?« fragte sie.

»Nein.«

»Wie schade. Ich fand, du hättest echtes Talent. Ich zeichne. Ich wollte eigentlich Künstlerin werden. Aber dann habe ich beschlossen, statt dessen Architektur zu studieren. Als Architektin kann ich für die Gesellschaft nützlicher sein.«

»Sie wollen Häuser entwerfen? Wohnblöcke?«

»O nein! Nichs dergleichen. Ich interessiere mich für Städteplanung.«

»Welcher Art?«

»Nun . . . Mein Traum ist, daß ich eines Tages, wenn

diese Regierung ganz anders ist und das Land nach ordentlichen Grundsätzen regiert wird – jede Person eine Wahlstimme, ordentliche Wohnmöglichkeiten, Schulbildung und Gesundheitswesen für jedermann ... mein Traum ist es, ideale Gemeinschaftsprojekte zu entwerfen, Townships mit schönen Häusern und Gärten für alle, Krankenhäuser, Schulen, Tageskrippen, Erholungsstätten für alte Menschen, Parks, Swimmingspools, Sportstadien ...«

Während sie sprach, stellte sich Tengo vor, was sie beschrieb, als erschiene es wie auf einem Bildschirm hinter seinen Augen und verwandle die Townships. »All das könnten Sie entwerfen?« fragte er.

»Warum nicht? Das wird das Thema meiner Abschlußarbeit – die Planung einer idealen Siedlung anstelle einer derzeit existierenden Township. Was ist mit dir, Tengo? Welche Pläne hast du?«

»Ich habe noch ein Schuljahr vor mir. Dann mache ich Abitur. Ich würde gern aufs College in Kapstadt gehen. Ich war noch nie außerhalb von Transvaal. Irgendwann würde ich gern das Meer sehen.«

»Was wirst du studieren?«

»Ich bin mir noch nicht sicher. Es gibt noch immer zu vieles, was ich wissen und lernen muß, ehe ich mich fragen kann, was ich tun möchte.«

Sie stand auf, um ins Haus zu gehen. »Hier, nimm dieses Buch, Tengo. Es ist eine Darstellung der Kunstgeschichte. Sehr gut. Heb es auf und lies es nach dem Abitur.«

Als am Ende der Ferien die Zeit gekommen war, zum Schulbeginn in die Township zurückzukehren, bezahlte Dr. Miller Tengo großzügig.

Tengo bedankte sich bei ihm. Er legte dabei nicht wie früher die Hände aneinander, ehe er etwas nahm. Und er nannte die Weißen nicht mehr Master oder Madam. Sein Vetter Joseph hatte ihm erklärt, es sei ein Zeichen von Unterwürfigkeit, jemanden in dieser Weise anzureden.

»Es war schön, dich bei uns zu haben, Tengo«, sagte Dr. Miller. Sie schüttelten einander die Hände. »Sieht so aus, als sei es eine kluge Investition gewesen, dir während der Schulzeit zu helfen. Matilda sagt mir, deine Lehrer erwarten ein erstklassiges Abitur von dir.«

»Das hoffe ich«, sagte Tengo.

»Ich würde dir gerne weiterhin helfen, wenn du aufs College gehst, Tengo.«

»Danke«, sagte Tengo.

Als Tengo in die Township zurückkam, war Joseph zu Hause.

»Deine Mutter hat mir gar nichts davon gesagt, daß du hier bist«, sagte Tengo, der sich freute, Joseph zu sehen.

»Sie weiß es nicht. Ich bleibe nur über Nacht und gehe morgen schon früh wieder weg.«

Tengo wußte, daß er Joseph nicht fragen durfte, wo er gewesen war, wohin er ging, was der Zweck seines Besuches war. Er wußte, daß Joseph es ihm sagen würde, wenn er es wirklich wissen wollte. Und sobald er es wußte, würde es wie eine Extralast zu schleppen sein. Er würde Entscheidungen treffen, Entschlüsse fassen müssen, wenn er sich das Gewicht dessen auflud, worin Joseph verwickelt war. Und gerade jetzt fühlte sich Tengo nicht in der Lage, sich irgend etwas aufzubürden, was ihn von seinem eingeschlagenen Kurs abbringen konnte. Also stellte er keine Fragen, und Joseph sagte ihm nichts.

Nach dem Abendessen setzten sie sich beide mit Plastikstühlen auf den kleinen, betonierten Vorplatz des

Hauses. In tiefroter Pracht flammte die untergehende Sonne über der öden Weite der Township. Joseph zündete sich eine Zigarette an. »Wer ist denn diese Emma, von der ich gehört habe?« zog er Tengo auf.

»Ach, nur ein Mädchen aus meiner Klasse«, sagte Tengo beiläufig. »Sie und ich rivalisieren immer um den ersten Platz.«

»Wer gewinnt?«

»Manchmal sie, manchmal ich. Sie will auch aufs College. Die Ferien hat sie im Kraal ihrer Großmutter verbracht.«

Josephs Zigarette glühte in der beginnenden Dämmerung. Tengo beschrieb ihm jetzt das Bild, das Claire von der idealen Siedlung gemalt hatte, die sie entwerfen wollte, um die elenden Slums zu ersetzen, die sie umgaben. Joseph hörte Tengo zu, seine Zigarette brannte herunter, bis sie ihm die Finger versengte. Er fluchte und drückte sie aus, dann griff er in seine Tasche und holte eine neue heraus.

»Du findest, daß das wunderbar klingt, nicht wahr, Tengo?«

»Natürlich. Schau dir das hier doch nur an...« Er deutete auf die kleinen Ziegelhäuser, eng zusammengedrängt unter spitzen Blechdächern, düster und armselig, die Smogwolken von der untergehenden Sonne gerötet. »Diese Form zu leben ist menschenunwürdig.«

»Es ist für die Weißen eine praktische Art, ihre schwarzen Arbeitskräfte unterzubringen, so weit weg, daß man den Gestank ihrer Armut nicht zu riechen braucht, und doch nahe genug an der Stadt, daß sie rechtzeitig in Fabriken und Büros gelangen können, um die weiße Wirtschaft anzukurbeln und ihren luxuriösen Lebensstil zu unterstützen.«

»Aber Joseph, dagegen ist sie doch auch!«

»Oh, Tengo, kapierst du denn nicht? Diese liberalen

Weißen, sie haben das Herz auf dem rechten Fleck, aber sie verstehen nicht wirklich, was auf dem Spiel steht. Es ist zu spät, zu spät für ihren guten Willen, für ihren Eigennutz. Sie haben so vieles zu verlieren. Wir aber, wir können nur gewinnen.«

»Aber Joseph, sie spricht davon, daß diese Pläne Wirklichkeit werden sollen, nachdem die jetzige Regierung gestürzt ist. Sie sprach vom Wahlrecht für alle.«

»Natürlich. Hör mir zu, Vetter. Liberale Weiße – ich sage nicht, daß das keine guten Menschen sind. Ohne sie wäre dieses Land die pure Hölle. Aber sie lindern das Elend nur, sie *verändern* nichts. Sie haben ein Gewissen: Es bereitet ihnen Unbehagen, die Ungerechtigkeit, die Armut, das Leid mit ansehen zu müssen. Es gefällt ihnen nicht zu sehen, wie Menschen wegen Protestaktionen ins Gefängnis geworfen werden oder wie kleine schwarze Kinder an Unterernährung leiden. Das ist ihnen unangenehm. Sie können ihren Luxus nicht genießen, solange sich so etwas in ihrer Umgebung ereignet.«

»Aber diese Leute sind doch besser als die, denen das alles *nicht* unangenehm ist, oder etwa nicht? Besser als die, die glauben, es müßte für die Schwarzen so sein.«

»Sicher.« Joseph sog heftig an seiner Zigarette und stieß den Rauch mit einem Seufzer aus. »Und es gibt sogar Weiße, die zusammen mit uns für eine wirkliche Veränderung arbeiten – Menschen, die bereit sind, Opfer zu bringen, sich in Gefahr zu begeben und ins Gefängnis zu gehen, die verstehen, daß die Schwarzen frei sein müssen, nicht nur auf eine etwas bessere Ebene gehoben werden dürfen. Aber Menschen wie Claire – verstehst du, die stellen sich eine Zukunft vor, in der wir alle glücklich und zufrieden in unseren großartig geplanten Townships leben, während *sie* auch weiterhin in ihren wunderbaren Vorstadthäusern samt den Swimmingpools mit gefiltertem Wasser und den Tennisplätzen mit den ordentlichen weißen Linien wohnen.« Wütend drückte er seine halb gerauchte Zigarette aus. »Schön, ich habe Neuigkeiten für all diese netten Menschen. Jetzt ist es zu spät! Sie hatten ihre Chance, und sie haben sie verpaßt! Wenn *wir* dieses Land übernehmen, dann können sie, falls sie Glück haben und noch am Leben sind, in ihren hübschen, von Architekten entworfenen Townships wohnen! Unsere Leute werden dann in jenen wunderbaren Häusern leben, und *unsere* Kinder werden in den Swimmingpools schwimmen, anstatt hungrig und unwissend an Orten wie diesem hier herumzurennen!« Während er sprach, hatte sich Joseph nach vorne gebeugt, seine Nasenflügel bebten, und seine Hände umklammerten die Knie.

Tengo sog scharf den Atem ein. Er war entsetzt von den Worten seines Vetters und von dem Zorn, der sich über Claires Wunschvorstellung von der Zukunft aufgetürmt und dann entladen hatte.

»Wir werden ihre Häuser übernehmen«, fuhr Joseph fort, »und wir werden sie als Amtssitze verwenden und als Clubs und Schulen und Krankenhäuser – für das Wohl der Allgemeinheit. Wir werden sie Familien mit vielen Kindern geben. Schau doch, wie viele von uns in diesem – diesem Loch zusammengepfercht sind!« Er deutete verbittert auf das Haus hinter ihnen. »Während diese Millers – fünf Familienmitglieder und drei Dienstboten – ein riesiges Anwesen für sich allein bewohnen!«

»Gut, Joseph«, beharrte Tengo, »ich verstehe ja, was du sagst, aber trotzdem sind diese Millers gute Menschen. Es gibt nicht viele wie sie unter den Weißen.«

»Ich weiß, ich weiß, Tengo. Aber sie wollen uns helfen, ohne etwas von dem aufzugeben, was ihnen gehört. Und wenn es an eine gerechte Verteilung geht, bleibt nicht viel übrig. Wir sind zweiundzwanzig Millionen, sie nur viereinhalb. Und es ist jetzt zu spät. Mann, kannst du das nicht begreifen? Unser Volk hat zuviel gelitten. Es gab zuviel Schmerz. Zuviel Bitterkeit. Und jetzt hat sich das alles zu einem entsetzlichen Zorn aufgestaut, Tengo. Viel schrecklicher, als sie es sich vorstellen können. Und aus diesem Zorn heraus wird sich der Wandel vollziehen. Er ist nicht mehr aufzuhalten. Diese Burenregierung, sie spürt unsere Macht. Endlich haben sie Angst. Sie glauben, sie könnten die Flut mit ein paar Zugeständnissen aufhalten, wie zum Beispiel der Aufhebung der Paßgesetze. Aber noch müssen wir Identitätsausweise bei uns haben. Und selbst wenn es keine Paßgesetze mehr gibt, die uns daran hindern, in die Städte zu gehen, spielt das keine Rolle. Es gibt dort für uns keine Jobs und keine Unterkunftsmöglichkeiten. Sie werfen uns ein paar Krumen hin. Aber das ist zu wenig, Vetter, und zu spät. Man kann die Dinge jetzt nicht mehr aufhalten. Und der gute Wille der liberalen Weißen wird hinweggefegt werden mit all dem Schlechten, das wir loswerden müssen. Ich weiß nicht, ob er das Kommende überleben wird.«

Sie schwiegen beide. Die Sonne war untergegangen, sie hatte am dunkelnden Himmel nur einen schwachen gelben Schimmer zurückgelassen, wie von einem entfernten Freudenfeuer. Tengo, der die Wahrheit in den Worten seines Vetters erkannte, fürchtete sich, er spürte, daß niemand da war, an den man sich um Sicherheit, um Geborgenheit wenden konnte. Die Erwachsenen sind nicht mehr verantwortlich, dachte er. Die Weißen und die Schwarzen, ihnen ist es nicht gelungen, uns zu beschützen, und jetzt nähert sich etwas, es ist bereits auf dem Weg. Und es ängstigte ihn, daß junge Menschen die Macht hatten, es in Bewegung zu setzen.

»Es ist schade . . .«, sagte Tengo.

»Ja. Vieles ist schade.«

Er war auf schwankenden Grund geraten, den er bisher vermieden hatte. Es war, als sei er durch sein Gespräch mit Joseph über Claires Entwurf auf eine verborgene Mine getreten.

In jener Nacht konnte er nur schwer einschlafen. Er lag im Dunkeln und lauschte in dem kleinen Haus auf die Geräusche seiner schlafenden Bewohner – auf ruhige Atemzüge, plötzliche Seufzer, Murmeln, Schnarchen, das Wimmern eines Babys, das von seiner Mutter auf der Couch im Wohnzimmer beruhigt wurde, wo sie beide die Nacht verbrachten. Seit er von der Farm weggegangen war, hatte er mit aller Kraft versucht, sein Blickfeld einzuschränken, sich ausschließlich auf seine Studien zu konzentrieren, auf die Notwendigkeit, Antworten auf den Wirrwarr von Fragen zu finden, die die Welt für ihn bereithielt. Je mehr er erfuhr, um so mehr blieb zu wissen. Die Antworten legten ihm neue Fragenkomplexe vor. Nichts vermittelte ihm dieselbe tiefe Befriedigung wie seine Studien – Tatsachen in Büchern aufzustöbern, sie mit dem in Zusammenhang zu bringen, was er bereits wußte, sie in die Abhandlungen einzuarbeiten, die er schrieb, Aufgaben zu lösen ... etwas Gestalt und Ordnung in die Schwere des Daseins zu bringen, deren Druck er schon als kleines Kind gespürt hatte, wenn er den Tagen und Jahreszeiten zusah, wie sie sich entfalteten und vergingen über der unbekannten Weite des Graslandes. Unbeschwert war er nur gewesen, wenn er mit Ton arbeiten konnte, so gestand er sich in der Dunkelheit, die erfüllt war von den Träumen anderer. Skulpturen hatte Claire die Figuren genannt. Aber das war etwas, was er zurückstellen mußte bis später, bis zu einer Zeit, wenn ... Wie immer verließ ihn hier seine Vorstellungskraft.

Es hatte den Anschein, als tauchten die verborgenen Landminen jetzt überall unter seinen Füßen auf. Er fragte sich ständig, wann oder wo die nächste hochgehen würde, egal wie sehr er sich zu schützen suchte vor dem Wissen, daß die Geschichte sie während vieler Jahre gesät hatte.

Joseph wurde von seiner Bitterkeit und von dem Wunsch nach Veränderung angetrieben. Und obwohl Joseph nie etwas Derartiges zu ihm gesagt hatte, wußte Tengo, wenn die Veränderung nur durch Gewalt herbeigeführt werden konnte, dann würde Joseph die Gewalt unterstützen. Er wußte, daß Joseph recht damit hatte, die Verhältnisse nicht zu akzeptieren, wie sie jetzt für die Schwarzen bestanden. Er hatte gelernt, daß nirgends sonst auf der Welt Menschen nur aufgrund ihrer Hautfarbe von den Menschenrechten ausgeschlossen waren. In gewisser Weise hatte er all das schon immer gewußt, von Kindheit an, wenn er den Oubaas und seine Frau beobachtete, wenn er miterlebte, wie sie seine Mutter und seinen Vater behandelten, die Art und Weise, wie Frikkie es als selbstverständlich betrachtete, daß ihm das Land gehörte und ihm alle Vorrechte zukamen, weil er weiß war, und daß jemand wie Tengo das anzunehmen hatte, was man ihm zuwarf, nur weil er schwarz war. Nie hatte er sich damit abfinden können, daß dies unabänderlich so sein mußte, so wie seine Eltern und seine Großmutter und sein Onkel und seine Tante sich damit abzufinden schienen.

Jetzt aber war er unruhig ... Das Gespräch mit Joseph an jenem Abend, als er die Macht seines Zorns gespürt hatte, ließ Tengo die zerstörerische Gewalt der Kräfte fürchten, die freigesetzt werden mußten, um die Veränderung herbeizuführen. In dem schmalen Eisenbett neben ihm murmelte Joseph im Schlaf, dann schrie er heiser auf, drehte sich um und war wieder still. Während er in die Dunkelheit starrte, befiel Tengo große Angst – um sich selbst, um Joseph, um alle, die in dem überfüllten Haus Zuflucht im Schlaf suchten –, daß sie in einer Zeit und an einem Ort lebten, die es ihnen nicht erlauben würden, ein friedliches Leben auf friedliche Art zu leben.

Sehr früh am Morgen, noch ehe es hell wurde, hörte er Joseph aufstehen und sich im Dunkeln anziehen. Er hörte, wie die Haustür leise geöffnet und wieder geschlossen wurde. Er lauschte angestrengt und hörte das Hoftor quietschen, dann herrschte wieder Stille.

13

Das neue Schuljahr begann, und Tengo verbannte alle Gedanken an Unruhe und Revolution aus seinem Kopf. Reverend Gilbert hatte ihm gesagt, wenn die Schulexamen gut wären, bekäme er von einer Synagoge in Johannesburg ein sicheres College-Stipendium. Er konzentrierte sich auf seine Schularbeiten und hielt sich aus der politischen Diskussion heraus, die wie ein Eintopf über einem ständig angeheizten Feuer vor sich hin brodelte. Unter seinen Schulkameraden und im überfüllten Wohnzimmer zu Hause war die Rede von Spitzeln, deren Häuser eingeäschert worden waren, von Schulkindern, die überall im ganzen Land bei Protestdemonstrationen geschlagen, eingesperrt oder erschossen worden waren. Polizei und Militär, schwer bewaffnet und bedrohlich, wurden mit ihren Lastwagen in der Township zum vertrauten Anblick. Manchmal kam Tengo auf seinem Schulweg an brennenden Autos oder Bergen von Autoreifen vorbei, die vom aufgebrachten Mob angezündet oder als Barrikaden gegen die Gummiknüppel und Gewehre der Polizei errichtet worden waren.

Von Zeit zu Zeit erschienen morgens Klassenkameraden nicht zum Unterricht, und es wurde gemunkelt, sie seien bei Protestversammlungen verhaftet oder im Dunkel der Nacht aus ihren Betten gezerrt und weggebracht worden, weil man ihnen vorwarf, Studentenanführer zu sein. Gelegentlich verschwand jemand ganz einfach, und man tuschelte, er sei »über die Grenze gegangen«. Inmitten des wachsenden Zorns und der Angst vor der Unbarmherzigkeit der Behörden kapselte sich Tengo ein und studierte mit beinahe verzweifelter Hingabe. Er fühlte sich wie ein Hungriger an einem reich gedeckten Tisch, der eiligst seine Portion aufaß, weil jemand sich anschickte, ihm das Tischtuch wegzuziehen; Essen und Geschirr würden zu Boden fallen, und niemand wußte, woher die nächste Mahlzeit kommen sollte.

Während des Tages in der Mittagspause oder abends beim Abendessen hatte er ständig ein Buch bei der Hand – eines seiner englischen Schulbücher – und beschäftigte sich mit Shakespeare oder Dickens, während um ihn herum die Diskussion über den Aufruhr und die wachsende Unordnung gärte, die sich schneller ausbreiteten, als die Behörden sie in den Griff bekommen konnten. Obwohl die Regierung Journalisten und Fernsehteams untersagte, von den Zusammenstößen zwischen Protestierenden und der Polizei oder der Armee zu berichten, verbreiteten sich die Nachrichten wie die Flamme entlang einer Zündschnur.

Unruhe lag in der Luft, war auf den Straßen und in jeder Unterhaltung zu spüren, begleitet vom Gestank verbrannten Gummis, der in einer Rauchwolke über der Township hing. Aber Tengo hielt seinen Blick unbeirrt auf seine Schularbeiten, die Schlußexamen und das Stipendium gerichtet und wich dem Tumult ringsum aus.

»Tengo«, warnte ihn sein Freund Elijah, »wenn du dich uns nicht bald anschließt, fangen die Kameraden allmählich an zu glauben, daß du vielleicht bezahlt wirst und für unsere Feinde arbeitest.«

Ein eisiger Schreck durchfuhr Tengo. »Komm schon, Elijah«, sagte er. »Du weißt, auf welcher Seite ich stehe. Ich brauche bloß noch etwas Zeit, Mann. Ich habe so viel später mit der Schule angefangen als ihr alle. Ich muß sehr viel härter arbeiten, um den Abschluß zu bekommen. Nach dem Abitur, Mann, nach dem Abitur ... Ich kann es mir jetzt nicht leisten, Zeit auf irgend etwas anderes als aufs Lernen zu verwenden. Bitte sie, mich bis dahin in Ruhe zu lassen.«

Elijah lachte und boxte Tengo leicht gegen den Arm. »Keine Sorge, Bruder. Wir wissen ja, daß du in Ordnung bist. Dein Vetter Joseph bürgt für dich. Studiere du nur weiter. Wir machen dich zum Kultusminister, wenn der Tag kommt und wir dieses Land regieren.«

Mit dem herannahenden Herbst wurden die Tage ein wenig kühler. Eines Morgens wachte Tengo auf, sah auf die Uhr und merkte, daß er verschlafen hatte. Eiligst zog er sich an, wusch sich unter dem Hahn mit kaltem Wasser im Hof, schluckte rasch seinen Tee und ein Stück Brot hinunter. Obwohl er nur ungern zu spät zur Schule kam, war er guter Laune. Er war in der vergangenen Nacht bis spät aufgeblieben und hatte einen Aufsatz beendet, mit dem er sehr zufrieden war. Das Thema lautete: ›Ursache und Wirkung des Großen Trecks‹, und er hatte dabei besonders die Ansicht der Afrikaander behandelt, sie selbst seien die Bewahrer der Bibel, so als sei es ihre gottgegebene Aufgabe, in Südafrika die weiße Oberhoheit auszuüben – sie rechtfertigten die Behandlung der Schwarzen als Knechte damit, daß sie diese als Kinder des Ham betrachteten, die »Hauer von Holz und Schöpfer von Wasser« bleiben mußten.

Er war sicher, sein Geschichtslehrer würde ihm auf den Aufsatz eine gute Note geben. Während er schnell zur Schule ging, beschloß er, den Aufsatz auch Reverend Gilbert zu zeigen. Er wollte mit dem Geistlichen über die Art und Weise reden, wie die Buren die Bibel für ihre eigenen grausamen Zwecke auslegten.

Während er über seine Argumente und seine Schlußfolgerungen nachdachte – daß die enge, fanatische Sichtweise der Buren sie selbst ins Verderben führen würde –, kam er zur Schule, noch ehe er merkte, daß dort irgend etwas vor sich ging.

Die als »Hippos« bekannten Lastwagen der Polizei, die die Township durchkämmten, waren so sehr Teil der tägliche Realität, daß Tengo ihnen überhaupt keine Beachtung mehr schenkte. Aber heute war über den Dächern das ohrenbetäubende Geknatter von Hubschraubern zu hören, und in der Nähe der Schule bahnten sich eine Anzahl bewaffneter Militärlaster – für den Buschkrieg ausgerüstet – ihren Weg durch die staubigen, mit Schlaglöchern übersäten Straßen. Rund um den Schulhof standen in Abständen von fünf Metern Soldaten mit dem Gewehr im Anschlag.

Im Inneren des Schulhofes liefen die Kinder umher und schrien, viele von ihnen riefen den Soldaten durch den Zaun Schimpfworte zu. Auf der anderen Straßenseite versuchte eine Einheit der Jugendtrupps in ihren khakifarbenen Shorts und Hemden und schwarzen Mützen, die Taschen mit Steinen vollgestopft, die Schüler vom Betreten des Schulgebäudes abzuhalten. Andere Schüler, die Plakate trugen, marschierten die Straße auf und ab und riefen: »Erst die Freiheit! Dann die Bildung!«

Eine Welle von Schwindel erfaßte Tengo. Er sah Alice, Elijahs Schwester, die ein Plakat hochhielt, auf dem die Worte standen: »Schluß mit dem Töten von Schulkindern!« Er lief zu ihr. »Was ist los, Alice?«

»Wir boykottieren heute den Unterricht. Wir gedenken des Todes von Betty Mikwena. Es ist heute ein Jahr her, daß sie mitten in einer friedlichen Demonstration von einem Polizeilaster überfahren wurde. Geh heute nicht in die Schule, Tengo, auf keinen Fall! Wenn du's doch tust, sieht es schlimm für dich aus. Ich warne dich.« Mit gedämpfter Stimme murmelte sie dicht an Tengos Ohr: »Die Kameraden glauben sonst, daß du ein Polizeispitzel bist.« Dann hob sie ihr Plakat und rannte zu den anderen Mitgliedern ihrer Gruppe.

Plötzlich tauchten zwei blau uniformierte Polizisten neben Tengo auf. »Bist du auf dem Weg zur Schule, Kaffer?« fragte einer in Afrikaans. Bevor er antworten konnte, packten sie ihn an den Armen und schleppten ihn über die Straße. Dann stießen sie ihn durchs Tor, so daß er fiel und sich inmitten der verstreuten Schulbücher und Hefte aus seiner aufgesprungenen Schultasche wiederfand. Sein schön geschriebener Aufsatz mit dem schmalen Rand und dem mit rotem Kugelschreiber unterstrichenen Titel lag auf dem schmutzigen Boden, die einzelnen Seiten flatterten im Morgenwind.

Tengo zitterte vor Wut. Er stand auf und sammelte die Blätter ein, ehe sie der Wind wegblasen konnte. Er hob seine Bücher auf und packte sie wieder in die Schultasche. Dann drehte er sich um und wollte den Schulhof verlassen. Ein Soldat am Tor richtete das Gewehr auf ihn. »Du hast in der Schule zu bleiben«, sagte er. »Es ist nicht erlaubt, das Gebäude zu verlassen.«

In seinem Zorn hätte er sich eher von der auf ihn gerichtete Waffen erschießen lassen, als sich den weißen Uniformierten zu unterwerfen, die eine Kette um die Schule bildeten. Ohne auf sie zu achten, stürmte er nach vorn.

»Bleib, wo du bist!« schrie der Soldat. In diesem Augenblick prasselte ein Steinhagel von der anderen Straßenseite herüber. Die Soldaten am Tor und die beiden Polizisten fuhren herum, und Tengo schlüpfte rasch zwischen ihnen hindurch und mischte sich unter die Menge, die sich auf dem Gehsteig zusammengedrängt hatte. Ein Trupp Polizisten sprang von einem Laster und schlug mit Knüppeln auf die Menge ein. Tengo hörte die Knüppel auf Köpfe und Rücken krachen. Es wurde geschrien. Er drängte sich an einem Mädchen vorbei, über dessen Stirn Blut strömte, löste sich aus der Menge und rannte über die Straße.

Alice kam auf ihn zugelaufen. »Gut gemacht, Tengo! Wir haben Steine geworfen, um dir zu helfen. Komm jetzt zu uns, Kamerad. Marcus ist verletzt. Du kannst sein Plakat übernehmen.«

Aber Tengo stürmte an ihr vorbei, blind und taub gegenüber allem. Er hastete weiter, getrieben vom abgrundtiefen Haß, der in ihm aufgestiegen war, als er sich am Boden liegen und die Blätter seines Aufsatzes sinnlos herumflattern sah wie vom Wind verwehter Abfall. Sein Mund war trocken, eine Seite seines Kopfes schmerzte, als wollte sie zerspringen, in seinen Ohren dröhnte es.

Er kehrte ohne Umwege ins Haus zurück. Niemand war daheim. Alle waren zur Arbeit gegangen. Selbst die alte Großmutter ging jetzt drei Tage in der Woche in die Stadt, um zu waschen und zu bügeln. Die ständigen Unruhen im ganzen Land wirkten sich nachteilig auf die Geschäfte aus, viele Leute hatten keine Arbeit, die Kosten für Lebensmittel waren gestiegen. Tengo wußte, daß das von der alten Frau verdiente zusätzliche Geld mehr Geld für Lebensmittel bedeutete, für sie alle. Er wußte auch, daß seine kleinen Vettern und Kusinen ohne die Aufsicht der Erwachsenen herumlungerten und die allgemeine Unordnung als Entschuldigung nutzten, um die Schule zu schwänzen. Auf seinem Heimweg war er ihnen in der Nähe der Kirche begegnet, wo sie lachend und rauchend mit einer Gruppe von Jungen und Mädchen standen.

Im Schlafzimmer setzte er sich an den wackeligen Tisch, den er als Schreibtisch benutzte. Er stützte die Ellbogen auf die Tischplatte und bedeckte die Augen mit den Händen. Hinter geschlossenen Augenlidern sah er sich selbst immer wieder, wie er gestoßen und zu Boden geworfen wurde und schließlich inmitten seiner Schulsachen im Dreck lag. In seinen Ohren ertönten wieder und wieder die Stimmen der Polizisten, der geschriene Befehl des Soldaten. Er spürte, wie ihm etwas, was er sich sehnlichst wünschte, entglitt, und er hatte nicht die Macht, es festzuhalten. Seine Wut verwandelte sich in das Gefühl, etwas verloren zu haben, verwandelte sich in Trauer, und verzweifeltes, trockenes Schluchzen erschütterte seine Brust. In der Stille des kleinen Hauses konnte er sein eigenes Weinen hören. Das Knattern eines Hubschraubers, der über das Dach flog, ließ Geschirr, Ziergegenstände und Bilderrahmen erzittern.

Er erinnerte sich, daß ihn schon einmal ein anderer Vorfall – und doch so anders wieder nicht – ähnlich erschüttert hatte. Vor Jahren, als ein weißes junges Mädchen auf der Farm dem alten Ezekiel befohlen hatte, ihren Anordnungen zu gehorchen, und mit ihm gesprochen hatte, als sei er einer der Farmköter – da hatte er zum erstenmal diesen bitteren Groll verspürt. Nein, früher schon, als die Herrin ihn aus dem Schlafzimmer dieser kleinen Sissie mit dem rosigen Gesicht hinausgeschickt hatte. Damals war er verblüfft, verwirrt gewesen. Diesmal aber, aufgepeitscht durch die Brutalität der Polizisten und Soldaten, hatte sich sein Ärger zu einer Kraft und Heftigkeit gesteigert, die ihn erschreckte. Er hatte Angst vor dem, wozu er fähig sein könnte, wenn er erneut von ihnen provoziert wurde. Er wußte, selbst wenn die Steine den Soldaten nicht abgelenkt hätten, wäre er durch das Schultor nach draußen gelaufen, gleichgültig, welche Folgen das gehabt hätte.

Die linke Hand an seiner Wange fühlte sich klebrig und warm an. Er sah sie an und entdeckte eine blutige Schürfwunde quer über dem Ballen, mit dem er seinen Fall abgebremst hatte. Seine linke Hüfte schmerzte, wo sie auf dem Boden aufgeschlagen war. Das linke Knie seiner neuen Jeans war zerrissen. Er hatte sie mit einem Teil des Geldes gekauft, das er bei den Millers verdient hatte. Den Rest hatte er seinen Eltern geschickt.

Er stöhnte. Wie sollte er jetzt weitermachen? Was heute passiert war, war schrecklich ... Wie sollte er all das jetzt beiseite schieben, um weiter zu lernen, um ein erstklassiges Abitur abzulegen? Was, wenn sein Zorn jedesmal auflodern, wenn er einen Polizisten, einen Soldaten zu Gesicht bekam?

Das, was anzusehen, anzuhören, in Joseph zu erkennen er immer gefürchtet hatte, brannte nun in ihm selbst. Wieder stöhnte er laut. An wen konnte er sich wenden? Seine Eltern lebten in einer anderen Welt, sie konnten ihm nicht helfen, konnten ihn nicht einmal verstehen. Joseph? Elijah? Sie würden ihn mitten hineinziehen in das, was er zu vermeiden oder aufzuschieben versucht hatte. Reverend Gilbert? Er war freundlich, weise, voller Mitleid – aber er war ein Weißer. Trotz seiner tiefen Menschlichkeit konnte er unmöglich wirklich verstehen, was es für Tengo bedeutete – sein Erlebnis von heute in den Händen weißer uniformierter Männer. Trotz all seines Engagements für die leidenden Schwarzen sah der Geistliche aus einer weißen Haut in die Welt.

Tengo fühlte sich am Rand eines Abgrunds; hinter ihm lag alles, wofür er gearbeitet, was er geschätzt hatte, sinnlos zerstört, vor ihm unbekannte Finsternis. Er weinte nicht mehr; verzweifelt legte er den Kopf auf die Arme.

Für den Rest der Woche war keine Schule mehr. Die Behörden brachten an den Toren Schlösser und Ketten an, Polizei patrouillierte am Zaun, und es gab eine Verlautbarung, daß die Schule geschlossen bliebe, bis die »aufrührerischen Elemente« ausgehoben seien, so daß es für »anständige, gesetzestreue« Schüler wieder sicher sei, den Unterricht ohne ständige Belästigungen zu besuchen.

Um drei Uhr morgens durchsuchte die Polizei Häuser, in denen ihrer Meinung nach die Anführer der Schülerunruhen wohnten. Elijah und seine Schwester Alice waren unter den vielen jungen Menschen, die man zusammentrieb und einsperrte. Eine Elternvereinigung wurde gebildet, die die Freilassung ihrer Kinder forderte und Zeugen für die Mißhandlung der Kinder z.B. durch Schläge während des Gefängnisaufenthaltes beibrachte.

Während all dieser Aktivitäten blieb Tengo im Haus und ohne Kontakte nach draußen. Aus den Gesprächen seiner Vettern und der übrigen Hausbewohner erfuhr er, was vor sich ging, aber er hielt sich abseits, seine Lebensgeister waren erloschen, die Begeisterung für seine Studien dahin. Sein Aufsatz, auf den er so stolz gewesen war, erschien jetzt ohne Bedeutung. Er lag auf seinem Tisch, die ordentlich beschriebenen linierten Blätter zerknittert und dreckverschmiert. Den größten Teil des Tages lag Tengo auf seinem Bett und las abgegriffene Taschenbücher, die er im Haus gefunden hatte, Wildwestgeschichten und Krimis über Gangster in Chicago und New York.

»Du ißt ja nichts, Tengo«, schalt seine Tante ihn. »Fühlst du dich nicht gut?«

»Mir geht es gut, Tante. Ich habe keinen Hunger.«

Besorgt sah sie ihn an. »Bis die Schule wieder öffnet, mein Junge, könntest du doch Reverend Gilbert bitten, dich zu unterrichten. Bitte ihn, dir Hausaufgaben zu geben. Deine Vettern genießen es leider, nicht zur Schule gehen zu müssen. Aber bei dir steht das Abitur bevor. Geh und sprich mit dem Reverend, Tengo.«

»Vielleicht, Tante.« Aber er war lustlos und unternahm keinerlei Anstrengung, dem Vorschlag seiner Tante zu folgen.

In der Mitte der zweiten Woche, in der die Schulen geschlossen hatten, klopfte es eines Nachmittags an der

Tür, als Tengo gerade auf dem Sofa herumlungerte und ein Fernsehprogramm für kleine Kinder ansah. Die Tür öffnete sich, und Reverend Gilbert trat ein. Verlegen rappelte sich Tengo auf und stellte den Fernseher ab. »Guten Tag, Reverend. Kommen Sie herein. Setzen Sie sich. Darf ich Ihnen etwas zu trinken anbieten? Tee?«

»Ein Glas Wasser wäre gut, danke, Tengo.« Er fuhr mit dem Finger unter seinen steifen weißen Kragen. »Es ist ein heißer Tag für schwarze Kleidung.«

Er setzte sich in einen abgewetzten Ledersessel, der aus Dr. Millers Büro stammte, trank das Wasser und sah dann Tengo an, der ihm gegenüber auf dem Sofa saß. »Vermißt du die Schule, mein Junge?«

Tengo nickte.

»Ich dachte mir, daß du dich langweilen würdest. Ich habe dir ein paar Bücher zum Lesen gebracht.« Er griff in die Leinentasche, die er immer über der Schulter trug, wenn er durch die Township ging. Daraus holte er Süßigkeiten oder Kekse oder kleine Spielsachen für die Kinder, amtliche Schreiben, die er für die Gemeindemitglieder erhalten hatte, Vitamin-C-Tabletten, die er allen aufdrängte, die eine Erkältung hatten, Briefmarken, Heftpflaster ... Die Armee-Wundertasche des Geistlichen war eine Quelle liebevollen Spotts in der ganzen Township. »Hier sind sie. Sie gehören nicht zum Stoff der Abiturprüfung, Tengo. Aber sie werden diese Tage erzwungener Untätigkeit bereichern. Hier – das sind drei Kurzgeschichten von Joseph Conrad. Ich hoffe, dir gefällt ›Die Schattenlinie‹ ebenso wie mir. Und versuch es mit diesem Camus, ›Der Fremde‹. Ein eindrucksvolles Buch. Und hier ist eine Sammlung von Erzählungen von Tschechow.«

»Danke, Reverend.« Tengo nahm die Bücher.

»Es geht das Gerücht, daß die Schulen nächste Woche wieder öffnen.«

Tengo sagte nichts.

»Du bist bestimmt ganz versessen darauf, wieder hinzugehen.«

»Reverend Gilbert«, platzte Tengo heraus. »Ich mach mir große Sorgen. Wenn die Schule nächste Woche wieder öffnet, bedeutet das nicht, daß alles vorbei ist. Es ist erst der Anfang. Es wird immer wieder passieren, was letzte Woche passiert ist. Ich habe jetzt Angst, daß sie . . . daß es für mich unmöglich wird, das Abitur zu machen.«

»Sag das nicht, mein Junge! Denk so etwas nicht einmal! Selbst wenn die Dinge aus den Fugen geraten, kannst du mit dem Unterricht weitermachen. Du kennst den Stundenplan. Deine Lehrer können dir Aufgaben stellen, die du allein lösen kannst. Und ich kann mit dir pauken. Du kannst zu mir kommen. Ich gebe dir alle Hilfe, die du brauchst. Okay, Tengo?« fragte er, als der Junge nicht antwortete. »Wirst du das tun?«

»Das ist nur ein Teil dessen, was mich beunruhigt«, sagte er und sah hinunter auf den abgetretenen Teppich über dem verwaschenen Linoleum. »Verstehen Sie . . . sie fangen an, mich unter Druck zu setzen – die Kameraden –, daß ich den Unterricht boykottieren soll.« Er blickte zu dem Geistlichen hoch. »Es ist sehr schwer, Reverend. Verstehen Sie, ich bin ja ihrer Meinung. Was sie tun, ist richtig. Ich weiß, wir müssen uns unsere Freiheit selbst nehmen. – Sie werden sie uns niemals freiwillig geben«, sagte er mit plötzlicher Bitterkeit. »Ich persönlich mag keine Gewalt. Aber wie sonst sollen wir mit *ihrer* Gewalt fertig werden?« Er drehte die Handflächen in einer Geste der Hilflosigkeit nach oben. »Deshalb weiß ich – selbst wenn ich es nicht will, ich weiß, daß ich mich ihrem Kampf anschließen muß. Aber die ganze Zeit hatte ich gehofft, daß ich . . . daß ich wenigstens mein Abitur beenden könnte, verstehen Sie . . .«

Während er Tengo zuhörte, breitete sich auf dem Gesicht des Geistlichen ein Ausdruck von Traurigkeit aus. Er ging hinüber, setzte sich aufs Sofa und legte den Arm um die Schultern des Jungen. »Tengo, mein Junge, mein Junge...«, sagte er. Er schaute aus dem Fenster auf den klaren, blauen Himmel, der über der Trostlosigkeit der township hing.

In der entstandenen Stille dachte Tengo: Er sucht nach Worten, die mich beruhigen. Aber es gibt keine.

»Tengo, es ist schwer für dich. Ich weiß, wie schwer es ist. Was für ein entsetzliches Unrecht ist es, daß sich ein Junge wie du so in die Enge getrieben sieht. Ein entsetzliches Unrecht... Ich muß zu Gott beten, damit er mir die Kraft gibt, angesichts dessen, was diese Regierung den Schwarzen, den Kindern antut, nicht die Hoffnung zu verlieren. Mir gefällt die Gewalt nicht und auch nicht das Vorgehen deiner Kameraden. Aber sie sind durch Grausamkeit und Ungerechtigkeit dazu gezwungen worden. Und sie haben keine andere Wahl, als sich dagegen aufzulehnen, als Gewalt mit Gewalt zu begegnen. Ich sage das – und ich nenne mich einen Mann des Friedens. Soviel Leid schon... und soviel mehr wird noch kommen, ehe das Unrecht beseitigt ist.«

»Diejenigen, die wirklich kämpfen, wie Elijah und Alice, geben unseren Eltern die Schuld. Sie sagen, unsere Eltern hätten sich nicht mit allem abfinden dürfen, was die Regierung den Schwarzen antut.«

Der Geistliche schüttelte den Kopf. »Gebt nicht euren Eltern die Schuld. Sie haben gelitten. Sie wollten immer, daß es ihren Kindern bessergeht. Sie verstanden nicht die Kompromißlosigkeit weißer Macht. Aber deine Generation besitzt historische Vorteile, Tengo – das Ende der Kolonialzeit, unabhängige schwarzafrikanische Staaten, die Bürgerrechtsbewegung in Amerika, das Selbstbewußtsein der Schwarzen... Deine Generation ist in eine andere Zeit hineingeboren, mit anderen Möglichkeiten.

Und jetzt liegt die schreckliche Bürde auf euch, alles zu verändern.«

»Ich weiß, daß ich teilnehmen muß, Reverend, ich muß an dem Kampf teilnehmen. Aber meine Eltern, sie haben eine Menge geopfert, um mich durch die Schule zu bringen. Ich hätte arbeiten und Geld verdienen können, anstatt sie Geld zu kosten. Sie haben sich vom Oubaas auf der Farm Geld geborgt, und er zieht es ihnen jeden Monat vom Lohn ab.«

Der Geistliche umklammerte seine Schulter. »Tengo. Du bist so weit gekommen. Laß nicht zu, daß alles vergebens war und verloren. Halte durch. Wenn die Klassen aufgelöst werden, arbeite für dich. Komm zu mir. Ich helfe dir, so gut ich kann. Steh dein Abitur durch. Es gibt eine Menge Friedenskämpfer. Aber es gibt nicht sehr viele Tengos. Wenn Südafrika eines Tages frei ist, braucht man Leute wie dich. Bleib bei dem, was du angefangen hast, Tengo, und bring es zu Ende.«

Tengo schwieg und überdachte die Worte des Geistlichen. »Aber was ist, wenn sie sagen«, fragte er, »wenn sie sagen: ›Du hast über deinen Büchern gesessen, anstatt neben uns zu kämpfen, deshalb hast du kein Recht, ein Teil unserer Gesellschaft im neuen Afrika zu sein‹?«

»Ich bete zu Gott, daß sie nicht so dumm und kurzsichtig sein werden, nicht zu erkennen, daß die Intellektuellen eine reiche Quelle in ihrer neuen Gesellschaft sind, nicht weniger wertvoll als Uran und Gold.«

»Was ist, wenn sie mich einen Verräter nennen?«

Der Geistliche seufzte. Er griff nach seiner Tasche und wühlte, bis er eine Pfeife und einen Tabaksbeutel herausholte. »Hast du etwas dagegen, wenn ich rauche?«

Tengo schüttelte den Kopf.

Reverend Gilbert stopfte den Pfeifenkopf, riß ein paar Streichhölzer an, ehe der Tabak brannte, stieß den Rauch aus, und das Haus füllte sich mit Duft. Eine Weile paffte er schweigend, dann sagte er: »Es wird nicht einfach für dich sein. Du mußt dich entscheiden – ist es das wert? Sie werden dich ziemlich unter Druck setzen. Welche Wahl du auch triffst, leicht wird keine sein.« Die Pfeife zog nicht richtig. Er stopfte sie erneut und zündete sie noch einmal an. Dabei fragte er sich im stillen, weshalb es so gefügt war, daß die richtige Wahl immer die schwerere war. Konnte es denn nie einen Weg geben, der leicht und richtig war? Wie gerne hätte er diesen Jungen von hier weggebracht, ihn irgendwohin geschickt, um ihn zu retten. Aber wäre er dann gerettet? »Was du auch tust, es wird schwer für dich sein – ob du dich ihnen anschließt oder weiter lernst«, sagte er und wischte sich Asche vom Hosenbein. »Wozu du dich auch entschließt, es verlangt eine Menge Mut von dir. Es gibt keinen einfachen Weg. Ich würde es gerne sehen, wenn du deine Ausbildung weiter betreibst.«

»Es wird schwer, Reverend«, sagte Tengo.

Der Geistliche stand auf. »Ich werde für dich beten, Tengo. Ich setze großes Vertrauen in dich.«

Er sah Tengo an, seine freundlichen, braunen Augen waren erfüllt von Traurigkeit, sein Lächeln schmerzlich. Tengo dachte: Ich sollte ihn trösten, denn es ist so wenig, was er tun kann . . .

Der Geistliche band die Riemen seiner Tasche zusammen, schlang sie sich über die Schulter und ging. Am Tor klopfte er die Pfeife an einem Zaunpfahl aus und steckte sie in die Tasche.

»Danke für die Bücher, Reverend«, rief Tengo ihm nach.

Der Geistliche winkte. »Lies sie«, sagte er. Er tätschelte zwei kleinen Kindern, die im Straßenstaub spielten, den Kopf. »He, aus dem Weg!« schrie das größere Kind seinen Spielkameraden an. »Ich komm mit dem Hippo und knall dich ab.« Der andere, nicht älter als vier Jahre, zielte mit dem Finger zurück. »Peng! Peng! Ich hab dich umgebracht. Ich hab alle Buren umgebracht! Du bist tot.« Reverend Gilbert setzte seinen Weg fort, mit gebeugten Schultern, Stirn und Wangen von Sorgenfalten durchfurcht.

14

Tengo versuchte, die Bücher zu lesen, die der Geistliche ihm geliehen hatte, aber selbst Erzählungen und Romane, die für ihn stets Vergnügen und Ablenkung bedeutet hatten, konnten seine Aufmerksamkeit nicht fesseln. Er ertappte sich dabei, wie er immer wieder Worte ansah, die sich nicht aneinanderfügen wollten und ihren eigenen Weg gingen – wie störrische Ochsen, die sich nicht unter ein Joch zusammenspannen lassen wollten. Er blätterte eine Geschichte nach der anderen durch in der Hoffnung, sein Interesse möge von einer Gestalt oder einem Schauplatz angezogen werden, aber zuletzt starrte er lustlos aus dem Fenster. Er hatte das Gefühl, als sei ihm eine Stütze aus der Hand geschlagen worden, so daß er unsicher, haltlos umhertrieb.

Nach drei Wochen öffneten die Schulen wieder. Die Rückkehr in den Unterricht, zur Routine, zu Stundenplänen und Hausaufgaben gab ihm etwas, woran er sich klammern konnte, und er lernte mit erneutem Eifer. Das Abitur wurde zur Realität, auf die er sich verließ. Er war sicher, daß es ihn auf irgendeine Weise retten würde. Da sie diesen Drang und diese Entschlossenheit spürten, behandelten ihn seine Klassenkameraden mit Achtung, und die Aktivisten ließen ihn in Ruhe, abgesehen von gelegentlichen Drohungen einiger militanter Kämpfer, doch schien dies mehr aus Gewohnheit und ganz automatisch zu geschehen.

Aber der trügerische Friede dauerte nicht lange. Tengo war seit zwei Monaten wieder in der Schule, als ein Boykott ausgerufen wurde, um gegen die mittlerweile alltäglich gewordene Präsenz des Militärs zu protestieren und um die Freilassung der Schülerführer zu fordern, die noch immer im Gefängnis festgehalten wurden.

»Schickt die Truppen aus den Townships weg«, erklärte ein Sprecher des Krisenstabs der Eltern, »und wir schicken die Kinder wieder in die Schule.«

»Schickt zuerst die Kinder wieder in die Schule, setzt ihrer Wildheit und Gesetzlosigkeit ein Ende, dann werden wir die Truppen abziehen«, erwiderten die Behörden.

Aber die Bedingungen wurden von den Schülern gestellt, und die Eltern konnten ohne deren Zustimmung keine Verhandlungen führen.

Die Schulen blieben geschlossen.

Tengo konnte sich keinesfalls mit seinen Lehrern wegen Privatunterricht in Verbindung setzen, denn das wäre als Streikbruch betrachtet worden. Die Eltern machten sich wegen der Schulversäumnisse ihrer Kinder Sorgen, unternahmen jedoch nichts aus Angst vor den Drohungen der militanten Kameraden. Es blieb ihnen keine andere Wahl – sie erlaubten ihren Kindern, der Schule fernzubleiben. Der Winter hielt Einzug, und in der grauen Kälte der Morgendämmerung drängten sich die Arbeiter in die überfüllten Busse und Züge, ihre Herzen schwer vor Sorge um ihre Kinder, die ohne Schule und ohne Aufsicht sich selbst überlassen waren und sich in der Township herumtrieben.

Verzweifelt ging Tengo zu Reverend Gilbert, um ihn um Hilfe zu bitten. In ein paar Monaten sollten die Examen beginnen. Der Geistliche half ihm, einen Stundenplan aufzustellen, und vereinbarte mit Tengo, daß er regelmäßig zur Kontrolle zu ihm kommen solle. Aber Tengo hatte die Sache nicht mehr richtig in der Hand; sein Selbstvertrauen entglitt ihm.

Die erzwungene Abwesenheit von der Schule erinnerte ihn an die lange Dürre, während der die Arbeiter, die normalerweise auf den Feldern arbeiteten, müßig zusehen mußten, wie die Saat in der ausgedörrten Erde welkte. Ihm war, als warte er auf den Regen.

Er verbrachte jetzt immer mehr Zeit mit Emma Mbada, dem Mädchen, das auch vorhatte, aufs College zu gehen. Sie hatte vorgeschlagen, daß sie während des Boykotts miteinander arbeiten sollten. Da sie Klassenbeste in Naturwissenschaften und Mathematik war und er in Englisch und Geschichte, könnten sie einander helfen, sagte sie. Sie wollten nicht, daß die anderen erfuhren, daß sie weiter lernten, deshalb machte Tengo einen Umweg zu ihrem Haus. Emma war ein Einzelkind. Ihre Mutter war Krankenschwester in einer Klinik der Township, ihr Vater Angestellter in einer Anwaltskanzlei in Johannesburg. Da beide Eltern den ganzen Tag abwesend waren, war es in dem kleinen, ordentlichen Haus still und friedlich. Selbst ein Blumenbeet gab es in dem winzigen Vorgarten, in dem die feurigen Farben der Zinnien und Ringelblumen strahlend in der klaren Wintersonne brannten.

Tengo und Emma begannen gewissenhaft zu lernen, sie arbeiteten sich Kapitel um Kapitel durch ihre Schulbücher, sie lösten Algebra- und Geometrieaufgaben mit Hilfe eines Lösungsbuchs für Lehrer, das Reverend Gilbert für sie ergattert hatte. Aber der Boykott zog sich in die Länge, und ihre Arbeit schien immer weniger Bezug zu dem zu haben, was draußen in der Welt vor sich ging. Sie waren nicht einmal sicher, ob die Kameraden ihnen erlauben würden, am Ende des Jahres die Abiturprüfung abzulegen. Und dann kam der Tag, an dem sie nur miteinander redeten, sich berührten, und die Bücher schienen nicht mehr so interessant oder wichtig, wie sie beide einander plötzlich wurden.

Nach einiger Zeit diente die Lernerei nur noch als Ausrede dafür, die Zeit miteinander verbringen zu können. Und als die Monate dahingingen, gaben sie selbst diesen Vorwand auf und taten nicht einmal mehr so, als öffneten sie die Bücher. Jegliche Anspielung auf das Abitur, auf die Zukunft verschwand aus ihren Gesprächen. Haltlos in einer Gegenwart ohne Versprechungen, ohne die Wahrscheinlichkeit der Erfüllung dessen, wonach sie beide viele Jahre gestrebt hatten, trösteten sie sich aneinander in dem stillen Haus, während draußen, jenseits des tapfer blühenden Blumenbeetes, die Ordnung, nach der sie sich sehnten, aus ihrem Leben verschwand und Zusammenbruch und Anarchie an ihre Stelle traten. Tsotsi-Banden benützten das Chaos als Gelegenheit für kriminelle Umtriebe. Sie plünderten, zerstörten, was ihnen in die Finger kam, bewarfen weiße Autofahrer auf dem Highway mit Steinen, stahlen Autos und benützten sie für wilde Schwarzfahrten, ehe sie sie in den Straßen der Township in Brand steckten.

Tengo verfiel immer mehr in einen Zustand der Depression. Nur wenn er allein mit Emma in ihrem Haus war, vergaß er für eine Weile den Aufruhr, der von der township Besitz ergriffen hatte und seine Hoffnungen für die Zukunft unter sich begrub. Von Emma getrennt, verbrachte er die Tage und Nächte in hilfloser Trauer, als habe er einen Verlust erlitten, als sei jemand gestorben.

In seiner Tasche steckte ein Brief seiner Mutter, den er noch nicht beantwortet hatte:

Solange die Schulen geschlossen bleiben und Du Dein Abitur nicht ablegen kannst, komm nach Hause, mein Junge. Der Oubaas wird Dir Arbeit auf der Farm geben, und Du kannst zurückkehren, wenn die Unruhen in der

Stadt vorüber sind. Es ist lange her, seit Du die gute, frische Luft auf dem Land geatmet hast. Deine Großmutter wird sehr alt, und sie sehnt sich danach, Dich wiederzusehen. Auch Tandi. Sie ist jetzt ein großes Mädchen. Sie ist noch immer sehr dünn, aber Gott sei Dank geht es ihr jetzt gut, und der Arzt sieht im Augenblick keine Anzeichen von Tbc. Sie muß aber noch immer beobachtet werden, für den Fall, daß die Krankheit wiederkommt. Letzte Woche war das Begräbnis des alten Ezekiel. Der Kraal wird nicht mehr sein wie früher, nun, da er nicht mehr da ist. Er fragte immer, welche Fortschritte Du in der Schule machst, und sagte, Du würdest uns viel Freude und Ehre machen. Und was Deinen Vater und mich angeht – unsere Herzen sehnen sich nach Deinem Anblick ...

Wenn Tengo an den Geruch des Kraals dachte, an die Sonne, die großartig über dem endlosen Grasland auf- und unterging, an die Berührung der Kuhhaut mit seiner Wange, wenn er die Milch in den Eimer schießen ließ, dann sehnte er sich mit jeder Faser schmerzlich nach der Farm. Aber er konnte sich nicht dazu aufraffen zurückzukehren. Er wartete, wartete. Er wußte nicht worauf, aber er wußte, er mußte warten.

Es gab große Aufregung im Haus seiner Tante, als herauskam, daß seine fünfzehnjährige Kusine Miriam schwanger war. Seine Tante weinte vor Verzweiflung. »Das ist es nicht, was wir uns für dich gewünscht hatten«, jammerte sie. »Wenn sie die Schulen nicht geschlossen hätten, wäre so etwas nie passiert.«

Sie war nicht die einzige Mutter, die weinte. Viele der jungen Menschen, die nicht zur Schule gehen konnten, sich langweilten, nichts zu tun hatten, kamen in Schwierigkeiten, und die Eltern waren jeden Abend bei ihrer Rückkehr in die Townships voller Angst vor dem, was der Tag gebracht haben mochte.

Als Tengo erfuhr, was mit Miriam geschehen war, brach er sofort den Kontakt mit Emma ab. Der kurze Frühling kam, rasch von der brennenden Hitze des Sommers abgelöst, und Tengo lag entweder auf seinem Bett oder durchstreifte allein die Township, wobei ihn nun nichts mehr von seiner Hoffnungslosigkeit ablenkte. Als Emma ihn besuchte und ihn fragte, weshalb er sich von ihr zurückzog, murmelte er mürrisch, ohne sie anzusehen: »Es hat keinen Sinn. Es gibt keine Möglichkeit, unser Leben ein bißchen schöner zu gestalten, ohne daß wir einen hohen Preis dafür bezahlen.«

»Du und ich?« fragte sie.

»Du und ich. Alle Schwarzen. Weißt du, daß Miriam ein Kind erwartet?« platzte er heraus. Mehr sagte er nicht. Er lag auf dem Bett und starrte an die Decke. Am Geräusch der schnappenden Tür merkte er, daß sie gegangen war.

Eigentlich sollte er Reverend Gilbert jede Woche aufsuchen, um über seine Fortschritte zu berichten, aber er ging nicht mehr hin. Sonntags, wenn seine Tante zur Kirche ging, kam sie mit Nachrichten von dem Geistlichen zurück. Doch für Tengo bedeutete ein Treffen mit dem Geistlichen eine Gegenüberstellung mit seiner eigenen Hoffnungslosigkeit, und er war nicht fähig, den Schmerz zu ertragen. Also blieb er weg, er öffnete die Tür nicht, wenn er durchs Fenster sah, daß der Geistliche anklopfte, er huschte um die Ecke, wenn er ihn auf der Straße entdeckte.

Der Dezember kam und verging – es war der Monat, in dem überall im Land die Abiturprüfungen abgehalten wurden. In einigen schwarzen Townships, wo weniger Unruhe herrschte, legten ein paar Schüler unter dem Druck ihrer Eltern das Examen ab, während Militärposten darüber wachten, daß keine Aktivisten den Fortgang störten. An anderen Orten wurden Schüler durch Polizeivorschrift gezwungen, die Schule zu besuchen und das Examen abzulegen. Doch viele von ihnen, die sich weigerten, in Anwesenheit von Militär und Polizei in den Klassenzimmern zu arbeiten, füllten ihre Schreibblätter nur mit Gekritzel oder mit Kampfparolen.

Als er davon hörte und in den Zeitungen las, dachte Tengo an das schreckliche Dilemma der Eltern, die für ihre Kinder eine gute Ausbildung wollten und darauf bestanden, daß sie die Prüfungen schrieben, sie dadurch jedoch zu Zielscheiben für Vergeltungsschläge von den Anführern des Boykotts machten.

In Tengos Township gab es nun schon seit fast einem Jahr keinen Unterricht mehr, und die Zeit der Abiturprüfungen kam und ging ohne irgendeinen Unterschied zu den leeren, gewalterfüllten Tagen davor und danach.

Eine Gruppe von Schüleranführern wurde aus dem Gefängnis entlassen, darunter auch Elijah und Alice. Elijah besuchte Tengo und fand ihn auf dem Bett mit einem Krimi.

Ein kurzes Gefühl von Unbehagen flackerte in Tengo auf, als sein Freund ins Schlafzimmer trat. Er setzte sich auf. »Elijah! Mann! Bist du okay?«

Elijah sah abgemagert aus, schien aber nichts von seiner rastlosen Energie verloren zu haben. »Oh, Mann, Tengo! Ich kann dir sagen, es ist gut, aus diesem Höllenloch heraus zu sein. Ich bin okay, Mann. Du siehst aber selbst nicht gerade gut aus.« Er setzte sich auf einen Stuhl neben das Bett.

»War es sehr schlimm dort?« Tengo mußte sich zu dieser Frage zwingen.

»Ich hatte Glück. Ich wurde ein bißchen herumgestoßen, nichts Ernsthaftes. Auch Alice geht es gut. Aber einige der anderen ... ich kann dir Dinge erzählen, Mann, was die mit Schulkindern anstellen! Ein Junge in unserer Zelle, vierzehn Jahr alt ... Sie haben ihn aufgegriffen, weil er Autos mit Steinen beworfen hat. Sie haben ihn mit dem sjambok ausgepeitscht. Sjamboks haben Stahlspitzen, weißt du ... Einen anderen, auch vierzehn, den haben sie unter den Fingernägeln mit Elektroschocks ›behandelt‹. Und ein zwölfjähriges Mädchen rannte gerade vom Brotladen nach Hause, als ein Polizist ihr befahl, stehenzubleiben. Sie bekam Angst und rannte weiter – und da hat er sie in den Rücken geschossen!«

Tengo schwieg, während Elijah weitererzählte: »Jetzt höre ich, daß diesen Buren in der Holländischen Reformierten Kirche endlich ein Licht aufgegangen ist, aber es ist zu spät, um sie zu retten. Sie haben entdeckt, daß es nicht in der Bibel geschrieben steht, daß sie die Schwarzen unterdrücken sollen.« Elijah lachte. »Aber das ändert überhaupt nichts. Es sind alles bloß Worte, nichts als Worte.«

Tengo wartete, er wußte, Elijah war in einer bestimmten Absicht gekommen. Endlich rückte er damit heraus. »Tengo, die Kameraden haben mich gebeten, mit dir zu reden. Wir finden, es ist jetzt an der Zeit, daß du dich dem Kampf anschließt. Wir haben dich bis jetzt in Ruhe gelassen, damit du die Schule abschließen kannst. Aber Gott allein weiß, wann du die Gelegenheit haben wirst, Abitur zu machen. Und es gibt jetzt dringende Dinge zu erledigen, Bruder. Wir müssen uns organisieren. Entweder sie gehen auf unsere Forderungen ein, oder wir machen die townships unregierbar. Sie *müssen* begreifen, daß wir die Macht haben, das ganze Land zum Stillstand zu bringen. Wir brauchen jemanden wie dich. Du bist clever, du kannst gut schreiben – du kannst eine Menge zu unserer Bewegung beisteuern.«

In Tengos fortdauerndes Schweigen hinein redete Elijah weiter: »Versteh mich, wir drohen dir nicht, wir *bitten* dich, zu uns zu kommen.«

»Ich muß überlegen«, antwortete Tengo.

»Ich höre von den anderen, daß dich nie jemand sieht. Du gehst nie aus. Ich weiß, du willst lernen. Es ist eine schwere Entscheidung für dich. Aber es sind aufregende Zeiten, Mann. Wir *können* die Dinge verändern! Da der Streik dich davon abgehalten hat, dich weiterhin der Schule zu widmen, solltest du dich jetzt lieber unserer Sache widmen. Du siehst schrecklich aus, Mann. Komm mit, ich zahle dir ein Bier, und wir können reden.«

Die Entlassung aus dem Gefängnis schien in Elijah ungeheure Mengen zielbewußter Energie freigesetzt zu haben, um die ihn Tengo beneidete.

»Danke, Elijah. Ich bin nicht in der Stimmung. Aber ich weiß, ich muß etwas tun«, sagte er mürrisch. »Ich kann nicht viel länger so weitermachen. Gib mir Zeit zum Überlegen, Mann. Gib mir Zeit . . .«

Elijah stand auf, um zu gehen. »Laß dir nicht zu lange Zeit, Freund. Die Geschichte ist jetzt auf unserer Seite. Die Dinge ändern sich rasch. Unsere Zeit ist gekommen, Tengo. Sie ist da. *Jetzt.* Wir müssen sie packen.« Er stieß seine Hand mit einer raschen, zupackenden Bewegung nach vorn. »Für die Weißen läuft die Zeit jetzt aus.« Er faßte Tengo an der Schulter und drückte sie, als wolle er etwas von seiner Energie und seiner Begeisterung auf die am Bettrand sitzende, schlaffe Gestalt übertragen. »Unsere Zeit ist da – glaub mir, Bruder.«

Tengo wußte, was ihn davon abhielt, den Schritt zu tun, um den Elijah ihn bat. Er wußte, wenn er diesen Schritt erst einmal getan hatte, bedeutete es das Ende seines Traums. Es würde bedeuten, daß er die blanke Tatsache akzeptieren mußte, daß es mit seiner Hoffnung, aufs College zu gehen, aus und vorbei war. Daß sein dringender Wunsch zu *wissen* – etwas von den Gesetzmäßigkeiten der Welt zu verstehen – für immer unerfüllt bleiben würde, daß ihn die Sehnsucht danach für immer begleiten würde wie ungestillter Hunger. Und er war unfähig, sich dieser Tatsache zu stellen.

Während der nächsten Wochen verbrachte er viel Zeit mit Schlafen, und in seinen wachen Stunden fühlte er sich durch bleierne Müdigkeit bedrückt. Eines Morgens, nachdem alle das Haus verlassen hatten, stand er spät auf, um sich in der Küche eine Tasse Tee zu machen. Als er durchs Wohnzimmer ging, erschrak er über eine Gestalt, die vollkommen zugedeckt auf der Couch lag. Er näherte sich ihr. Die Gestalt schlief fest, atmete regelmäßig. Er hob einen Zipfel der Decke hoch. »Joseph!« flüsterte er erstaunt.

Es war beinahe ein Jahr vergangen, seit Joseph das letztemal im Hause gewesen war. Man hatte nichts mehr von ihm gehört. Er lag in tiefem Schlaf und rührte sich nicht, während Tengo seinen Tee trank, hinaus in den Hof ging, um sich zu waschen, und sich dann mit einem Buch ins Wohnzimmer setzte.

Es war Mittag vorüber, als Joseph schließlich erwachte. Er richtete sich auf, warf die Decke beiseite, gähnte, dann bemerkte er Tengo, der ihn ansah. Er rieb sich den Kopf und lächelte. »Hau, Tengo! Grüß dich, Vetter.«

»Joseph!« Tengo trat zu ihm und setzte sich neben ihn auf die Couch. »Wann bist zu zurückgekommen? Wie steht's mit dir? Willst du Tee?«

»Eine Riesentasse Tee und etwas zu essen. Ist Brot im Haus?«

Tengo machte Tee und ein Käsesandwich für Joseph und brachte ihm beides; dabei hatte er zum erstenmal seit langer Zeit ein frohes Gefühl. Er sah seinem Vetter beim Essen und Trinken zu. »Mann, das tut vielleicht gut, dich zu sehen, Joseph. Ich hoffe, du mußt nicht gleich wieder weg.«

Joseph lachte. »Nein. Ich bleibe eine Weile. Aber wie ist es mit dir? Warst du krank?«

Tengo schüttelte den Kopf. »Ich bin okay«, murmelte er.

Joseph sah ihn aufmerksam an. »Na schön, dann erzähl mir, was inzwischen passiert ist. Ich habe nur Gerüchte gehört, aber es klingt, als käme es hier zum Überkochen. Erzähl mir alles.«

Endlich war jemand da, bei dem Tengo sein Herz ausschütten konnte.

Joseph saß nachdenklich da, nachdem Tengo mit seiner Schilderung der Ereignisse des vergangenen Jahres fertig war. »Es ist erstaunlich«, sagte er. »Es entwickelt eine Eigendynamik. Jetzt kann man es nicht mehr aufhalten.« Seine Augen leuchteten, als blickten sie über das kleine Zimmer hinaus, über das elende Haus, die versehrte township. Aber als Tengo still und niedergeschlagen blieb, wurde Josephs Gesichtsausdruck ernst. »Und du, Vetter, du konntest ein ganzes Jahr nicht zur Schule gehen?«

Tengo schüttelte den Kopf.

Joseph saß schweigend. »Dann hast du also dein Abitur nicht machen können«, sagte er schließlich.

»Nein.«

»Hau!« Joseph schüttelte den Kopf. »Das tut mir wirklich sehr leid, Vetter. Es ist eine Schande, daß es dich auf diese Weise getroffen hat – als gäbe es nicht schon genug Verluste, genug Bitterkeit. Und ich dachte die ganze Zeit, du seist mittlerweile auf dem College. Opfer, Opfer«, sagte er wie zu sich selbst. »Wir kämpfen in einem Krieg, und überall gibt es Opfer . . .« Er schlug Tengo mit der Faust aufs Knie und sagte: »Wir müssen über die Zukunft reden, Vetter. Aber zuerst –«, er deutete nach draußen zur Wasserleitung und zum Toilettenhäuschen auf dem Hof, » – muß ich mich der luxuriösen und hygienischen Toiletteneinrichtungen bedienen, die uns von unserer großzügigen Stadtverwaltung zur Verfügung gestellt wurden. Sei ein Schatz, Tengo – mach noch mehr Tee.«

Die Vettern saßen sich an dem kleinen, plastikbeschichteten Metalltisch in der Küche gegenüber.

»Gut, Tengo, ich denke, die Zeit ist gekommen, um dir zu erklären, was ich mache, um dir von meiner Arbeit zu berichten.«

Tengo lief es kalt den Rücken herunter. Was er immer hatte wissen wollen, was er jetzt aber trotzdem lieber nicht gehört hätte, würde Joseph ihm nun sagen.

»Es ist nur für deine Ohren bestimmt, Vetter. Was du jetzt hören wirst, darfst du keiner Menschenseele je erzählen, ganz gleichgültig, was man dir antut. Versprich es mir.«

»Ich verspreche es«, sagte Tengo mit trockenem Mund.

»Du darfst nichts sagen, weil die Sicherheit vieler anderer von deinem Schweigen abhängt. Ich erzähle es dir, weil du mein vollstes Vertrauen hast. Okay?«

»Okay.«

Und Joseph erzählte ihm, daß er ein Mitarbeiter des Afrikanischen Nationalkongresses sei – des ANC –, der verbotenen schwarzen Organisation, deren Anführer Nelson Mandela seit bald dreißig Jahren im Gefängnis saß. Die Mitglieder waren gezwungen, außerhalb des Landes zu leben und von dort zu versuchen, den Widerstand gegen die Apartheid zu organisieren. Joseph sagte, daß er als Kurier und als Anwerber arbeite.

»Als Anwerber?« fragte Tengo. »Wofür?«

»Freiheitskämpfer«, sagte Joseph schlicht. Er zuckerte seinen Tee stark und rührte um. »Du weißt, Tengo, daß der ANC immer gegen Gewalt war. Zu Anfang suchte er die Veränderung durch friedliche Mittel. Aber schau doch, wohin uns das geführt hat.« Er deutete aus dem

Fenster. Draußen fuhren zwei mit Waffen bestückte Polizeilaster am Haus vorüber und schleppten die Überreste eines ausgebrannten Autobusses ab. »Also gehen jetzt junge Menschen über die Grenze nach Sambia und schließen sich dem ANC in Lusaka an, um sich als Freiheitskämpfer ausbilden zu lassen.«

Tengo hatte schon Gerüchte darüber gehört. »Und du hilfst, das zu organisieren?«

Joseph nickte. »Sie müssen über die Grenze geschmuggelt werden. Das ist illegal – und gefährlich. Aber bis jetzt ist unser Erfolg ziemlich gut.«

»Du meinst, ich soll Freiheitskämpfer werden?« fragte Tengo. Er fühlte sein Herz heftig klopfen.

»Warte, Vetter. Nicht so schnell. Hör mir erst zu. Wenn diese jungen Leute nach Lusaka kommen, bietet ihnen der ANC drei Möglichkeiten: Als erstes bieten sie denjenigen, die es wollen, eine Schul- und Universitätsausbildung an; als zweites bieten sie die Gelegenheit an, ein Handwerk zu erlernen; und als drittes, für diejenigen, die weder das eine noch das andere wollen .«

»Bieten sie militärische Ausbildung an«, sagte Tengo mit gedämpfter Stimme.

Joseph nickte. »Richtig. Die meisten sagen, daß sie kämpfen wollen. Sie wollen für die Revolution arbeiten, damit Bildung und Ausbildung für alle möglich wird. Aber die Anführer versuchen, einige zum Schulbesuch zu überreden. Sie wissen, daß wir kluge, gebildete Leute brauchen, wenn die Zeit kommt. Deshalb . . .«

Jetzt klopfte Tengos Herz wie wild. »Joseph, meinst du, ich könnte . . .«

»Genau das meine ich, Vetter. Ich finde, das wäre das beste für dich. Sie schicken Studenten nach Übersee. Du müßtest vielleicht sogar eine fremde Sprache lernen, je nachdem, wo du landest.«

Jenes Land auf der anderen Seite des Meeres . . . worüber er und Frikkie gesprochen hatten ... zwei kleine Jungen unter den tiefhängenden Zweigen der Weide am Ufer des Flusses, wo sich kleine, silbrige Fische in den Untiefen tummelten ... »Übersee«, sagte Tengo leise. »Joseph, wäre das *wirklich* möglich?« Er spürte einen verheißungsvollen Funken unter der Hoffnungslosigkeit, die ihn so lange bedrückt hatte.

»Oh, das ist mehr als nur möglich, Vetter. Das geschieht andauernd. Aber es ist nicht einfach. Wenn du ungehindert nach Lusaka kommst und ins Ausland geschickt wirst, dann ist da noch etwas. Es ist kalt dort – und fremd. Der Himmel in den fremden Ländern ist fast immer grau. Du bist weit von deiner Familie und deinen Freunden entfernt. Und sie essen andere Dinge. Und auch wenn es dort keine Apartheid gibt, fühlst du dich als Außenseiter, als Fremder, einsam ...«

»Joseph«, flüsterte Tengo. Die Haut auf seinem Kopf, seinem Nacken und seinen Schultern prickelte, er bekam eine Gänsehaut. »Joseph, du warst im Ausland?«

Josephs Augen beobachteten Tengo über den Rand des abgestoßenen Emaillebechers hinweg, aus dem er trank.

»Joseph, *wo*?«

Joseph trank seinen Tee aus und stellte den Becher weg. »Stell mir keine Fragen, Tengo. Je weniger du weißt, um so sicherer bist du. Ich erzähle dir das alles, weil es keine Entscheidung ist, die du ohne gründliche Überlegung treffen kannst. Es ist nicht einfach. Du wirst eine Ausbildung bekommen – kostenlos. Deine Lebenshaltungskosten werden bezahlt, aber es ist nur ein kleines Stipendium. Die Mägen derer, die es auf sich nehmen, sind nicht immer voll. Und es kann kalt und einsam werden. Sie sehnen sich mit der Zeit nach Hause, selbst unter *diesen* Umständen.« Er deutete mit dem Daumen über die Schulter auf das geschwärzte Skelett des umgekippten Busses auf der Straße.

Tengos Augen folgten der Bewegung. Er bemerkte ein großes Stück rosafarbener Plastikfolie, das sich in der zertrümmerten Windschutzscheibe verfangen hatte und trostlos im Wind flatterte.

»Ich muß ehrlich sein und dich davor warnen, daß es hart wird, Tengo, damit du dich fragen kannst: Ist es das wert?« Er holte sich eine Zigarette aus der Hemdtasche und zündete sie an.

Quer über den Tisch marschierte eine Ameise und schleppte mühsam ein Körnchen Zucker mit. Sie sahen ihr zu, bis sie am Rand der Tischplatte angelangt war. Während sie vorsichtig den Abstieg erkundete, entglitt ihr das Zuckerkorn und fiel zu Boden. Einen Augenblick verharrte die Ameise erschrocken, rieb ihre leeren Vorderbeine gegeneinander, dann eilte sie zur Ecke der Platte und krabbelte am Tischbein hinunter.

»Viel Glück, Ameise«, sagte Joseph. Er schenkte sich noch mehr Tee aus der verbeulten Teekanne ein, fügte Kondensmilch hinzu, rührte Zucker hinein. »Da komme ich von meinem Trip zurück und denke, mein schlauer Vetter ist längst mit seinem Unistudium beschäftigt. Und was sehe ich? Keine Schule, kein Abitur, die ganze Township ein Abfallhaufen. Ich kann es den Kindern nicht einmal verdenken, daß sie zerstören wollen. Ihre ganze Energie hat keinen anderen Ausweg als Haß und Wut. Ich wäre genauso, wenn ich nicht im ANC aufgefangen worden wäre. Bei der Art und Weise, wie uns die Regierung behandelt, ist es schwer, die Bitterkeit nicht in Haß gegen die Weißen umschlagen zu lassen. Und jetzt setzt die Polizei alles daran, damit unser Haß die ganze Zeit kräftig lodert. Aber du bist ein sanftmütiger Mensch, Tengo. Der ANC, das wirst du herausfinden, wenn du nach Lusaka kommst – das heißt, wenn du dich entscheidest, dorthin zu gehen, meine ich –, der ANC glaubt, daß Schwarz und Weiß in diesem Land zusammenleben *müs-*

sen. Wir brauchen sie. Sie brauchen uns. Die Freiheitscharta des ANC bestimmt, daß Südafrika allen gehört, die darin leben – den Schwarzen und den Weißen.«

»Haßt du die Weißen, Joseph?«

»Ob ich die Weißen hasse?« Joseph hob den Kopf, blies eine Rauchwolke in die Luft und sah ihr nach, wie sie sich rund um die nackte Glühbirne an der Decke auflöste. »Nein, Tengo. Ich bin nicht anti-weiß. Es gibt Weiße, die mit uns zusammenarbeiten: die Frauen der *Black Sash* (Schwarze Schärpe). Sie sind zäh und mutig. Gerade jetzt untersuchen und veröffentlichen sie Berichte über die Folter in den Gefängnissen. Und es gibt andere, Universitätsstudenten, Anwälte. Es gibt weiße Ärzte, die privat einige Kameraden behandeln, wenn sie von der Polizei verwundet worden sind, damit sie nicht ins Krankenhaus gehen müssen, wo die Ärzte verpflichtet sind, den Behörden alle Schußverletzungen zu melden. Dann gibt es die Kampagne gegen die allgemeine Wehrpflicht...«

»Und es gibt Reverend Gilbert«, sagte Tengo.

»Ja. Und andere seinesgleichen in religiösen Organisationen. Und sie sind die Hoffnung, auf die wir uns stützen: daß wir mit ihrer Hilfe die Dinge regeln können, wenn unsere Zeit gekommen ist.«

»Aber wann wird unsere Zeit gekommen sein?« fragte Tengo und fühlte sich wieder niedergeschlagen. »Wie lange dauert das? Wieviel Mord und Zerstörung, Brandschatzung und Schulboykotte gibt es noch?«

»Diese Fragen stellen wir nicht. Wir tun einfach, was getan werden muß. Wir befinden uns in einem Stadium der Umwälzung, Tengo, und vor uns liegt noch mehr Mühsal und Leid. Viel mehr. Aber wir werden gewinnen. Wir fragen nicht danach, wie lange es dauert. Es wird so lange dauern, wie es dauern muß, bis wir gewinnen.«

Tengo sah seinen Vetter an und empfand eine gewisse Ehrfurcht bei dem Gedanken, daß er tatsächlich dort gewesen war, jenseits des Meeres. Das schien seinen Worten ein besonderes Gewicht zu verleihen. »Mußt du bald wieder weg?«

»Wenn alles nach Plan verläuft, werde ich ungefähr einen Monat hierbleiben. Und du . . . du hast einen Monat Zeit, um zu überlegen und dir darüber klarzuwerden, was du tun willst. Jetzt muß ich arbeiten. Sag mir – Elijah Mphlane – wir hörten, er sei verhaftet worden?«

»Er ist jetzt wieder draußen. Seine Schwester auch. Er hat versucht, mich dazu zu überreden, daß ich mich den Kameraden anschließe.«

»Er ist ein guter Kerl, dieser Elijah. Tengo, ehe ich gehe – denk daran, sprich mit niemandem über das, was ich dir erzählt habe. Mit niemandem! Es sind überall Spitzel.«

»Darüber habe ich mir schon Gedanken gemacht, Joseph. Wieso werden Schwarze zu Spitzeln? Weshalb arbeiten Schwarze mit den Behörden zusammen, wenn sie doch sehen, wie Tag für Tag Schwarze geschlagen, ins Gefängnis geworfen und erschossen werden?«

Joseph runzelte die Stirn und trommelte mit den Fingern auf die Tischplatte. »Die Leute werden zu Spitzeln, weil sie hungrig oder geldgierig sind oder einfach Angst haben. Oder weil sie oder ihre Familien von der Polizei bedroht wurden. Oder weil sie sich nur um das Wohl ihrer eigenen Familie kümmern können und ihre Fürsorge nicht auf ihre Nachbarn oder ihre Gemeinde oder das Leiden anderer ausdehnen können. Als ich noch ein Junge war, stellte ich Reverend Gilbert einmal die gleiche Frage.«

»Was hat er geantwortet?«

»Er sagte, die Menschen seien schwach, furchtsam und verwirrt. Nun, das stimmt zwar, aber es genügt nicht. Jeder von uns ist verantwortlich für das, was er tut. Und wir sind füreinander verantwortlich.« Er stieß seinen Stuhl zurück und stand auf. »Ich würde gerne den ganzen Tag hier mit dir sitzen und über Philosophie diskutieren, Vetter. Aber ich habe zu arbeiten. Bis später!«

Tengo hörte, wie das Hoftor scheppernd hinter seinem Vetter zufiel. Er blieb am Tisch sitzen und dachte über ihr Gespräch nach.

15

In den ersten Tagen nach Josephs Rückkehr ging Tengo in gehobener Stimmung umher. Er begann, morgens wieder früh aufzustehen. Er half der alten Großmutter, das Haus zu putzen und aufzuräumen. Er bügelte seine Kleider, anstatt sie steif und zerknittert von der Leine zu ziehen und einfach hineinzuschlüpfen.

Josephs Kommen und Gehen beobachtete er mit einem Gefühl der Vorfreude, das er lange nicht gekannt hatte. Joseph konnte ihn retten. Es stand in seiner Macht, ihn von hier wegzubringen, weg vom Schmutz und der Angst, die beim Anblick von Militär- und Polizeipatrouillen auflöderte wie Flammen aus einem rauchenden Feuer. Durch Joseph würden ihm die Bücher, die Lehrer, die Richtlinien, die seinem Leben Ordnung und Bedeutung verliehen, wieder erreichbar werden.

Er sorgte dafür, daß für Joseph etwas zu essen bereitstand, so ungewöhnlich die Stunde auch sein mochte, zu der er heimkam. Er bot ihm an, seine Kleider zu waschen und zu bügeln, wenn er seine eigene Wäsche wusch. Er hörte auf, Krimis zu lesen, und las statt dessen ›Die Mühle am Floss‹ zu Ende, was zu den Abituraufgaben gehörte. Er trug sein Glück mit sich herum wie einen verborgenen Schatz.

Eines Tages besuchte er Emma. Er konnte sehen, daß sie überrascht war, aber sie blieb zurückhaltend, wachsam. Sie hatte ihm den Abbruch ihrer Freundschaft nicht verziehen. Die Sonne brannte vom wolkenlosen Himmel. Sie bot ihm ein kaltes Getränk an, lud ihn aber nicht ein, ins Haus zu kommen. Mit zwei Flaschen Limonade setzten sie sich auf die Vordertreppe. Neben der Treppe stand eine Blumenschale aus Zement, sie quoll über von leuchtend orangefarbener Kapuzinerkresse zwischen runden, flachen, tellerartigen Blättern. Es hatte in der Nacht einen Gewitterschauer gegeben, die silbrigen Regentropfen in der Rundung der Blätter glitzerten im Sonnenlicht. Aus der Blumenschale stieg der frische Geruch nach feuchter Erde.

Emma warf ihm einen Seitenblick zu. »Du siehst zufrieden aus«, bemerkte sie mit Abstand.

»Oh, mir geht's jetzt nicht allzu schlecht«, antwortete er. »Lange Zeit habe ich mich ziemlich scheußlich gefühlt. Aber jetzt, vielleicht . . . na ja, wer weiß?«

»Du gehst weg«, sagte sie und sog scharf die Luft ein.

Er hob den Kopf und leerte seine Flasche, die kalte, prickelnde Limonade rieselte seine Kehle hinunter. Ich muß aufpassen, dachte er, ich darf nichts sagen.

Draußen auf dem Gehsteig lief ein kleiner Junge vorbei und rollte die Metallfelge eines Fahrradreifens mit einem Stöckchen vor sich her. Ein kleineres, nur mit einem zu kurzen T-Shirt bekleidetes Kind trottete schreiend hinterher und versuchte, den Größeren einzuholen.

»Und wie steht's mit dir, Emma? Hast du lernen können in der Zwischenzeit?«

Sie sah verdrossen aus. »Ich habe weiter gearbeitet. Es ist meinen Eltern gelungen, mich in Richmond unterzubringen, in dieser gemischt-rassischen Privatschule außerhalb von Johannesburg. Im neuen Schuljahr fange ich dort an. Der Direktor sagt, ich kann Ende des nächsten

Jahres Abitur machen. Dann gehe ich aufs College. Ich möchte Rechtsanwältin werden.«

»Du hast Glück. Ich wünschte, meine Eltern könnten sich eine Privatschule für mich leisten.«

»Geld würde nichts nützen. Seit dem Schulboykott gibt es Hunderte von Anmeldungen. Sie haben keinen Platz. Aber meine Eltern haben mich schon vor langer Zeit angemeldet, deshalb war ich eine der wenigen, die sie aufnehmen konnten.«

»Das freut mich für dich, Emma.« Er legte seine Hand auf ihren Arm, aber sie schüttelte ihn ab. Er platzte beinahe vor Verlangen, ihr von seinen neuen Möglichkeiten zu erzählen, ihr zu erklären, daß nur seine Hoffnungslosigkeit ihn von ihr ferngehalten hatte, daß es jetzt wieder eine Zukunft für ihn zu geben schien. Aber Joseph hatte gesagt, er dürfe zu niemandem davon sprechen. Sie sah verletzt und unfreundlich aus. Vorsichtig hatte sie ein Blatt der Kapuzinerkresse mit einem Regentropfen in der Vertiefung nahe dem Stengel gepflückt. Sie hielt es in der Wölbung ihrer Hand und bewegte den runden, makellosen Tropfen, so daß er das Licht einfing, während er auf der Oberfläche des Blattes zitterte wie ein Quecksilberkügelchen.

»Als ich ein Kind war, auf der Farm«, sagte Tengo, »da spielten dieser Junge – Frikkie hieß er, der Neffe des Oubaas – und ich miteinander. Wir spielten ein Spiel mit diesen Blättern. Jeder von uns hatte ein Blatt mit einem Regentropfen darin, und wir rannten immer rund ums Haus, um zu sehen, wer am längsten durchhielt, ohne den Tropfen zu verlieren.«

Emma wirbelte das Blatt am Stiel herum. Der Tropfen fiel herunter, sie zerdrückte das Blatt und warf es weg. Der scharfe Geruch des Saftes versetzte Tengo für einen lebhaften Augenblick zurück an das Blumenbeet der Herrin auf der Farm.

Es stand auf, um zu gehen. »Also dann, danke für den kalten Drink. Mach's gut.« Er ging. Ehe er um die Ecke bog, schaute er noch einmal zurück und sah sie unter der Tür stehen, sie blickte ihm nach, und die beiden leeren Flaschen baumelten in ihren Händen.

Eines Abends saß Tengo noch spät an seinem Tisch und las beim Licht der winzigen, starken Lampe, die der Geistliche ihm zu Schulbeginn geschenkt hatte. In zwei der vier in dem Raum zusammengepferchten Betten schliefen einer seiner Onkel und ein Vetter vom Land. Der Onkel schnarchte leise.

Tengo konzentrierte sich auf die mit Kommentaren versehene Ausgabe des Shakespeare-Stücks, durch das er sich hindurcharbeitete: ›Julius Caesar‹. Er war zu seinen Büchern fürs Abitur zurückgekehrt und lernte jeden Tag viele Stunden. »Ich will nicht, daß mein Gehirn einrostet, bevor ich wieder zur Schule gehen kann«, hatte er zu Joseph gesagt.

Joseph war noch unterwegs. Seine Tante hatte auf dem Herd einen Topf mit *putu*, saurem Brei, stehenlassen und etwas vom Eintopf. Tengo würde beides aufwärmen, wenn Joseph zurückkam.

Lange nach Mitternacht ging die Tür leise auf, und Joseph kam herein. Zu Tengos Überraschung war Elijah bei ihm. »Wir haben gegessen«, flüsterte Joseph, »aber gib uns etwas Tee, Vetter.«

Tengo machte Tee, während sich Joseph und Elijah an den Tisch setzten und mit gedämpften Stimmen redeten.

»Hat irgend jemand Benny wirklich gesehen?« fragte Joseph.

»Ja. Msona hat ihn gesehen. Er hat ein paar Nächte bei ihm geschlafen. Dann gab ihm seine Tante Geld, damit er in den Kraal seiner Eltern zurückfahren kann. Msona sagt, er sieht schrecklich aus.«

Tengo stellte die Tassen und die Büchse mit Kondensmilch auf den Tisch. Beim schwachen Licht der nackten Glühbirne über dem Küchentisch konnte er erkennen, daß sein Vetter besorgt aussah.

»Hat er gesagt, weshalb er zurückgekommen ist?« fragte Joseph.

»Er sagte, er konnte es einfach nicht länger ertragen«, antwortete Elijah mit einem Achselzucken. »Er sagte, er hat es versucht. Er sagte, die Leute waren nett zu ihm. Freundlich. Aber sie konnten nicht verstehen, was er durchmachte. Er hatte Schwierigkeiten, die Sprache zu lernen. Aber er sagte, das schlimmste waren die Kälte und die kurzen Tage. Er dachte, er würde verrückt, wenn er die Sonne nicht sah. Er konnte nicht schlafen. Er bekam Alpträume, und der Student, mit dem er das Zimmer teilte, beklagte sich darüber, daß er beinahe jede Nacht von ihm geweckt wurde. Jedenfalls beschlossen sie, ihn zurückzuschicken. Sie sagten, er würde einen Nervenzusammenbruch bekommen, wenn er bliebe.«

Joseph sah ernst aus. »Das ist wirklich eine Schande. Ich hätte gedacht, Benny wäre einer von den Zähen. Man kann eben nie wissen, wie ein Mensch damit fertig wird.«

»Na ja«, sagte Elijah, »er meinte, wenn man sein ganzes Leben in der Township verbracht hat, kann man sich nicht vorstellen, wie es im Ausland ist. Er sagte, es war die Einsamkeit. Manchmal hätte er am liebsten losgeheult, wenn er sich den Geschmack von putu mit Fleisch vorstellte. Er sagte, er hatte Angst, daß seine Zunge vergessen würde, Xhosa* zu sprechen.«

Während er zuhörte, spürte Tengo, wie Zweifel in sein Herz krochen. Sie redeten von jemandem, der zum Studieren ins Ausland geschickt worden war. Wer immer

---

* Xhosa gehört zu den Bantusprachen und wird in der östlichen Kapprovinz gesprochen (siehe Karte).

Benny sein mag, dachte er, was ihm passiert ist, kann auch mir passieren, wenn ich ins Ausland gehe . . .

»Aber du weißt doch, wie es ist, Joseph«, fuhr Elijah fort. »Du hast das doch selbst durchgemacht.«

»Ja. Es stimmt, was er sagt. Aber in meinem Fall war es anders«, antwortete Joseph. »Ich wußte, es würde nur für ein Jahr sein. Benny sollte drei, vier Jahre dort bleiben. Das ist eine andere Geschichte.«

»Du solltest dir deswegen keine Vorwürfe machen, Joseph. Du kannst nicht für alles die Verantwortung tragen«, sagte Elijah.

»Ich habe ihn vorgeschlagen«, erwiderte Joseph.

»Mach dir keine Sorgen. Er ist ein guter Kerl, dieser Benny. Sizwe sagt, wenn er zurückkommt, kann er in dem Jugendverband mitarbeiten, den er aufzubauen versucht. Sizwes Idee ist folgende: Wenn wir die Township unregierbar gemacht haben und Polizei und Armee die Dinge nicht mehr unter Kontrolle bekommen, müssen wir bereits so gut organisiert sein, daß wir die Township ohne Einmischung der Weißen regieren können. Es gibt Pläne, Volksgerichtshöfe einzuberufen, die die Ordnung des täglichen Lebens aufrechterhalten sollen; es gibt Pläne, die tsotsi-Banden dazu zu bringen, positiv mit uns zusammenzuarbeiten; Pläne, wechselnde Schulkurse anzubieten . . .«

»Was mir Sorgen macht«, unterbrach Joseph ihn, »ist die Tatsache, daß immer mehr unserer Führer in der Jugendbewegung verhaftet werden und wir die Kontrolle über die Kinder verlieren. Gewalt ist jetzt in den Townships an der Tagesordnung. Ohne Fürsorge könnten die Kameraden anfangen, sich wie die tsotsis aufzuführen.«

»Das macht auch mir Sorgen«, sagte Elijah. »Gestern waren ein paar Kleine bei der Versammlung – «, er senkte die Stimme, »sie waren vielleicht zwölf, dreizehn Jahre alt. Und sie redeten davon, jemandem das ›Halsband‹ umzulegen.«

171

Ein Schauder durchfuhr Tengo. Das »Halsband« – gefürchtete Strafe für jemanden, den man für einen Feind des Kampfs hielt: ein mit Benzin gefüllter Reifenschlauch wurde dem Opfer um den Hals gelegt und angezündet...

»Du wirst Sizwe morgen treffen«, fuhr Elijah fort. »Das ist ein ernstes Problem, worüber das Komitee beraten muß.« Er trank seinen Tee aus und stand auf. »Ich muß sehen, daß ich ein bißchen Schlaf bekomme, Kamerad. Danke für den Tee, Tengo.« Er faßte Tengo bei der Schulter und blickte ihm direkt ins Gesicht. »Es ist gut, daß du einer von uns werden wirst, Bruder. Joseph hat mir gesagt, daß du bereit bist zu gehen.«

Elijahs klarer, offener Blick war beängstigend. Tengo bejahte leise und machte sich daran, den Tisch abzuräumen.

Jetzt war Tengos kurzer Glückzustand vorüber. Joseph taumelte ins Bett und schlief sofort ein. Für Tengo gab es keinen Schlaf. Die Unterhaltung zwischen Joseph und Elijah hatte sein Herz mit einer Eisschicht überzogen – wie das Eis, das sich auf einem Eimer voll Wasser bildete, wenn man ihn in einer kalten Winternacht vor der Milchkammer stehen ließ. Er hatte sich so sehnlich gewünscht, seine Studien fortsetzen zu können, daß er sich auf Josephs Vorschlag, ins Ausland zu gehen, gestürzt hatte, ohne zu überlegen, was das bedeuten würde: in einem kalten Land zu leben, in einem fremden Land. In Osteuropa und Schweden ermöglichte man jungen Südafrikanern das Studium, hatte Joseph ihm gesagt.

Aber jetzt mußte er sich eingestehen, daß er nie klar darüber nachgedacht hatte. Er hatte sich wie ein Kind einen märchenhaften Ort auf der anderen Seite des Meeres vorgestellt, wo alles, was hier falsch, ungerecht und grausam war, richtig, gerecht und liebenswert sein würde. Er hatte in seinem Atlas die Karten von Osteuropa und

Schweden betrachtet und sich selbst dort in ruhigen Klassenzimmern und in prächtigen Bibliotheken gesehen, wo sich die Schüler mit gedämpften Stimmen unterhielten. Nun sah er sich wieder – eine verlorene, verzweifelte Gestalt, die allein über die im Atlas abgebildeten Weiten aus Grün und Rosa lief, wo schwarze Flecken Städte darstellten und dünne Linien Flüsse, die alles überzogen wie Sprünge . . . Er stöhnte im Dunkeln. Der hohe Preis für die Dinge, die er wollte, war diesmal zu hoch – mehr, als er sich leisten konnte. Wer immer Benny war, seine Erfahrung im Ausland berührte Tengo so, als hätte er sie selbst gemacht. Man kann nie wissen, wie ein Mensch damit fertig wird, hatte Joseph in der Küche gesagt. Besser, er gestand es sich selbst *jetzt* ein, daß er keiner von den Zähen war. Das Ausland – einsam und fremd – war nichts für ihn. Er würde die Vorstellung, seine Ausbildung fortsetzen zu können, aufgeben müssen.

Ihm blieb keine andere Wahl, als ohne die Dinge auszukommen zu lernen, nach denen sich sein Geist sehnte; so wie er gelernt hatte, ohne ausreichende Kleidung, Nahrung auszukommen. Er mußte sich so darin üben, wie er seine Finger darin geübt hatte, ihre Sehnsucht nach einem Klumpen formbaren Tons und dem darin verborgenen Geheimnis zu vergessen.

Es gab kein Entrinnen vor dem, was das System für ihn bereithielt. Er konnte sich jetzt nur noch den *anderen* anschließen.

Als die graue Dämmerung über die Township kroch, schlief er ein. Sein Entschluß war gefaßt. Er würde Joseph nichts von seiner Meinungsänderung sagen. Er würde ihn begleiten. Er würde mit ihm heimlich über die Grenze nach Lusaka gehen. War er einmal dort, würde er sich für die Militärausbildung entscheiden, die der Afrikanische Nationalkongreß anbot. Lieber wollte er Freiheitskämpfer werden, als ein einsamer, schwarzer Student in einem fremden, kalten Land. Nach Beendigung seiner militärischen Ausbildung würde er zurückkehren und tun, was getan werden mußte.

Später in dieser Woche lag Tengo wieder einmal wach und wartete auf Joseph. Er machte sich jetzt ständig Sorgen, daß sein Vetter verhaftet werden könnte. Die Regierung hatte neue Blitzverordnungen getroffen: Berichte über Unruhen oder Proteste waren aus den Nachrichten verbannt; im ganzen Land wurden politische Aktivisten verhaftet; Tausende von Kindern wurden von der Polizei aufgegriffen, einige von ihnen wurden geschlagen und wieder freigelassen, aber die meisten wurden auf unbestimmte Zeit eingesperrt, manche gefoltert und mißhandelt. Jeden Tag wurden verzweifelte Eltern in der Township vom Polizeigebäude weggejagt, wenn sie herauszufinden versuchten, wo ihre Kinder waren. Als Tengo an diesem Nachmittag den Pfosten für die Wäscheleine befestigt hatte, hatte er die Frau von nebenan laut weinen gehört. Er wußte, sie hatte gehofft, das Komitee der Häftlingseltern sei in der Lage herauszubekommen, was mit ihrem dreizehnjährigen Sohn passiert war. Und nun hatte sie gerade erfahren, daß sich die Behörden weigerten, irgendwelche Informationen über den Verbleib inhaftierter Kinder zu geben. Durch den Drahtzaun hindurch hatte Tengo beobachtet, wie die zehnjährige Tochter versuchte, ihre beiden kleinen Brüder zu beruhigen, die angesichts der Verzweiflung ihrer Mutter in jämmerliches Heulen ausbrachen. Er hatte versucht, ihnen eine Orange anzubieten, aber sie wollten sich nicht trösten lassen.

Endlich hörte er, wie die Tür aufging und Joseph hereinkam. Tengo glitt aus dem Bett und reichte ihm einen Brief, der im Laufe des Nachmittags unter der Tür durchgeschoben worden war. Joseph warf einen Blick auf den

Umschlag. »Danke, Vetter. Gibt's etwas zu essen? Ich bin ausgehungert.« Er klopfte auf seinen Magen.

In der Küche las Joseph den Brief, während Tengo das Essen aufwärmte. Er steckte ihn wieder in den Umschlag, riß ein Streichholz an, hielt es an eine Ecke des Umschlags und sah zu, wie die Flamme hochkroch, das Papier schwärzte und auffraß. Das verkohlte Papier ließ er in einen Aschenbecher fallen; das letzte Stück krümmte sich kräuselnd zusammen, und die Flamme erlosch. Dann nahm er aus dem Päckchen in seiner Hemdtasche eine Zigarette, zündete sie an und inhalierte tief.

Tengo stellte den Teller mit Essen vor ihn hin. Nach ein paar weiteren Zügen drückte Joseph die Zigarette aus, sah sie genau an, um sicherzugehen, daß sie erloschen war, und steckte sie wieder in das Päckchen zurück. Er aß schweigend. Als Tengo ihm den Tee brachte, holte er die halb gerauchte Kippe wieder heraus, zündete sie an, lehnte sich in seinem Stuhl zurück und sagte: »Wir gehen Anfang nächster Woche weg, Vetter.«

»Nächste Woche!« flüsterte Tengo.

»Ich kann nicht genau sagen, an welchem Tag. Halte dich bereit. Pack nur ein paar Dinge ein, das Nötigste. Wir müssen mit leichtem Gepäck reisen.«

»Kann ich meinen Eltern schreiben, daß ich weggehe?«

»Nein. Nichts. Kein Wort. Zu niemandem.«

Die Ernsthaftigkeit und Gelassenheit, mit der Joseph den Brief gelesen und vernichtet und dann den Plan verkündet hatte, beeindruckte Tengo und beruhigte ihn. Er sah in Joseph jetzt mehr den Führer als den netten Vetter, dem er vor vielen Jahren in dem kleinen Fluß auf der Farm des Oubaas das Schwimmen beigebracht hatte.

So vertrauensvoll sich Tengo seinem Vetter auslieferte, störte ihn aber doch der Gedanke, daß er wegging, ohne seinen Eltern sagen zu können, was er vorhatte. Er dachte an die Lücke, die er hinterlassen würde, wenn er ohne Abschied von seiner Tante und den anderen Verwandten fortging. Er war bedrückt, als ihm klar wurde, welche Sorgen er seiner Mutter durch sein Verschwinden aufbürdete. Nun bedauerte er, daß er nie in den Kraal zurückgekehrt war, um sie zu besuchen.

Am nächsten Morgen erwachte er früh in einem Zustand von Erregung und Bestürzung. Joseph war bereits weg. Vor dem Frühstück wusch Tengo seine Kleider und hängte sie draußen auf die Leine. Er beendete sein aus Tee und Brot bestehendes Frühstück, sortierte dann seine Habseligkeiten, die er unter dem Bett in jenem Pappkoffer aufbewahrte, den er aus dem Kraal mitgebracht hatte. Er sah seine Bücher durch und fragte sich, ob Joseph ihm erlauben würde, das eine oder andere mitzunehmen. Eine Taschenbuchausgabe von Gombrichs Kunstgeschichte, die Claire ihm geschenkt hatte, legte er beiseite. Claire hatte sie für ihr Studium verwendet und viele Stellen mit gelbem Leuchtstift unterstrichen. Von Zeit zu Zeit hatte er das Buch durchgeblättert, es ansonsten aber aufgespart wie einen Schatz, um nach bestandenem Abitur darin zu lesen. Falls er ein einziges Buch mitnehmen durfte, er würde dieses in den grünen Rucksack packen, der sein ganzes Gepäck darstellte. Einen kleinen Stoß Bücher legte er beiseite, um sie Reverend Gilbert zurückzugeben.

Es war ein heißer, windiger Morgen. Seine Kleider trockneten bald. Er bügelte sie, faltete sie zusammen und legte sie auf das Regal über seinem Bett, um sie sofort einpacken zu können, sobald Joseph ihm einen Wink gab. Er durfte vorläufig keinerlei Hinweis auf seine beabsichtigte Abreise geben.

Er wartete bis zum Spätnachmittag, ehe er sich auf den Weg zur Kirche machte, um Reverend Gilberts Bücher zurückzubringen. Der Geistliche war höchstwahrscheinlich schon nach Hause gegangen; es war auch besser, ihn nicht zu treffen, als lügen oder ausweichende Antworten über sein Vorhaben geben zu müssen. Gerne hätte er dem Geistlichen erzählt, daß er entschieden hatte, sich dem Kampf anzuschließen, obgleich der Reverend sicher enttäuscht darüber gewesen wäre, daß Tengo seine Studien aufgab. Er hätte ihm gerne dafür gedankt, daß er all die Jahre in der Township wie ein Vater zu ihm gewesen war. Aber Joseph hatte ihm eingeschärft: Nichts – kein Wort – zu niemandem.

Als er sich dem Zentrum der Township näherte, hörte er Rufe und sah Leute rennen. Ein gelber Bus fuhr langsam vorüber. Bereitschaftspolizisten schauten aus den maschendrahtgeschützten Fenstern. Tengo ging weiter, getragen von dem Bewußtsein, daß er schon bald alledem entfliehen konnte, daß seine Zeit des Wartens mit ihrer Leere, Bitterkeit und Sinnlosigkeit bald vorüber sein würde. Ihn kümmerte jetzt nichts außer seiner Flucht aus der Trostlosigkeit der Township.

Als Tengo ankam, wollte die Sekretärin des Geistlichen gerade das Büro abschließen. Sie wirkte erregt, als sie die Bücher von Tengo entgegennahm.

»Ist der Reverend nach Hause gegangen?« fragte er.

»Nein. Er ist beim Begräbnis.« Sie verschloß die Bürotür. Das Begräbnis! Schuldbewußt fiel es Tengo wieder ein. Plötzlich fiel ihm auf, wie sehr er mit sich selbst beschäftigt war. Joseph hatte gesagt, er würde hingehen – zum Begräbnis von sieben Menschen, vier davon Schulkinder. Sie waren in der vergangenen Woche von der Polizei erschossen worden, nachdem sie mit Steinen geworfen hatten. Während des Ausnahmezustands, den die Regierung ausgerufen hatte, um die andauernden Unruhen zu unterdrücken, waren keine öffentlichen Versammlungen erlaubt. Begräbnisse waren die einzigen Veranstaltungen, bei denen Menschen noch zusammenkommen konnten. Sie waren für Redner zur Gelegenheit geworden, die Behandlung der Schwarzen durch die Regierung anzuprangern.

Die Sekretärin ging mit Tengo zusammen die Kirchentreppe hinunter. »Es wird Unruhen geben«, sagte sie. »Ich muß schnell nach Hause und dafür sorgen, daß meine Kinder in Sicherheit sind.«

»Was haben Sie denn gehört?« fragte er sie.

»Man hat verboten, daß nach der Beerdigung eine Versammlung abgehalten wird. Aber sie wird trotzdem stattfinden. Reverend Gilbert bekam einen Anruf aus der Stadt, daß das Militär anrückt, um sie aufzulösen.« Sie eilte davon.

Während sie weglief, hörte Tengo den an- und abschwellenden Gesang einer großen Menge. Von der Treppe der Kirche aus, die auf einem Abhang gebaut war, konnte er die Township überblicken. Er sah eine langsam sich fortbewegende Menschenmenge die Straße entlangkommen, sie strömte dahin wie eine Flut, die sich in einen engen Kanal ergießt. Als sie sich näherte, sah er, daß viele der Menschen Fahnen und Transparente hochhielten, die das Ende der Kindermorde forderten und den Rückzug von Militär und Polizei aus der Township verlangten. Manche von ihnen schwenkten die schwarzgrüngoldene Flagge des ANC. Sie näherten sich singend und hüpfend in der Art eines rituellen Stammestanzes und riefen: »Amandla! Amandla! Macht!«

Die Menschen in der Nähe der Kirche deuteten und gestikulierten. Tengo wandte den Kopf und sah, wie sich auf der Straße jenseits eines der bewachten Haupteingänge zur Township grünlich-braune Militärfahrzeuge in einer Kolonne näherten. Singend und tanzend schwenkte die Menge aus der entgegengesetzten Richtung in den Hauptplatz vor der Kirche ein. Wie ein langsam dahinkriechender Tausendfüßler glitt die Reihe der Armeelaster durch das Tor, zwängte sich durch die Seitenstraßen und landete schließlich auf dem Platz, der die Kirche umgab. Die Fahrzeuge hielten, Soldaten im Kampfanzug sprangen herunter und stellten sich mit dem Gewehr im Anschlag auf.

Auf dem Leitfahrzeug erschien ein höherer Offizier mit einem Megaphon, und Tengo hörte die rauhen Konsonanten und heiseren gutturalen Laute des Afrikaans über die Hausdächer hallen. »Dies ist eine illegale Versammlung! Ihr habt euch sofort zu zerstreuen. *Sofort!* Ihr habt genau *zwei Minuten* zur Verfügung!«

Der Befehl wurde auf Englisch wiederholt, doch innerhalb von Sekunden, noch ehe die Bedeutung der Worte erfaßt werden konnte oder sich die Leute in der Umgebung verlaufen konnten, fielen die ersten Schüsse.

In der einbrechenden Dämmerung kam es zur Panik. Die Luft war von Entsetzen erfüllt. Getroffene stürzten zu Boden, und die dicht gedrängte Menge versuchte, außer Reichweite der Kugeln zu kommen. Die große Flut der Menschen strömte in alle Richtungen. Das Militär, das wie auf einer winzigen Insel inmitten bedrohlicher Brandungswellen eingeschlossen war, feuerte weiter.

Regungslos auf der Treppe stehend, sah Tengo noch mehr Menschen zu Boden stürzen, in den Rücken getroffen beim Versuch, in eine Seitenstraße zu fliehen.

Plötzlich kam aus einer Ecke neben der Kirche ein Steinhagel durch die Luft geflogen. Einige Soldaten wurden getroffen. Die Steine wurden von einer Gruppe Jungen und Mädchen geschleudert, Jugendliche, die keine Anstrengung unternahmen zu entkommen und wütende Verwünschungen ausstießen, während sie ihre unzulängliche Munition verfeuerten. Der verantwortliche Offizier bellte ein Kommando. Tränengasgranaten wurden über die Köpfe hinweggeschossen und explodierten in erstickenden Wolken, die die Dämmerung verdichteten.

Stoßend, schiebend, schreiend suchten die Menschen

179

den beißenden Dämpfen zu entrinnen. Aber von der Stelle neben der Kirche schwirrte ein neuer Steinhagel. Ein Soldat wurde getroffen. Blut spritzte aus seiner Augenbraue. Schüsse peitschten durch die Luft, und Tengo sah zwei der Jugendlichen fallen und regungslos am Boden liegenbleiben.

Von der Treppe aus hatte er den Zusammenstoß mit Entsetzen verfolgt, wie betäubt. Chaos, Blutvergießen und Terror waren innerhalb weniger Minuten ausgebrochen. Jetzt trieb ihn der Zorn, der zusammengerollt wie ein schlafendes wildes Tier in ihm auf der Lauer lag, um die Kirche herum zu dem Stück Brachland, von wo noch immer Steine geflogen kamen. Hier, wo der Boden mit herumliegenden Ziegeln, Mauerwerk und Brocken von Bauschutt bedeckt war, überkam ihn das Gefühl, als wüchsen seinem Zorn Flügel. Er hob auf, was er zwischen die Finger bekam, und schleuderte es den Soldaten entgegen. Mit jedem Stein, den er warf, löste sich etwas, was stumm und häßlich und gefährlich an den Wurzeln seines Seins gelegen hatte, und flog davon, befreit, auf bittere Weise befriedigend. Hustend und keuchend, mit vom Tränengas brennenden Augen schleuderte Tengo Stein um Stein, und jedesmal, wenn sie zischend ihren Bogen durch die Luft zogen, erfüllte ihn ein nie gekanntes Gefühl der Freiheit.

Jetzt kamen drei Soldaten auf den Flecken zugelaufen. Von irgendwoher hinter dem Platz peitschte ein einzelner Schuß, und einer der Soldaten fiel zu Boden.

Einen Augenblick lang stand Tengo wie erstarrt vor Überraschung. Wer in der Township besaß ein Gewehr? Wer war der Meisterschütze? Für Schwarze war es so gut wie unmöglich, sich Waffen zu beschaffen. Ihre einzige Waffe war ihr Zorn, oder Benzin mit Streichhölzern oder der Unrat, der griffbereit überall in ihrer verwahrlosten Umgebung herumlag. Wer war der einsame Heckenschütze? fragte er sich. Woher hatte er sein tödliches Geschoß abgefeuert?

Die beiden Soldaten beugten sich über ihren gefallenen Kameraden, aber aufgescheucht durch den einen Knall aus der Waffe des Heckenschützen tauchten zwei weitere Soldaten auf und feuerten eine Salve auf die Stelle, wo sich die Jugendlichen versammelt hatten.

»Rennt! Rennt! Rennt!« schrie jemand. Tengo ließ den Betonbrocken fallen, den er in der Hand hielt, und stürzte hinter die Kirche. Ein Schuß pfiff an seinem Knöchel vorbei und schlug in der Nähe seines Fußes in den Boden ein. Er rannte weiter. Er konnte das Gepolter schwerer Stiefel hinter sich hören. Er sprintete um eine Ecke, kam an einer Gruppe von Frauen vorbei, die Schüsseln in einen Eimer voll Wasser tauchten und sie dann über dem Kopf eines winzigen Kindes ausschütteten, das sich wegen des brennenden Tränengases die Augen rieb und vor Schmerzen schrie.

Beim nächsten Häuserblock führte ein schmaler Weg zwischen den Zäunen der Hintergärten hindurch. Tengo schlüpfte hinein und blieb stehen, um zu hören, ob er noch verfolgt wurde. Ihn durchfuhr der Gedanke, daß der Soldat, der hinter ihm her war, ihn möglicherweise für den Heckenschützen hielt. Er spähte um die Hausecke und sah, wie der Soldat mit den Frauen redete. Er raste weiter den Weg entlang, sprang über weggeworfene Matrazen, deren Füllung hervorquoll, über zerbrochene Möbel und umgestoßene Mülleimer, wich Stapeln von gebrauchten Autoreifen aus. Seine Augen schmerzten, seine Nase war erfüllt vom fauligen Gestank des herumliegenden Abfalls. Keuchend erreichte er wieder die Straße. Einen Augenblick blieb er stehen, um zu Atem zu kommen. Ein kleines Mädchen lief weinend vorbei, eine Tüte Milch an sich gepreßt. An seinem Gesicht tropfte Blut herunter. Hinter sich hörte Tengo erneut das Poltern schwerer Stiefel.

Er sah, daß sich der Weg auf der anderen Seite der Straße fortsetzte. Wieder begann er zu rennen, überquerte die Straße, tauchte ein in die schmale, düstere Gasse, versuchte dem herumliegenden Abfall auszuweichen, rutschte aus, stolperte. Es wurde jetzt dunkel. Er rannte weiter, in seinem Kopf hämmerte ein einziger Gedanke im selben Takt wie sein keuchender Atem: Sie dürfen mich nicht kriegen – nicht jetzt – nicht jetzt – nicht, wo ich die Chance habe, von hier wegzukommen... Seine Füße schienen während des Rennens die Worte aus dem Boden zu stampfen: Sie dürfen mich nicht kriegen – nicht jetzt – nicht jetzt...

Er kam zu den Außenbezirken der Township, wo sich die Häuser allmählich auf einem Stück Grasland verloren, auf dem ausgeschlachtete und rostende Autowracks herumlagen wie riesige Tierskelette. Am anderen Ende des Graslandes stand ein verlassener Schuppen aus Wellblech, der einst eine Reparaturwerkstätte gewesen war. Die Tür war verschlossen. Tengo warf sich dagegen. Sie sprang auf, er schob sich hindurch und schloß sie wieder hinter sich.

Drinnen war es düster. Fahles Licht fiel durch Fenster herein, die blind waren vor Schmutz. Er lehnte sich gegen die Tür, lauschte dem Schlagen seines Herzens, den rasselnden Atemzügen beim Luftholen. Nachdem seine Augen sich an die Dunkelheit gewöhnt hatten, entdeckte er einen Berg von Autoreifen und einen umgestoßenen Metallstuhl, an dem ein Bein fehlte. Ein paar schlaffe Säcke waren in einer Ecke neben einigen Autobatterien aufgestapelt. Er stand an der Tür und wartete darauf, wieder zu Atem zu kommen. Die Stimme in seinem Hinterkopf flehte »nicht jetzt – nicht jetzt«. Dann trat er zur Seite, stellte sich lauschend an die Wand. Hinter den aufgestapelten Säcken raschelte irgendein kleines Tier und erschreckte ihn. Aus dem Zentrum der Township ertönte der Lärm gelegentlicher Schießereien.

Er strengte seine Ohren an, lauschte auf irgendwelche Geräusche aus der Richtung seines Weges und fragte sich, ob er seinen Verfolger abgeschüttelt hatte. Etwas auf dem Boden in der Nähe des Fensters, neben einer Anzahl von Kerosinkannen, erregte seine Aufmerksamkeit. Er ging hin, hob es rasch auf und kehrte zu seinem Platz an der Wand neben der Tür zurück. Es war ein schweres, kurzes Metallstück, ein Stück einer zerbrochenen Brechstange. Er packte es fest mit der rechten Hand.

Sein Mund war trocken, seine Augen brannten noch immer. Dicht neben der Türangel wartete er, die Finger um die Metallstange gekrampft, jeden Nerv zum Zerreißen gespannt. Draußen herrschte Stille.

16

Plötzlich wurde die Tür mit einem Krachen aufgestoßen. Sie schwang zurück und versetzte Tengo einen Schlag gegen die Stirn. »*Kom buitekant, kaffir!*« schrie eine Stimme. »*Ek weet jy's daar!*« – »Komm raus, Kaffer! Ich weiß, daß du da bist!«

Gegen die Wand gepreßt, umklammerte Tengo die Eisenstange mit beiden Händen, er atmete kaum.

Ein Gewehrlauf erschien, schob sich an der geöffneten Tür vorbei. Vorsichtig machte der Soldat hinter dem vorgehaltenen Gewehr einen Schritt über die Schwelle. Ein weiterer Schritt brachte ihn an der Tür vorbei in den Raum. Da stand er – eine schattenhafte Gestalt, wachsam, regungslos.

Mit einer raschen Bewegung stieß Tengo die Tür mit dem Fuß zu, sprang vor, schwenkte die Eisenstange und schlug in der Dunkelheit wie wild um sich. Erschrocken schrie der Soldat auf, und mit einem häßlichen, dumpfen Geräusch traf die Eisenstange. Ein Stöhnen – der Soldat glitt zu Boden.

In der entstandenen Stille dachte Tengo: Ich habe ihn getötet. Ich muß weg von hier. Aber der Soldat lag vor der Tür. Während er noch immer die Eisenstange umklammerte, bückte sich Tengo, um die schlaffe Gestalt von der Tür wegzuziehen. Plötzlich sprach der Soldat. »Keine Bewegung, Kaffer.« Seine Worte klangen halb erstickt, undeutlich. »Keine Bewegung, oder ich schieße.«

Im Dämmerlicht des Schuppens sah Tengo, daß sich der Soldat auf einen Ellbogen gestützt hatte und nach seinem Gewehr tastete. Blitzschnell stieß Tengo das Gewehr mit dem Fuß außer Reichweite und hob es auf.

Der Soldat stöhnte und fiel zurück. Nun lag er auf der Seite. »O Gott . . .«, sagte er auf Afrikaans.

Das Gewehr in der einen Hand, die Eisenstange in der anderen, stand Tengo über ihm, entsetzt von dem, was er getan hatte. Der Gedanke an den dumpfen Aufprall, mit dem das Metall den Schädel des Soldaten getroffen hatte, erfüllte ihn mit Grauen. Wieder stöhnte der Soldat. »Töte mich nicht . . .«, murmelte er.

Töten? fragte sich Tengo. Wie könnte ich jemand töten? Aber . . . er hätte mich getötet.

Jetzt lag der Soldat unbeweglich und schweigend. Vielleicht habe ich ihn wirklich getötet, dachte Tengo entsetzt. Doch plötzlich rührte sich der Soldat wieder, ächzte. Erleichtert begriff Tengo, daß er nur ohnmächtig war.

Er hatte keine Ahnung, was er als nächstes tun sollte. Er mußte weg von hier. Aber das Gewehr . . . Wenn er es hierließ, würde der Soldat es wieder benützen – um jemand anderen zu töten. Und wenn er selbst mit einem Gewehr in der Hand nach draußen ging, würde ihn der erste weiße Soldat oder Polizist erschießen, den er traf.

Plötzlich fühlte er sich schwach, als würden seine Knie unter ihm nachgeben. Er setzte sich auf eine der Kerosinkannen und beugte seinen Kopf, bis das Gefühl der Übelkeit verging.

Der Soldat lag regungslos auf dem Boden, die Arme noch immer ausgestreckt, als würde er nach dem Gewehr tasten. Tengo steckte die Eisenstange in den Gürtel seiner Jeans und wog das Gewehr in der Hand; dabei versuchte er, es trotz der schwachen Beleuchtung genauer zu betrachten. Er hielt es, wie er andere hatte Gewehre halten sehen, krümmte seinen Zeigefinger am Abzug, den Lauf auf den Soldaten gerichtet. Er vermutete, daß der Hahn gespannt war, und dachte: Wenn ich abdrücke, wird es wahrscheinlich losgehen. Aber er war jetzt durch das Gewehr in einer verfahrenen Situation. Er konnte es weder mitnehmen noch dalassen, und er wollte es auch nicht benützen – obwohl Joseph oder Elijah vermutlich keine derartigen Skrupel gehabt hätten.

Der Soldat rührte sich nicht. Das Käppi war ihm beim Fall vom Kopf geflogen und lag daneben auf dem Boden. Sein Gesicht befand sich im Schatten, aber beim trüben Licht, das durch das schmutzige Fenster hereinsickerte, konnte Tengo seinen Schädel sehen, der mit kurzgeschnittenem, hellblondem Haar bedeckt war, dem gelben Haar der Buren. Jetzt regte sich der Mann. Tengo umklammerte das Gewehr fester. Der Soldat bewegte den Kopf, stützte sich auf die Ellbogen, murmelte etwas Unverständliches und setzte sich schwankend auf. Er schloß die Augen und griff sich an den Kopf. »Wo bin ich? . . . Was ist passiert? . . .«, murmelte er vor sich hin. Er öffnete die Augen und sah seinen Bewacher einen Meter entfernt sitzen. Tengo beobachtete jede seiner Bewegungen. »*Eina!*« stöhnte er. »Mein Kopf . . .« Er bewegte seine Augen und sah den auf sich gerichteten Gewehrlauf. »O Gott . . .«, stöhnte er wieder und sank auf den Boden zurück.

Beim Klang der Stimme regte sich etwas in Tengo, lauerte direkt unter der Oberfläche seiner Erinnerung etwas Furchtbares. Tiefe Angst erfüllte ihn, als wäre alles, wovor er die ganze Zeit weggelaufen war, wovor ihn Schule und Lernen bewahren sollten, hier anwesend, in dieser Hütte, bei ihm und dem weißen Soldaten. Er fühlte, wie es sich in ihm regte. Er konnte es beinahe schmecken, bitter und metallisch. Das erstemal, als Tengo diesen Geschmack in seinem Mund gespürt hatte, war er davor weggelaufen, war er an einem kalten Wintertag über das Grasland gelaufen. Er erinnerte sich, daß an jenem Morgen drei Geier am Himmel hingen. Er und Frikkie hatten ihnen zugesehen. Es war ein Geschmack gewesen, den er damals nicht hatte erklären können. Aber im gleichen Winter hatte er ihn noch einmal gespürt. Er war in ihm hochgestiegen, hatte seinen Mund gefüllt und ihn beinahe erstickt, als ein Mädchen mit rotem Haar und blassen Sommersprossen auf der weißen Haut den alten Ezekiel beleidigt und mit ihm geredet hatte, als sei er ein Hundebastard und nicht einer der Stammesältesten.

Jetzt murmelte der Soldat wieder etwas; ruhelos bewegte er den Kopf, seine Wange und sein Profil schimmerten schwach im fahlen Licht. Tengo saß auf der umgestülpten Kanne, beobachtete ihn und spürte, wie seine Handflächen feucht wurden, wie sie schwitzten, wo sie den Gewehrkolben umklammerten. Der Soldat lag mit geschlossenen Augen zu seinen Füßen. Tengo ließ sich auf die Knie fallen und beugte sich über die hingestreckte Gestalt, er strengte seine Augen an, um das Gesicht zu erkennen. Sein Herz begann wie verrückt zu schlagen, er spürte, wie alles Blut aus seinem Gesicht wich, er fröstelte. Er fiel auf die Fersen zurück, die Zunge in seinem trockenen Mund war wie gelähmt, die Kehle zugeschnürt, kein Ton wollte herauskommen. Dann stieß er rasselnd den Atem aus. »Frikkie«, flüsterte er.

Ruckartig setzte sich der Soldat auf und blickte verwirrt um sich.

»Frikkie«, sagte Tengo noch einmal.

»Wieso kennst du meinen Namen? Wer bist du, Kaffer?« sagte der Soldat erschrocken, zog ein Knie an und schob sich über den Boden nach hinten zur Wand.

Tengo verharrte schweigend. Jetzt beugte sich der Soldat nach vorn. Eine Quetschwunde zeichnete sich dunkel entlang seiner einen Gesichtshälfte ab, ein Auge war zugeschwollen. Mit schmerzlich verzogenem Gesicht beugte er sich noch weiter vor. »O nein ... Mein Gott, es darf nicht wahr sein. Oder doch? Tengo?« fragte er mit schwacher Stimme.

Tengo stand jetzt, das Gewehr hing schlaff in seiner rechten Hand, der Lauf wies auf den Boden.

»Tengo, *so waar* – bist du es?« fragte der Soldat heiser.

»Ich bin es.«

»Was machst du hier? Willst du mich umbringen? Oh, mein Kopf ...« Wieder stöhnte er. »Mir ist so schlecht.« Er zog beide Knie an, lehnte die Stirn dagegen und wartete, bis die Welle der Übelkeit vorüber war.

Als hätten sie ein eigenes Erinnerungsvermögen, durchlebten Tengos Hände noch einmal den Schlag, der sich durch die Eisenstange vom Schädel des Soldaten bis in die Finger fortsetzte. Immer wieder spürte Tengo die Wucht des Schlages, jedesmal von Entsetzen erfüllt, daß es Frikkies Schädel war, auf den seine Hände die Stange hatten niedersausen lassen.

»... solchen Durst ... einen Schluck Wasser«, murmelte Frikkie.

»Hier gibt es keines«, sagte Tengo rauh.

Mühsam klopfte Frikkie auf seine Hüfte. »Hier.« Tengo sah eine am Gürtel befestigte flache Wasserflasche. Er klemmte sich das Gewehr unter den Arm, schnallte die Flasche ab, schraubte sie auf und hielt sie

Frikkie hin, dessen Kopf noch immer auf den Knien lag. Frikkie machte keinerlei Anstalten, sie entgegenzunehmen.

»Hier, heb den Kopf.« Tengo hielt ihm die Flasche an den Mund, und Frikkie trank, wobei etwas von dem Wasser über sein Kinn floß. Er wischte es mit seinem Ärmel ab. »Danke, Tengo.«

Jetzt hob Tengo die Flasche und trank und befeuchtete seinen trockenen Mund. Er schraubte den Verschluß zu und legte die Flasche auf den Boden. Dann setzte er sich wieder auf die Kerosinkanne, das Gewehr über den Knien.

»Ich kann nicht aufrecht sitzen. Ich muß mich irgendwo anlehnen«, murmelte Frikkie. Er kroch ein paar Meter weit und lehnte sich mit dem Rücken gegen die aufgestapelten Säcke. Sie raschelten, als seien sie mit Stroh ausgestopft.

Im Schuppen herrschte Stille. Draußen war der volle Mond aufgegangen, sein reiner, fahler Glanz schien die Schäbigkeit der Township zu verhöhnen. Er warf einen Streifen aus eisblauem Licht auf den Fußboden. Im Schatten waren der helle und der dunkle Kopf ein paar Meter voneinander entfernt zu erkennen.

Nach einer Weile sprach Frikkie. »Tengo. Du bist es wirklich, Tengo. Ich kann es nicht glauben. Hier sind wir wieder – Tengo und Frikkie. Ich wußte, daß du in der Nähe von Johannesburg lebst, deine Mutter hat es mir gesagt. Aber ich wußte nicht, daß *dies* deine Township ist.«

Eine Welle von Feindseligkeit und Bedauern übermannte Tengo; er antwortete nicht.

Frikkie rieb sich die Schläfe und betastete sein geschwollenes Auge. »Mann, womit hast du mich bloß geschlagen? Mein Kopf fühlt sich an, als sei er zerschmettert.«

»Was sollte ich sonst tun?« platzte Tengo heraus. »Du hattest das Gewehr.«

Es ist Tengo, dachte Frikkie im stillen. Wenn ich das bloß gewußt hätte ... Aber als ich sah, daß es Pieter Uys war, der da mit einer Kugel im Kopf lag ... Pieter – vielleicht ist er tot. Frikkie stöhnte laut auf. Ich dachte, der Kaffer, den ich wegrennen sah, sei der Killer. Und jetzt sind wir hier, wir beide – ich und Tengo. Jetzt hat er mein Gewehr. Es ist geladen und entsichert, er kann mich töten, wenn er will. Niemand weiß, daß ich hier bin. *Tengo kann mich töten.* Aber ich hätte ihn auch töten können ... Gott ... mein Kopf! Möglicherweise hat er mir den Schädel zertrümmert. Er haßt mich. Wir sind Feinde. Wie ist das nur möglich, daß Tengo und ich Feinde sind? Wir haben seit unserem dritten Lebensjahr miteinander gespielt.
– Der Gedanke an Oom Koos und die Farm tauchte in ihm auf und erfüllte ihn mit Sehnsucht.

»Tengo?«

»Was?«

»Erinnerst du dich an den Sommer, in dem ich dir das Schwimmen beigebracht habe?«

Tengo antwortete nicht.

»Erinnerst du dich daran, Tengo?«

»Ja. Und?«

»Nichts und. Es ist mir nur gerade eingefallen, das ist alles.«

Auch Tengo erinnerte sich – an den Spaß, das Herumwälzen und Spritzen, an die Angst, als er dachte, er würde untergehen, bis er wunderbarerweise unter Frikkies geschrienen Anweisungen und seinem Zureden plötzlich schwamm und sich vom Wasser getragen fühlte. Aber er durfte nicht an diese Zeit denken. Er spürte, wie er schwach wurde, wie er den Halt verlor, wenn er sich der Erinnerung hingab. Sein Zorn kehrte wieder.

»Du konntest mir das Schwimmen nur aus dem einzigen Grund beibringen, weil du zur Schule gingst, kostenlos, und dort Schwimmen gelernt hattest. Da waren wir beide, zwei Jungen im selben Alter, und *alles* war für dich da, weil du weiß bist, und nichts für mich, weil ich schwarz bin. Was glaubst du, was das für ein Gefühl ist? Und als wir uns damals am Baum gemessen haben, warst du größer als ich. Und du hast mir gesagt – du hast mir gesagt, ich soll mehr Mielie-Brei essen«, sagte er erbittert.

Frikkie schwieg, er war von dem Gefühlsausbruch schockiert. »Es tut mir leid, Tengo«, sagte er nach einer Weile. »Ich wollte damit überhaupt nichts sagen. Ich habe mich nur erinnert, das ist alles – an den Fluß, an das Kühemelken, und wie wir immer vor Sissie weggelaufen sind.«

»Sie war ein wirkliches Biest, deine Schwester«, sagte Tengo knapp. Er saß mit dem Gewehrlauf quer über dem Schoß, die Waffe fest umklammert.

»Sie ist noch immer eine Landplage. Sie macht jetzt eine Lehre als Anwaltssekretärin.«

»Ja«, sagte Tengo. »Und meine Schwester, Tandi – was bleibt der übrig? Sie hatte Tuberkulose. Worauf kann sie sich freuen? Dienstmädchen im Haus deiner Tante zu werden, den Dreck weißer Leute wegzuräumen . . .«

Frikkie lehnte zusammengekauert an den Säcken. Durch Kopf und Gesicht pulsierte der Schmerz. Er fühlte sich von Tengos Zorn in die Enge getrieben. Seine Worte entsetzten ihn. Es waren verbotene Worte, Worte, die zwischen Schwarz und Weiß nicht ausgesprochen werden durften. Dies war das drittemal, daß seine Einheit angefordert worden war, um Township-Krawalle zu unterdrücken, und er war nie auf den Gedanken gekommen, daß unter den schreienden, aufgebrachten, schwarzen Gesichtern der Menge, auf die mit scharfer Munition, mit Gummigeschossen, Schrot und Tränengaspistolen zu zielen man ihm beigebracht hatte, auch Tengos Gesicht sein könnte. Sie wissen nicht, wieviel Angst wir haben, dachte er, wenn wir von den Lastern herunter in eine wabernde Menge von Zivilisten springen müssen. Sie ist schwammig und unheimlich – Frauen und Mädchen in ihren Kleidern, Schulkinder, alte Menschen. Das ist kein . . . kein klarer, harter Kampf, bei dem bewaffnete, uniformierte Soldaten gegeneinander kämpfen. Begreifen sie nicht, wie beängstigend es ist, in diese schwammige Masse aus Haß und Gewalt eindringen zu müssen? Sie sind so viele und wir so wenige, selbst wenn wir Stöcke und Gewehre haben. Jetzt hat Tengo das Gewehr – und er könnte mich töten. Tengo könnte mich töten. – Doch sogar als er das dachte, wußte er, er könnte es nicht glauben. Er und Tengo . . .

Sein Mund . . . er war so trocken, daß er seine Zunge gegen den Gaumen schnalzen hörte. »Tengo, gib mir einen Schluck Wasser.«

Tengo stellte die Wasserflasche neben ihn und setzte sich wieder. Was soll ich tun? fragte er sich selbst. Die Dunkelheit im Schuppen verdichtete sich, der kleine Raum umschloß sie immer enger.

Frikkie trank ein wenig Wasser und legte die Flasche hin. »Tengo, du bist so wütend, so unheimlich wütend auf mich. Aber was habe *ich* denn getan, Mann? Ich wollte nicht in die Armee. Ich hatte keine andere Wahl, es ist Gesetz. Ich wollte nicht in die Township geschickt werden. Was soll ich tun? Ich muß dorthin gehen, wohin man mich schickt.«

»Ja. Das ist richtig. Wenn sie dir befehlen, hinzugehen und kleine Kinder zu erschießen, unbewaffnete Zivilisten umzubringen – du bist ein guter Südafrikaner, du tust, was man dir befiehlt.«

»Herrgott, Tengo, glaubst du denn, mir gefällt das, was ich tue! Ich schwöre dir, Mann, ich wäre viel lieber auf der Farm, würde mit den Tieren arbeiten oder den Traktor in die Getreidefelder fahren. Jede Nacht vor dem Einschlafen denke ich an die Farm und stelle mir vor, was ich tun würde, wenn ich dort wäre.«

»Was hast du denn gedacht, was du in der Armee tun

müßtest – Kühe melken? Du weißt verdammt gut, wozu eine Armee da ist.«

»Ich dachte nicht daran – glaub mir. Ich wußte, ich muß meine zwei Jahre Militärdienst ableisten, sie hinter mich bringen, um nachher bei meinem Onkel als Farmer arbeiten zu können. Wenn ich überhaupt darüber nachgedacht habe, dann glaubte ich, ich müßte vielleicht gegen die Guerillas an der Grenze zu Angola kämpfen. Ich wußte nicht, daß man uns in die Townships schicken würde, um Kinder zurück in die Schulen zu scheuchen. Uns trifft keine Schuld, Tengo. Such sie bei diesen Agitatoren, die in die Townships gehen und Unruhe stiften.«

»Du glaubst all diesen Unsinn«, sagte Tengo verächtlich. »Die betreiben in der Armee mit euch Gehirnwäsche, das ist es. Agitatoren! Was du Agitatoren nennst, sind nur Leute, die uns zeigen, was wir längst wissen: daß unser Schulsystem so angelegt ist, daß wir euch immer unterlegen bleiben, daß schwarze Kinder verhungern und unsere Eltern wie Dreck behandelt werden. Agitatoren *machen* keine Schwierigkeiten, die Schwierigkeiten sind bereits da! Sie zeigen uns, daß wir uns nicht damit abfinden brauchen, daß wir versuchen können, die Dinge zu verändern. Das ist wieder eine dieser Lügen, die die Weißen in die Welt setzen – daß Agitatoren für die Unruhen in den Townships verantwortlich sind.«

Frikkie wich vor Tengos Zorn zurück, er drückte sich gegen die Säcke, als könnte er dadurch der Wucht der Worte ausweichen, die auf ihn niederprasselten.

»Die Weißen brauchen keine Agitatoren; aber wenn dein Vater und deine Mutter in einer Hütte leben und die meiste Zeit Getreidebrei essen würden, und wenn deine kleine Schwester Sissie Tbc hätte, fändest du dann irgend etwas daran falsch, wenn jemand käme und dich darauf hinwiese, daß man dir kein anständiges Leben zu führen erlaubt? He, fändest du das falsch?«

»Tengo, mein Onkel und meine Tante sind gut zu ihren Arbeitern. Mein Onkel hat Tandi nach Doringkraal gefahren, als sie zum Arzt mußte. Er hat ihre Behandlung bezahlt.«

»Sicher«, sagte Tengo. »Er wollte verhindern, daß einer der anderen Arbeiter auch Tbc bekommt.«

»Du bist ungerecht, Tengo. Oom Koos ist besser als viele andere Farmer.«

»Du verstehst nicht, Frikkie, nicht wahr? Vielleicht können die Weißen einfach nicht verstehen. Wir wollen eure Großzügigkeit nicht. Wir gehören euch nicht. Wir sind weder eure Kinder noch eure Sklaven. Wie kann ich dir das begreiflich machen? Hör zu, was glaubst du, wie mir zumute war, als ich eines Tages in die Küche auf der Farm kam und deine kleine Schwester sah, die viel jünger war als ich und trotzdem besser lesen konnte als ich? Wie, glaubst du, war mir da zumute?« Er hätte Frikkie am liebsten bei den Schultern gepackt und geschüttelt. Nicht wegen des ihm angetanen Unrechts, sondern weil er nicht verstand. »Und deine Mutter, die Tandi immer Sissies alte Puppen und Kleider schickte . . .«

»Wäre es besser gewesen, sie hätte nichts geschickt?« unterbrach Frikkie ihn.

»Es wäre besser gewesen, mein Vater hätte einen anständigen Lohn für eine harte Tagesarbeit bekommen. Dann hätte er diese Dinge selbst kaufen können. Was meinst du, was das für ein Gefühl war, wenn wir draußen im Hof Fußball spielten und deine Tante dich hineinrief zu einem schönen Mittagessen mit Fleisch und Kartoffeln, von meiner Mutter gekocht – und ich bekam ein bißchen Tee und Brot und vielleicht ein paar Reste, draußen im Hinterhof? Hast du denn nie daran gedacht, daß ich mich fragen könnte, wieso du das Recht auf einen vollen Magen hast, während dein schwarzer Freund draußen im Hof noch immer hungrig war? Jawohl, hungrig! Weißt du, wie das ist, Hunger zu haben – Tag um Tag?« Er hob die Stimme. »Viele schwarze Kinder wissen das.«

»Das ist nicht gerecht, Tengo! Du kannst nicht *mir* die Schuld an allem geben, was in unserem Land falsch ist.«

»Dafür gebe ich dir auch nicht die Schuld«, sagte Tengo. Plötzlich fühlte er sich erschöpft. »Ich gebe dir die Schuld dafür, daß du es nicht weißt. Daß du es nicht wissen *willst*.«

Erneut prallte Frikkie unter der Gewalt von Tengos Worten zurück. Er war überfallen worden, nicht nur körperlich, sondern von der Unbarmherzigkeit der Anschuldigungen. Der kleine Schuppen schien sich immer enger um ihn zu schließen. Es gab kein Entrinnen vor Tengos Zorn, der immer wieder aufwallte und Frikkie durchrüttelte.

»Hast du denn nie darüber nachgedacht!« Tengo schrie es, unvermittelt brach das Gefühl der erlittenen Ungerechtigkeit, das in all den Jahren stillgehalten hatte, aus ihm heraus.

»Bei Gott, Tengo«, sagte Frikkie. Er sprach langsam und suchte nach Worten, um Tengo über den Abgrund hinweg zu erreichen, der offen zwischen ihnen lag. »Es war das einzige, was ich kannte. Ich schwöre dir, ich dachte nie, es könnte anders sein . . .«

»Nun, das ist jetzt Pech für dich, nicht wahr? Du bist zu spät darauf gekommen. Jetzt siehst du, daß es anders sein kann. Hier liegt Frikkie am Boden, und hier ist Tengo mit dem Gewehr. Es ist alles umgedreht, hörst du? Hörst du!« Zum erstenmal gab ihm jetzt das Gewehr in seiner Hand ein Gefühl der Macht. Ihm wurde beinahe schwindlig, eine Welle der Erregung erfaßte ihn, als ihm klar wurde, daß nicht er es war, der Erbarmen brauchte, sondern Frikkie. »Und Frikkie, das ist nur der Anfang«, sagte er leise. »Was du hier lernst, werden alle deine Leute lernen müssen. Und auch ihnen wird diese Lektion gar nicht gefallen. Ihr seid alle gleich – keiner von euch will nachdenken.« Sein Triumphgefühl schwoll, und er spürte eine grimmige Befriedigung über den Schlag, den er Frikkie vorhin versetzt hatte.

»Tengo, hör mir zu. Wie sollte ich auf den Gedanken kommen, es könnte anders sein? Alle – meine Ma, mein Pa, mein Onkel und meine Tante, meine Lehrer, die Vorgesetzten in der Kirche – sie alle haben mich gelehrt, daß die Dinge so, wie sie sind, ihre Ordnung haben. Warum hätte ich das nicht akzeptieren sollen? Und jetzt beschuldigst du mich. Ich habe nie etwas Falsches getan. Das hat alles nichts mit mir zu tun!« Dadurch, daß er seine Stimme erhob, verstärkte sich der Schmerz in seinem Kopf. Aus seinem rechten Auge konnte er kaum noch schauen. »Tengo«, fuhr er fort, »verstehst du denn nicht? Das alles hat vor langer Zeit begonnen, lange bevor du oder ich geboren wurden. Du kannst mich nicht dafür verantwortlich machen, daß ich weiß geboren wurde. Es hat nichts mit mir zu tun.« Er lehnte sich zurück gegen die aufgestapelten Säcke. In seinem Kopf tobte der Schmerz. Er fürchtete, wieder ohnmächtig zu werden, und schloß die Augen.

Tengo schwieg eine Weile. Dann sagte er: »Du irrst dich. Du hast etwas Falsches getan.«

Frikkie öffnete die Augen. »Und was habe ich getan?« fragte er trotzig.

»Du hast nicht *verstanden*, daß etwas nicht in Ordnung war, das ist es, was du getan hast. Du erinnerst dich nicht, aber ich erinnere mich. Deine Tante ließ uns einmal Milch und Kuchen in den Hof hinausbringen, weil wir beide schmutzig waren und sie nicht wollte, daß du ins Haus kommst. Du bekamst eine hübsche Tasse und einen Teller mit aufgemaltem Blumenmuster, und ich bekam einen Blechbecher und einen Blechteller. Sag mir, was sollte ich von mir selbst denken – daß ich minderwertige Behandlung erfuhr, weil ich minderwertig war? Ich *fühlte* mich nicht minderwertig, aber ich begann zu überlegen – nun, vielleicht war ich es doch . . .«

»Sie hat dir nicht weniger gegeben als mir«, protestierte Frikkie. »Wir bekamen beide die gleiche Portion.«

»Du begreifst noch immer nicht«, sagte Tengo. Obwohl er das Gewehr in der Hand hatte, fühlte er sich jetzt von seiner eigenen Unfähigkeit besiegt, Frikkies Unbelehrbarkeit aufzubrechen, die Kruste aufzusprengen. Es war, als versuche man, einen fest verankerten Felsen zu bewegen. »Du begreifst noch immer nicht«, sagte er müde, »du begreifst nicht, daß dein Fehler darin lag, nicht zu bemerken, daß etwas nicht stimmte. Das ist eine Sünde, auch wenn eure Buren-Priester das in ihren Gottesdiensten nicht predigen. Und jetzt ist dieses Unrecht gewachsen und gewachsen, und es ist so groß, so riesig, daß es nicht mehr zurückgehalten werden kann. Und das ganze Land ist in Gefahr wegen all dieses Unrechts, das Leute wie du nicht erkennen konnten.«

Der Schmerz in Frikkies Kopf war so heftig, daß er sich mit geschlossenen Augen zurücklehnte und leise stöhnte.

»Tut dein Kopf sehr weh, Frikkie?«

Wieder stöhnte Frikkie.

Jetzt, befreit von seinem Zorn durch die Worte, die er Frikkie entgegengeschleudert hatte, empfand Tengo Mitleid. Aus dem Soldaten war wieder Frikkie geworden, nicht nur ein Feind, mit dem er sich maß. »Möchtest du noch mehr Wasser, Frikkie?«

»Nein.«

Er war so still, daß Tengo sich fragte, ob er wieder ohnmächtig geworden war. – Nun habe ich ihn und seine Verwandtschaft beschuldigt, die Dinge so akzeptiert zu haben, wie sie waren, dachte er, aber meine eigenen Eltern waren ja ebenso unkritisch. Sie akzeptierten die Mühsal, die Armut, die Ungerechtigkeit. Sie dachten gar nicht daran, daß es andere Möglichkeiten gab. Wenn mich das bedrückte, sagten sie, ich sollte keine derartigen Fragen stellen, ich sollte die Dinge so lassen, wie sie sind, und versuchen, innerhalb der gegebenen Grenzen das Beste daraus zu machen, genauso wie Frikkies Tante und Onkel diese Grenzen akzeptierten. Weshalb sollte Frikkies Volk also die ganze Schuld treffen? Er streichelte die glatte, harte Oberfläche des Gewehrkolben. Doch vielleicht gibt es eine Entschuldigung für meine Eltern, für meine Onkel und Tanten, dachte er, denn sie sind die Opfer . . . Nein, selbst das ist keine Entschuldigung, denn sobald jemand erkennt, daß ihm Unrecht geschieht, ist dieser Mensch in gewisser Weise kein Opfer mehr. Das war etwas, was er gerne mit Joseph besprochen hätte. Falls er jemals wieder aus diesem gräßlichen kleinen Schuppen herauskam.

»Tengo . . .«

»Was?«

»Erinnerst du dich an den Tag – es war der Geburtstag von Oom Koos –, als meine Kusine Annetjie, die mit dem roten Haar und den Sommersprossen, damit drohte, dir Schwierigkeiten zu machen, weil du ihr beinahe eine Ohrfeige gegeben hättest? Ich bin zu ihr gegangen und habe sie und die anderen schwören lassen, dich nicht zu verpetzen. Ich habe Sissie meine schönste Murmel gegeben, um sie zu bestechen. Sie war rot und grün, ich kann mich noch gut erinnern.« Er lachte kurz auf.

»Was soll ich dazu sagen, Frikkie?« Der Anflug von Mitgefühl, den er empfunden hatte, verflüchtigte sich. »Soll ich jetzt meine Hände aneinander legen und sagen: ›Vielen Dank, Kleinbaas‹? Vielen Dank, daß du für mich getan hast, was ein Freund für den anderen tut, nur damit du dir toll vorkommen kannst, weil ich schwarz bin und du weiß? Was du getan hast, hat etwas mit Freundschaft zu tun, nicht mit der Hautfarbe. Und obwohl ich dein

Freund war, hast du keinerlei Unrecht darin gesehen, daß dieses Mädchen den alten Ezekiel *Boy* nannte und ihm befahl, ihre Schweinerei aufzuräumen – ohne Achtung vor seinem Alter, ohne Achtung vor einem unserer Stammesältesten. Und ich soll also jetzt sagen: ›Danke, Kleinbaas‹?«

Frikkie wußte nichts darauf zu antworten. Er ist ungerecht, dachte er. Er rechnet uns nichts von den Dingen an, die in Ordnung waren.

Nun herrschte Schweigen zwischen ihnen, jeder hing seiner eigenen Version dessen nach, was einst zwischen ihnen gewesen war. Als erster sprach Frikkie. »Tengo.«

»Was?«

»Du bist ungerecht.«

»Was meinst du damit – ungerecht?«

»Sieh doch einmal, wie es für mich ist. Erinnerst du dich an den Tag – wir halfen meinem Onkel beim biltong-Machen, und wir redeten vom Großen Treck ...«

»Und davon, daß deine Vorfahren meine Vorfahren umgebracht haben.«

»Laß mich ausreden, Tengo. Meine Vorfahren flohen mit dem Treck vor der britischen Herrschaft ins Unbekannte, in die Wildnis. Es waren tiefreligiöse Menschen. Sie reisten mit dem Gewehr in der einen Hand und mit der Bibel in der anderen. Sie glaubten daran, daß es Gottes Wille war, daß sie nach Norden zogen und sich im Gelobten Land niederließen.«

»So konnten sie nur empfinden, wenn sie die Schwarzen, die seit Jahrhunderten dort gewesen waren, nicht als menschliche Wesen betrachteten. Und genauso haben sie uns seit damals behandelt.«

»Tengo, meine Familie besitzt und bearbeitet die Farm schon seit Generationen. Wir haben ein Recht darauf. Sie gehört *uns*.«

»Frikkie, dieses Land gehörte meinem Volk schon

lange, ehe die Weißen überhaupt nach Südafrika kamen. Aber es hat keinen Sinn, darüber zu streiten. Wir waren zuerst hier. Ihr seid jetzt hier. Und jetzt erheben wir Anspruch auf das, was rechtmäßig uns gehört.«

»Wieso solltet ihr das Recht haben, meiner Familie Land wegzunehmen, für dessen Erhaltung sie so hart gearbeitet hat!« Frikkie raffte seine ganze Kraft zusammen, um zu schreien. Dann lehnte er sich wieder mit hämmernden Kopfschmerzen gegen die Säcke.

»Ihr habt es uns weggenommen«, sagte Tengo unversöhnlich. »Und die ganze Arbeit wurde von Schwarzen verrichtet. Jetzt ist die Zeit gekommen, daß wir es uns zurückholen.«

»Aber was wird aus uns! Wohin können wir gehen? Wollt ihr uns vielleicht ins Meer werfen! Es gibt keinen anderen Platz für uns – dies ist auch unsere Heimat!«

»Wir wollen nicht, daß die Weißen gehen. Wir wollen nur unseren gerechten Anteil.« Angesichts des bittenden Frikkie überkam Tengo wieder das Gefühl der Macht. Er beugte sich zu der Gestalt auf der anderen Seite des Mondlichtstreifens hinüber. »Dein Onkel, der Oubaas, wird alt, Frikkie. Er wird irgendwann sterben. Und du glaubst, du bekommst die Farm.«

»Ich *weiß* es«, sagte Frikkie böse. »Er war beim Notar. Er hat sein Testament unterzeichnet. Er hinterläßt mir die Farm!«

Tengo schwieg. Dann sagte er: »Sie wird dir nie gehören!« Er schleuderte die Worte heraus, als wären sie Geschosse. »Wir werden dieses Land übernehmen«, sagte er langsam. »Und die Farm deines Onkels wird denen gehören, die für ein paar Rand und ein paar Säcke voller Getreide die ganze Arbeit geleistet haben, sie wird denen gehören, die ihre Rücken gekrümmt haben, damit deine liebe Tante in ihrem Wohnzimmer mit Häkeldeckchen auf dem Tisch sitzen und Tee trinken kann aus den Tassen mit aufgemaltem Blumenmuster. Und ich werde dir noch etwas sagen, Frikkie. Die Wahrscheinlichkeit ist viel größer, daß deine Schwester Sekretärin bei einem schwarzen Rechtsanwalt wird, als daß *meine* Schwester in der Küche deiner Tante als Dienstmädchen arbeitet.« Die Worte erfüllten ihn mit derselben süßen Befriedigung, die er auf dem Gesicht des Oubaas gesehen hatte, als dieser beobachtete, wie die von ihm aufs Korn genommenen Wildenten von seinen Schrotkugeln getroffen zu Boden stürzten.

In Frikkie stieg eine Angst auf, die schwerer zu ertragen war als der Schmerz in seinem Kopf. Was, schrie es in seinem Innern auf, was würde aus ihnen allen werden? Was würde aus seinen Eltern werden? Tengo würde ihn töten. Er würde tot sein, und Sissie würde im Büro eines Schwarzen arbeiten. Alles war schiefgegangen. Pieter Uys war tot. Alles war zerstört. Weshalb mußte es so kommen? Ratlosigkeit überwältigte ihn. Er wollte verstehen, aber es war zu verwirrend für ihn. Er hatte nichts weiter gewollt, als lebend aus der Armee herauszukommen und den Rest seines Lebens auf der Farm zu verbringen. Er wollte niemandem etwas Böses. »Warum haßt du mich!« rief er und schob sich von den Säcken weg. »Ich habe dir nie etwas Böses getan. Wir waren Freunde. Ich habe noch immer diesen roten Tonstier, den du gemacht hast. Er steht auf der Kommode in meinem Zimmer auf der Farm.«

Mit der Erwähnung des roten Tonstiers überfiel Tengo die Erinnerung an den schmiegsamen rohen Ton in seinen Händen, an das Schmatzen und Platschen, wenn er ihn mit den Fingern am Flußufer ausgegraben hatte. Er roch die frische Luft des Graslandes, er empfand den Gleichklang des Taubengurrens in den Blaugummibäumen mit dem Schlag seines Herzens. Langsam begann seine heftige Feindseligkeit gegenüber Frikkie zu schwinden wie Staub, der von einem Sommerregen fortgespült wird, und er saß schweigend, beschämt darüber, daß er jemandem so zusetzte, den er bereits schwer verletzt hatte.

Nach einiger Zeit fragte er schüchtern: »Frikkie, ist die Dürre schon gebrochen?«

Frikkie konnte spüren, wie sich seine Glieder, die Muskeln in seinem Nacken und an seinen Kiefern entspannten. »Nein. Wir warten noch immer auf den Regen. Um die Farm ist es schlecht bestellt, Tengo. Mein Onkel mußte ein Darlehen von der Bank aufnehmen. Er sagt, er ist ruiniert, wenn der Regen nicht bald kommt.«

»Was wird dann aus dir?«

»Ich werde diese Farm durch Dürre und Überschwemmung bringen.«

»Frikkie?«

»Ja?«

»Die Dinge in diesem Land sind nicht mehr, wie sie früher waren. Das mußt du doch sehen.«

»Das kann ich sehen, Tengo.« Er stieß ein kurzes Lachen aus. »Ich kann sehen, daß du das Gewehr hast und ich mit kaputtem Schädel vor dir auf dem Boden liege. Ich kann sehr wohl sehen, daß es nicht mehr so ist wie früher. Ein Vetter meines Vaters, der in der Nähe der Grenze zu Simbabwe eine Farm bewirtschaftet, wurde zusammen mit seiner Frau und seinem Kind schwer verletzt, als ihr Wagen auf der Straße in die Stadt über eine Mine fuhr. Ich weiß, was auf uns zukommt. Aber ich werde die Farm nicht aufgeben. Ich werde mit allen Mitteln darum kämpfen.«

»Das werden wir auch.«

Über dem Schuppen war der Mond höher gestiegen und hatte den Lichtstreifen mit sich genommen; er war zu einem Silberfleck unter dem Fenster zusammengeschrumpft.

»Frikkie, ich mag keine Gewalt . . .«

»Warum warst du dann mit diesem gewalttätigen Mob draußen auf der Straße? Du hast doch Steine geworfen, oder? Irgend jemand von euch hatte ein Gewehr. Ein Freund von mir wurde angeschossen – möglicherweise ist er tot. Ich bin dir nachgerannt, denn ich sah dich so schnell weglaufen, daß ich dachte, du wärst derjenige mit dem Gewehr. Und du erzählst mir, du magst keine Gewalt.«

»Ein Freund von dir ist angeschossen worden . . . Weißt du, wie viele Schwarze im letzten Jahr getötet worden sind? Hunderte und Aberhunderte! Was ist los mit dir, Mann? Kannst du nicht sehen, daß alle Gewalt bei den Weißen anfängt, bei der Polizei, bei der Armee . . .«

»Wir müssen die Ordnung aufrechterhalten, Tengo.«

»Aber ihr stellt euch nie die Frage: Was ist der Grund für die Unordnung? Kannst du nicht einsehen, daß alle Gesetze und Verordnungen, die uns unterdrücken, eine Art von Gewalt sind?«

»Das geht mich nichts an, Tengo. So ist das Gesetz. Ich stelle keine Fragen. Meine Pflicht ist es, das Gesetz aufrechtzuerhalten. Ich habe keine andere Wahl.«

»Du hast wohl eine andere Wahl. Manche weigern sich, Militärdienst zu leisten. Die Leute, für die meine Tante in Johannesburg arbeitet, haben zwei Söhne. Beide haben lieber das Land verlassen, als zur Armee zu gehen, die auf die schwarze Zivilbevölkerung schießt.«

»Die Leute, die fortgehen, kümmern sich nicht um ihr Land«, sagte Frikkie verächtlich. »Das sind Feiglinge und Verräter. Ich werde nie weggehen.«

»Es gibt auch Weiße, die auf unserer Seite arbeiten, die dieses Land mit den Schwarzen teilen wollen.«

»Auch das sind Verräter«, sagte Frikkie.

Es hat keinen Sinn, dachte Tengo. Ihm schien jetzt, daß nicht die Schwarzen die Opfer waren, sondern vielmehr Frikkie und Weiße seinesgleichen – gefangen und in die Ecke getrieben durch ihre eigene Engstirnigkeit. Solange es um Farmarbeit geht, verstehen sie die Gesetze der Natur, überlegte er. Ihm fiel ein, daß der Oubaas ihm einmal vor langer Zeit, als er noch ein kleiner Junge war und die Küken gefüttert hatte, erklärte, daß im Käfig gehaltenes Geflügel bösartig wurde, daß die Tiere sich gegenseitig angriffen und kleine, geschmacklose Eier mit blassen Dottern legten, wogegen jene, die frei herumlaufen durften, gesund und lebhaft waren und Eier mit festen Schalen und leuchtend gelben, wohlschmeckenden Dottern produzierten. Doch diese Buren konnten nicht begreifen, daß dieselben Gesetze für menschliche Wesen galten, daß es für alles Konsequenzen gab, ob man bereit war, das anzuerkennen oder nicht. Nun hatten die Schwarzen die Hoffnung auf Veränderungen und stellten sich neue Möglichkeiten vor, wogegen diese Afrikaander – sie würden nicht überleben können, wenn sie nicht die Käfige niederrissen, die sie um sich herum errichtet hatten.

Um weiteren kritischen Themen auszuweichen, fragte Tengo: »Frikkie, hast du dein Abitur gemacht?«

»Gerade so mit Hängen und Würgen. Ich war nie ein besonderer Schüler. Und wie ist es mit dir, Tengo?«

»Wir haben seit mehr als einem Jahr keine Schule«, sagte er, und Zorn und Enttäuschung stiegen erneut in ihm hoch, obwohl er sich bemühte, sich nicht wieder gegen Frikkie zu stellen. »Wie hätte ich da mein Abitur schreiben können?«

»Das tut mir leid für dich, Tengo. Die Schuld dafür mußt du deinen eigenen Leuten geben, diesen Agitatoren, die die Schulboykotte organisiert haben.«

»Würdest du gern zur Schule gehen, wenn Militär und Polizei auf dem Schulhof patrouillieren und dich im Klassenzimmer bedrohen und herumkommandieren?«

Frikkie gab keine Antwort. Er rieb seine Schulter, die jetzt schmerzte. Vermutlich kam es daher, daß er mit ihr auf dem Boden aufgeprallt war, als er niedergeschlagen wurde. »Deine Mutter sagte mir, daß du zur Universität gehen wolltest. Sie sagte, du wolltest in Amerika studieren.«

»Das wollte ich, ja«, sagte Tengo. »Und jetzt...« Seine Stimme zitterte, und der Satz hing unvollendet zwischen ihnen.

»Mein Onkel sagte immer, du seist ein wirklich kluger – ein wirklich kluger Mensch.«

»Ein wirklich kluger Kaffer, meinst du«, sagte Tengo bitter.

Frikkie spürte, wie er rot wurde, wie sich zum erstenmal sein Gesicht vor Scham rötete über das Wort, das er sein ganzes Leben lang gehört und verwendet hatte, ohne sich etwas dabei zu denken. »Entschuldige, Tengo«, sagte er auf Afrikaans; er wollte um Verzeihung bitten, wollte sagen: »Vergib mir.« Doch die Worte wollten nicht kommen.

Aber Tengos Ärger war verflogen. Die Scheinwerfer eines Autos, das auf der Straße jenseits des Feldes wendete, strichen durch die Fenster des Schuppens und beleuchteten für einen Moment die Gestalt des gegen die Säcke gelehnten Soldaten. Tengo zuckte zusammen, als er die eine, kaum veränderte Gesichtshälfte des Freundes sah, mit dem er gespielt hatte und über die Farm und das Grasland gelaufen war; dann die andere Hälfte – entstellt, ein schwarzer Bluterguß, das Auge zugeschwollen, das kurzgeschnittene, gelbe Haar dunkel vom geronnenen Blut. Er erkannte, daß er, ohne sich dessen wirklich bewußt geworden zu sein, irgendwann während ihres Gesprächs beschlossen hatte, Frikkie gehen zu lassen. Aber er war sich noch nicht im klaren darüber, wie er das bewerkstelligen sollte.

»Frikkie?«
»Was, Tengo?«
»Hast du jemals das Meer gesehen?«
Frikkie schüttelte den Kopf. »Nein.«
»Ich auch nicht.«

Draußen war alles still. Schon seit einiger Zeit hörte man weder Schießen noch Geschrei noch das Rumpeln der Laster. Tengo wußte, sie würden ihr Werk um drei Uhr morgens vollenden. Es war die Stunde, die sie immer wählten, um die Türen schlafender Hausbewohner einzuschlagen, schlaftrunkene Menschen aus ihren Betten zu zerren, beim verängstigten Geschrei erwachter Kinder Schubladen und Kommoden nach Beweisen politischer Tätigkeit zu durchwühlen, bevor sie die Verdächtigen – Schulmädchen und Schuljungen – ins Gefängnis verschleppten. Zurück blieben flehende Eltern, weinende Brüder und Schwestern zwischen umgeworfenen Möbeln und zertrümmertem Hausrat.

Er stand auf. »Frikkie, du solltest lieber gehen.«
»Gehen?«
»Ja, Mann!« Plötzlich hatte er es sehr eilig, ihn loszuwerden. »Kannst du aufstehen? Steh auf und geh! Aber ich schwör dir, Mann, wenn du irgendein krummes Ding versuchst, wenn du jemanden hierherschickst – ich schwör dir, ich töte, bevor ich mich erwischen lasse.«

Frikkie richtete sich unsicher auf, stützte sich an den Säcken ab. Er stand aufrecht, dann begann er zu schwanken, als würde er gleich umfallen. Tengo trat rasch hinzu, packte ihn an den Schultern und hielt ihn. Das Gewehr in seiner rechten Hand bildete eine Linie mit Frikkies Arm. Frikkie lehnte sich schwer an ihn, sein Kopf lag auf Tengos Hals. In der Dunkelheit verharrten sie dicht aneinandergepreßt, schweigend – sie beide und das Gewehr. Während Frikkie sich schwach und schwer an ihn lehnte und darauf wartete, daß die Wellen von Übelkeit und Frösteln verebbten, dachte Tengo überrascht: Ich bin jetzt viel größer als er, mehr als einen Kopf größer. Sein alter Freund in seinen Armen war stämmig und muskulös.

Frikkie straffte sich. Tengo trat zurück, stützte ihn aber noch mit der Hand an der Schulter, wobei er das Gewehr als Hilfe benützte. »Bist du jetzt okay?«

»Ich denke schon.«

»Findest du den Weg zurück?«

»Ich erinnere mich nicht...«

»Hör zu: Geh nach rechts und dann über das Feld; du wirst den Weg zwischen den Häusern auf der anderen Seite sehen. Geh den Weg entlang, er kreuzt die Straße, dann wende dich wieder nach rechts, wenn du herauskommst. Ein paar Blocks weiter bist du an der Kirche.« Er trat zurück, ließ Frikkie los. Das Gewehr hielt er mit beiden Händen, den Lauf auf den Boden gerichtet. »Und jetzt geh! Geh weg von mir. Denk daran, ich warne dich – schick niemanden hinter mir her«, sagte er langsam, »und sag nichts.«

»Das würde ich nicht tun, Tengo. Du weißt das.«

»Bei Weißen kann man nichts sicher wissen. Geh jetzt.«

»Tengo, deine Stimme, die Art, wie du sprichst... es klingt, als würdest du mich hassen. Haßt du mich?«

Tengo wandte sich im Dunkeln ab, er blickte neben dem Soldaten auf den Boden. Er fühlte sich leer, ausgehöhlt, er wollte nicht mehr denken, nicht mehr reden, er wollte, daß Frikkie verschwand – aus dem Schuppen, aus seinen Gedanken. Aber Frikkie wartete, er machte keine Anstalten zu gehen.

»Nein...«, antwortete Tengo schließlich. Er konnte kaum atmen, wollte tief Luft holen, um seine Lungen zu füllen. »Ich hasse dich nicht, Frikkie. Ich hasse...« Er hob den Arm mit dem Gewehr, dann ließ er ihn fallen. Es gab nichts mehr zu sagen.

Frikkie zögerte einen Moment. »Dann gehe ich also, Tengo. Leb wohl.«

Tengo drehte sich um, schaute zur Tür und wartete darauf, daß der andere ging. »Leb wohl, Frikkie.«

Die Tür kreischte in den verrosteten Angeln, als Frikkie sie öffnete. Einen Moment verharrte die schattenhafte Gestalt, dann glitt sie hinaus. Die Tür fiel mit dumpfem Ton zu.

Schwankend, halb gehend, halb rennend, benommen und unsicher suchte Frikkie seinen Weg über das Feld, er umging die verrosteten Wracks verlassener Autos und die Berge von Unrat, die sich im Dunkeln abzeichneten. Durch die Anstrengung verschlimmerte sich der Schmerz in seinem Kopf, Angst packte ihn, daß er ohnmächtig werden und von Aufständischen gefunden werden könnte, die keine Gnade walten lassen würden. Erschöpft, zitternd und fröstelnd quälte er sich weiter und fühlte sich erst sicherer, als er in die schützende Finsternis der Gasse eintauchte. Angespannt auf die eigene Sicherheit bedacht, hielt er sich dicht an den Mauern der Häuser. Zugleich war sein Geist wie von Licht durchflutet von der Seltsamkeit, der Unglaublichkeit seiner Begegnung mit Tengo.

Tengo hatte ihn gehen lassen, aber das hatte Frikkie schon die ganze Zeit vorher gewußt. Das heißt ... jedenfalls war er sich ziemlich sicher gewesen, obwohl es ein paar schlimme Augenblicke gegeben hatte. Was vorher zwischen ihnen bestanden hatte, hatte sich als stärker erwiesen als das, was sich jetzt zwischen Schwarz und Weiß abspielte. »*Dank die Here* (Gott sei Dank)«, murmelte er, während er weiterrannte. Trotz Angst und Schmerz war er gehobener Stimmung – nicht nur weil Tengo ihn hatte gehen lassen, sondern weil ... weil es wieder »Frikkie und Tengo« gewesen war. Die alte Zusammenstellung, die sich so leicht auf seinen Lippen bildete; für eine Weile war es wieder »Frikkie und Tengo« gewesen.

Er blieb stehen, lehnte sich gegen eine Mauer und wartete darauf, daß sein Seitenstechen verging. Der Mond stand nun hoch am dunklen Himmel. Die Township schien ruhig, beinahe verlassen, die Menschen hielten sich in ihren Häusern auf. Der Geruch des Tränengases hing noch immer in der Nachtluft. Nachdem er den Weg verlassen hatte, trat er auf die Straße hinaus und gab sich den Anschein, als würde er die Gegend kontrollieren. Wieder stieg Übelkeit in ihm auf. Obwohl es eine milde Nacht war, zitterte er vor Kälte, seine Zähne begannen zu klappern, und er versuchte, seine Kiefer zusammenzuzwingen. Die wenigen Schwarzen, die unterwegs waren, gingen an ihm vorbei und vermieden es, ihn anzusehen.

Der Platz vor der Kirche war von Flutlicht erhellt und wurde von Soldaten überwacht. Zwei der kleinen, panzerartigen Wagen, von denen Kanonenrohre bedrohlich vorragten, waren in der Mitte des Platzes geparkt. In einer entfernten Ecke lag ein umgeworfener gelber Polizeibus. Eine Gruppe blau uniformierter Bereitschaftspolizisten stand um ihn herum. Frikkie trat auf den Platz und sank am Fuß der Kirchentreppe zusammen, den Kopf auf den Knien.

Er hörte die Stimme seines Sergeanten bellen: »Wo sind Sie gewesen? Wir dachten, Sie ... man sucht gerade nach Ihnen – stehen Sie auf, wenn ich mit Ihnen rede!« Da er keine Antwort erhielt, kniete sich der Sergeant neben Frikkie und stieß seinen Kopf nach oben. »Mein Gott! Was ist mit Ihnen passiert?«

Frikkie mußte all seine Kraft zusammenraffen, um zu antworten. »Ich habe jemanden verfolgt ... Ich dachte, es sei derjenige, der auf Soldat Uys geschossen hat. Er ... er hat auf mich gewartet mit einem Stück Eisen.«

Der Sergeant erhob sich. »Mein Gott, schaut bloß, was

diese Kaffern mit ihm angestellt haben!« Eine Gruppe hatte sich um Frikkie versammelt. »Er muß ins Krankenhaus. Wo ist Ihr Gewehr?« brüllte er plötzlich.

Frikkie schwieg, den Kopf auf den Knien.

»Diese schwarzen Teufel haben es Ihnen abgenommen!« polterte der Sergeant.

Frikkie nickte schwach.

»Das wird eine Untersuchung geben«, sagte der Sergeant grimmig. »Wer hat es genommen? Wo waren Sie? Konnten Sie sehen, wer es war? Wie sah er aus? Könnten Sie ihn identifizieren, wenn wir ihn hierherbringen?«

Frikkie hob den Kopf. »Ich konnte nichts sehen. Es war dunkel. Ich wurde niedergeschlagen. Als ich wieder zu mir kam, lag ich auf dem Boden, und mein Gewehr war weg.«

»Diese Bastarde – dafür werden sie bezahlen«, sagte der Sergeant. »Hier, ihr beiden, setzt ihn in einen der Jeeps und fahrt ihn ins Krankenhaus.«

Er lag auf dem Rücksitz des Jeeps. Jedes Schlagloch, über das sie fuhren, die von den Demonstranten geworfenen Steine und Mörtelbrocken, mit denen die Straßen übersät waren, versetzten seinem Kopf schmerzhafte Stöße. Zwei Soldaten seiner Einheit saßen schweigend und aufrecht auf den Notsitzen.

Außerhalb der Township waren die Straßen geteert, der Jeep fuhr, ohne zu rütteln. In Frikkies Kopf knisterte es, als durchzuckten ihn elektrische Impulse. Tengos Worte tauchten empor: Sie wird dir nie gehören ... die Farm wird denen gehören, die die ganze Arbeit geleistet haben ... Ein eiskaltes Band legte sich um sein Herz. Er sah seinen Traum von Oom Koos' Farm verschwimmen wie die Spiegelbilder im Wasser, die sich in immer weiter werdenden Ringen aufgelöst hatten, wenn er und Tengo Steine in den Fluß geworfen hatten. Die Idee, die er in sich getragen hatte, solange er denken konnte – die Farm zu besitzen und zu bearbeiten –, löste sich auf in Unsicherheit, entschwand in nicht faßbarem Gekräusel, zerrann in der Ferne. Er nickte ein oder wurde für eine Weile ohnmächtig und sah sich selbst als Chefboy für Tengo arbeiten. Tengo stand in Oom Koos' Khakianzug auf der Veranda der Farm und erteilte ihm Befehle. Er schrie laut auf und war hellwach.

Einer der Soldaten beugte sich über ihn und fragte: »Ist alles in Ordnung?«

»Mein Kopf tut weh.« Dann fragte er: »Was ist mit Pieter Uys passiert?«

»Kümmer dich jetzt nicht darum«, sagte der Soldat. »Mach dir keine Sorgen – versuch einfach, stillzuliegen. Wir werden bald da sein.«

»Sie haben ihn getötet«, sagte Frikkie.

Der Soldat schwieg.

Frikkie stöhnte innerlich. Was sollte das alles . . . wozu war es gut . . . warum konnte nicht einfach alles so weitergehen wie bisher? Hinter dem Fenster sah er das Gelb der Minen-Abraumhalden emporragen. Der Schmerz in seinem Kopf war entsetzlich; und das hatte Tengo ihm angetan. Obwohl sie ihn mit einer Decke zugedeckt hatten, bebte er am ganzen Körper. Er sah Tengo, wie der ihm das Melken beigebracht hatte und wie sie beide lachend umfielen, als ihnen die herausspritzende Milch über Hände und Gesichter lief. Er hob die Hand, um die Milch abzuwischen, aber er schmeckte Salz, das auf seinen aufgeschürften Knöcheln brannte. Und er erkannte, daß es Tränen waren, die ihm über Gesicht und Hände liefen wie warme Milch. Der Lärm des Motors übertönte die Schluchzer, die ihn zerrissen. Der Soldat berührte ihn und sagte: »*Stil, man, bly stil* (Ruhig, Mann, bleib ruhig). Wir sind fast da.«

Der Jeep hielt an einer Verkehrsampel. Er hörte den

anderen Soldaten mit leiser Stimme sagen: »*Arme ding* (armer Kerl) – Pieter Uys war sein bester Freund.«

Sein bester Freund ... Er hatte sich bei Tengo bedanken wollen, war an der Schuppentür stehengeblieben, um »Danke« zu sagen, aber Tengo war ihm in diesem Moment so abweisend, so furchterregend vorgekommen, daß er die Tür aufgezogen hatte und ohne ein Wort gegangen war. Er und Tengo, sie waren voneinander getrennt, getrennt durch etwas, woran keiner von ihnen die Schuld trug – und nun waren sie es, die die Rechnung bezahlen mußten.

Als der Jeep durch die Außenbezirke der Stadt ins hellerleuchtete Zentrum raste, gab Frikkie seinem Kummer nach. Er weinte hemmungslos. »Ich möchte ... ich möchte ...«, sagte er immer wieder.

»Was ist denn, alter Junge?« fragte einer der Soldaten »*Wat wens jy*? Was willst du?«

Erstickt von seinen Tränen, konnte er ihnen nicht sagen, daß er wollte, alles könnte ganz anders sein ... und trotzdem so bleiben, wie es immer war.

Als er allein im Schuppen war, merkte Tengo, daß er heftig zitterte. Er hatte nicht hochgeschaut; die Tür war geöffnet und wieder geschlossen worden und Frikkie war fort. Er setzte sich auf die Kerosinkanne. Er war entsetzt über das, was er mit Frikkie gemacht hatte. Er dachte daran, wie seine Mutter und die Frau des Oubaas miteinander in der Küche der Farm Marmelade eingekocht hatten. Wenn sie sehen könnten, was er mit Frikkie gemacht hatte ... all das dunkle, getrocknete Blut, das sein helles Haar verklebte ... er hatte schrecklich ausgesehen. Er fragte sich, ob Frikkie es bis zum Kirchplatz schaffen würde. Was, wenn er unterwegs zusammenbrach und von einem der Kameraden gefunden wurde? Kalte Angst durchlief ihn. Er hätte ihn nicht gehen lassen sollen – aber was sonst hätte er tun sollen? Was, wenn Frikkie von den Kameraden gefunden wurde und sie ihm das »Halsband« umlegten? Aber heute abend war die Township voller Soldaten und Polizei. Der Gedanke beruhigte ihn etwas. Die Aufständischen hielten sich alle irgendwo versteckt.

Jetzt bin ich also größer als Frikkie, dachte er. Wieder ich und Frikkie . . . nach all dieser Zeit. Und Frikkie hat noch immer diesen Tonstier, den ich gemacht habe . . . . Er erinnerte sich daran, wie glücklich er gewesen war, als er dieses Tontier modellierte – nicht nur glücklich, dachte er, sondern ganz und gar versunken in seine Aufgabe. Aber an jenem Tag, an dem der erste Karton mit Büchern angekommen war, als er mit seinem Vater, der so groß und dünn war und dennoch das schwere Paket mühelos auf dem Kopf balancierte, zum Kraal zurückgekehrt war – an jenem Tag war er wirklich glücklich gewesen. Sein Herz war so leicht gewesen wie ein Luftballon. Jetzt war es wie ein schweres Gewicht, das in seiner Brust immer tiefer sank, so schwer, daß es schmerzte.

Es war alles schiefgegangen. Die Erwachsenen – weiße und schwarze – hatten alles falsch gemacht, dachte er traurig, während er in dem verlassenen Schuppen saß. Und jetzt ist es an uns, den Kindern – und es ist sehr schwer . . .

Joseph hat gesagt, die Weißen hätten eine Menge zu verlieren und wir könnten nur gewinnen, überlegte er. Aber wir müssen für das, was wir gewinnen, einen furchtbaren Preis zahlen. Ich wünschte, es könnte alles ganz anders sein.

Größer als Frikkie bin ich also – er wunderte sich von neuem. Etwas erkannte er jetzt: In dem Augenblick, als er seinen Freund gestützt hatte, mit dem Gewehr in der Hand, als Frikkie beinahe ohnmächtig in seinen Armen hing und sein verwundeter, blutender Kopf an seiner Schulter lag – da war ihm klar geworden, was er zu tun hatte. Gewalt war nichts für ihn. Er konnte einsehen, daß sie notwendig war in dem Kampf, der stattfand, der ein normales Leben unmöglich machte. Aber wenn sich ihm die Gelegenheit bot...

Er würde mit Joseph nach Lusaka gehen, würde mit ihm über die Grenze gehen. Und wenn er dort war und man ihn fragte: Möchtest du deine Studien fortsetzen oder dich als Freiheitskämpfer ausbilden lassen – jetzt wußte er mit hundertprozentiger Sicherheit, was er antworten würde. In jenem kurzen Moment hatte er seine Entscheidung getroffen.

Er konnte niemandem davon erzählen – weder Joseph noch Elijah –, was in dem Schuppen geschehen war. Wie betäubt starrte er nun auf das Gewehr in seiner Hand. Das Gewehr – was sollte er damit anfangen? Er sah sich im Schuppen um, stand auf und ging umher, klopfte den Boden mit dem Gewehrkolben ab. In der Nähe der aufgestapelten Säcke hörte er ein splitterndes Geräusch, als der Gewehrkolben auftraf. Er ließ sich auf die Knie hinunter. Die Bodenbretter waren an dieser Stelle verfault. Mit dem Lauf der Waffe stemmte er ein paar Bretter hoch, steckte das Gewehr in die Vertiefung darunter, legte die Bretter wieder darüber, stampfte sie fest und stapelte ein paar Säcke darüber. Irgendein kleines Tier raschelte davon, um sich anderswo im Dunkeln zu verstecken.

Joseph würde es als einen Akt gegen den Kampf bezeichnen, wenn das Gewehr nicht den Kameraden ausgehändigt wurde. Die Beschaffung von Feuerwaffen war eines ihrer größten Probleme. Gerne hätte Tengo das Gewehr dort verrosten und verrotten lassen. Aber dazu habe ich kein Recht, dachte er. Fürs erste würde er es lassen, wo es war. Später wußte Joseph bestimmt, was er damit anfangen sollte. Ob Joseph es auch als falsch angesehen hätte, Frikkie gehen zu lassen? Er legte noch einen weiteren Sack über die kaputten Bodenbretter.

Inzwischen mußte Frikkie bei den anderen sein. Tengo fragte sich, wie ernsthaft er wohl verletzt war. Frikkie würde ihn nicht verraten. Er hatte es versprochen... Einen Augenblick lang überfielen ihn Zweifel und Angst. Frikkie ist Soldat, sagte er sich. Er ist einer von denen. Aber beinahe im gleichen Augenblick wurde aus dem weißen Soldaten wieder Frikkie, und er wußte, daß Frikkie sein Wort halten würde.

Er spähte durch das schmutzige Fenster und sah, daß niemand draußen war. Auf der Straße jenseits des Feldes konnte er die Lichter einer Kolonne von Militärfahrzeugen sehen, die sich langsam aus der Township herausbewegten.

Er öffnete die Schuppentür und trat hinaus in die Nacht. Rasch machte er sich auf den Weg zum Haus seiner Tante.

Kurzer geschichtlicher Überblick

1488 erreichte der portugiesische Seefahrer Bartolomëu Diaz als erster Europäer die Südspitze Afrikas, die vom portugiesischen König *Kap der Guten Hoffnung* genannt wurde.

1552 berichteten die Tagebücher schiffbrüchiger Seeleute, daß im südöstlichen Teil des Landes bereits eine große Zahl *Bantu* sprechender Eingeborener ansässig war.

1652 segelte der Holländer Jan van Riebeeck mit 90 Leuten zum Kap der Guten Hoffnung und richtete eine Versorgungsstation für die Niederländisch-Ostindische Kompanie ein, um die Gewürzschiffe auf ihrem Weg nach Indien mit frischen Vorräten und Wasser zu beliefern. Bald schon handelten die neuen Siedler mit den Eingeborenen, den *Hottentotten*; sie gründeten Farmen und brachten schwarze Sklaven aus Ost- und Westafrika mit. Andere Europäer folgten, ließen sich nieder und vermischten sich durch Heirat mit den holländischen Siedlern.

1795 besetzte eine britische Expeditionsmacht das Kap. Sowohl die britischen Siedler als auch die holländischen Farmer, die *Buren*, breiteten sich über das Gebiet auf der Suche nach Weide- und Siedlungsland aus.

1814 traten die Niederlande die Verwaltung des Landes am Kap endgültig an Großbritannien ab.

Zwischen 1835 und 1843 verließen Teile der Burenbevölkerung die Kapkolonie. Einer der Hauptgründe war die Abschaffung der Sklaverei durch ein britisches Gesetz von 1833 und die ungenügende Entschädigung dafür; darüber hinaus fühlten sich die Buren durch die britische Verwaltung in ihrer Selbständigkeit und ihren Lebensgewohnheiten eingeschränkt. Die »Voortrekkers« begaben sich mit Ochsenkarren auf den *Großen Treck*. Sie zogen nach Nordosten ins Landesinnere, kämpften dort gegen die eingeborenen Schwarzen, um Land für Farmen und Siedlungen zu erobern, und gründeten schließlich die Burenrepubliken Natal, Transvaal und Oranje-Freistaat (siehe Karte).

Anfang 1838 ermordete Dingaan, ein Zulu-Häuptling, 70 Buren. Zur Vergeltung töteten die Buren wenige Monate später mehr als 3000 Zulu-Krieger. Sie gingen mit Gewehren und Kanonen gegen die Speere und Schilde der Zulu-Krieger vor. Die Buren nannten dies die *Schlacht am Blutfluß* und werteten ihren Sieg als Zeichen dafür, daß Gott auf ihrer Seite war und ihnen so den Auftrag gab, sich zum Herrn über die »heidnischen Schwarzen« zu machen, die das Land bewohnten.

1867 wurden in Kimberley Diamanten und
1886 in Witwatersrand Gold entdeckt. Um diese Werte zu heben, wurde das System der schwarzen Wanderarbeiter eingerichtet. Unternehmer trennten eine Großzahl von Männern von ihren Familien und Stämmen und zwangen sie, unter Tage in den Minen zu arbeiten. Gold und Diamanten brachten großen wirtschaftlichen Aufschwung und steigende Einwanderung Weißer nach Südafrika.

1889–1902 Burenkrieg. Wegen des wirtschaftlichen Aufschwungs strebte Großbritannien die politische Vorherrschaft an. Nach dem gescheiterten *Jameson-Raid* von 1895, einem britischen Überfall auf Transvaal, gelang es den Briten im mit großer Grausamkeit geführten Burenkrieg, die Burenrepubliken der Britischen Kolonie einzuverleiben und damit die Alleinherrschaft in Südafrika zu erlangen.

1906–10 erhielten die Burenrepubliken von Großbritannien wieder die Selbstverwaltung. Sie wurden 1910 mit der britischen Kapprovinz zur Südafrikanischen Union zusammengeschlossen, die später volle staatliche Souveränität erhielt.

Der Konflikt zwischen Buren und Briten geriet danach allmählich in den Hintergrund angesichts des Gegensatzes von Weißen und Nicht-Weißen.

1912 wurde der Afrikanische Nationalkongreß (African National Congress, ANC) gegründet. Eine Organisation, die gegen die Behandlung Schwarzer als Menschen minderer Klasse protestierte. Der ANC ist Afrikas älteste Nationalistenbewegung.

1913 erließ die Regierung der Südafrikanischen Union ein Gesetz, das den Schwarzen in 87 Prozent des Landes verbietet, Grund zu besitzen. 13 Prozent sind als Reservate für Schwarze ausgewiesen.

Etwa um diese Zeit wurde auch eine »Farbenschranke« errichtet, um die weißen Arbeitskräfte zu schützen. Hierdurch blieb anspruchsvolle Arbeit den Weißen vorbehalten. Den Schwarzen wurden Hilfsarbeiten und Arbeiten für ungelernte Kräfte zugewiesen.

Die Bewegungsfreiheit der männlichen Schwarzen war durch Paßgesetze eingeschränkt.

1945 wurden diese Gesetze noch dahingehend verschärft, daß die Betroffenen ständig Identitätsausweise mit sich führen müssen, die dazu berechtigen, innerhalb eines Stadtgebietes zu leben und zu arbeiten. Wer keine gültige Aufenthaltsgenehmigung für »weiße Gebiete« vorweisen kann, wird verhaftet oder in die als *Homelands* bekannten schwarzen Reservate deportiert.

1948 kam die vor allem von Buren getragene Nationale Partei allein an die Macht und führte den Begriff der Apartheid für ihre gesetzlich verankerte Politik strenger Rassentrennung ein. Bisher noch bestehende Mindestrechte der Schwarzen wurden abgeschafft, man erlegte ihnen weitere Beschränkungen auf, einschließlich der Ausweitung der Paßgesetze auf Frauen. Es wurde den Schwarzen unmöglich gemacht, ihre Verhältnisse zu ändern; jede Hoffnung, auf friedlichem Weg die grundlegenden Menschenrechte zu erlangen, die in jeder zivilisierten Gesellschaft garantiert sind, wurde erstickt.

In den 50er und 60er Jahren verstärkte sich der Protest gegen die Apartheid-Politik der Regierung, und der ANC wurde die führende Organisation der schwarzen Opposition. Gewaltlose Proteste schlossen passiven Widerstand und die Verbrennung der Pässe mit ein.

1960 eröffnete die Polizei in Sharpeville während einer friedlichen Demonstration gegen die Paßgesetze das Feuer, wobei 70 Demonstranten getötet und 190 verwundet wurden. Viele wurden durch Schüsse in den Rücken getroffen, während sie vor dem Gewehrfeuer flohen.

1961 wurde die von der Regierung neu proklamierte Republik Südafrika wegen ihrer Rassenpolitik zum Austritt aus dem Commonwealth gezwungen. Im gleichen Jahr verbot die Regierung den ANC, wodurch die Schwarzen ihres wichtigsten legitimen Organs für Proteste oder politische Aktionen beraubt wurden. Die Folge war, daß der ANC sich ins Ausland zurückziehen mußte und, wenn auch widerstrebend, seine bisherige absolute Gewaltlosigkeit aufgab.

1962 wurde Nelson Mandela, der Führer des ANC, zu lebenslanger Haft verurteilt; er war bis 1990 im Gefängnis. Bei seiner Gerichtsverhandlung bekräftigte er, daß Südafrika allen gehört, die dort leben – Schwarzen und Weißen.

1976 ging die Polizei in der *Township* von Soweto in der Nähe Johannesburgs mit scharfen Schüssen und Tränengas gegen junge Schwarze vor. Sie hatten gegen die Einführung von *Afrikaans* (Sprache der Buren, aus dem Niederländischen entstanden; sie wird nirgendwo sonst auf der Welt gesprochen) als Unterrichtssprache protestiert. In den folgenden Monaten des Schulboykotts wurden Hunderte von Schulkindern getötet oder verwundet. Dieses brutale Vorgehen der Regierung schockierte die Weltöffentlichkeit, bestärkte aber zugleich den Entschluß der Jugendlichen, die Apartheid zu beenden.

Seit 1984 nahmen die gegen die Apartheid gerichteten Unruhen zu. Die Regierung rief den unbegrenzten Ausnahmezustand aus, der ihr die Macht gab, alle bestehenden Gesetze zu umgehen, alle Tätigkeiten von Anti-Apartheid-Organisationen und schwarzen Gewerkschaften zu verbieten, jeden zu verhaften, der im Verdacht stand, gegen die Apartheid-Politik der Regierung zu arbeiten, und die Presse zu zensieren. Fernsehberichte über Demonstrationen oder Unruhen in der Bevölkerung wurden verboten.

In den schwarzen *Townships* ging der Schulboykott weiter. Viele schwarze Kinder wurden verhaftet. Sie wurden in den Gefängnissen geschlagen und mißhandelt. Mehr als 5000 Jugendliche schlossen sich dem ANC an, um den Kampf für Gerechtigkeit und Freiheit für alle in Südafrika weiterzuführen.

1989/90 verkündete die Regierungspartei ihre Absicht, die Apartheid-Politik aufzugeben. Nelson Mandela und einige seiner politischen Mitstreiter wurden nach über 27 Jahren aus der Haft entlassen, und den bislang verbotenen ANC erkannte man offiziell als die führende Vertretung der schwarzen Südafrikaner an. Der ANC eröffnete ein Büro in Johannesburg, und vorbereitende Verhandlungen für Gespräche über ein neues, demokratisches Afrika wurden begonnen.

In vielen Teilen des Landes wird der Boykott schwarzer Schüler, die anständigen Unterricht fordern, noch immer fortgesetzt. Hinsichtlich einer Aufhebung der Rassentrennung in den Schulen hat die Regierung angekündigt, daß die staatlichen Schulen für Weiße schwarze Schüler nur aufnehmen dürfen, wenn 90 % der weißen Eltern für einen solchen Schritt stimmen. Im übrigen sind die Schwarzen zwar nicht mehr verpflichtet, den verhaßten Identitätsausweis mit sich zu führen, aber in ihrer Grundstruktur bleibt die Apartheid unangetastet: Die Wohngebiete, in denen die einzelnen »Rassengruppierungen« leben dürfen, sind weiterhin voneinander abgegrenzt und festgelegt, die Rassenzuordnung der Einzelpersonen erfolgt zwangsweise, die Schwarzen bleiben abgesondert in den verelendeten Ghettos von Townships und ländlichen Gebieten.

1991/92. Drei der bedeutendsten Apartheid-Gesetze werden aufgehoben: das Verbot von Landeigentum für

Schwarze, die Trennung der Wohngebiete nach Hautfarbe und die Pflicht zur Erfassung eines jeden in einer der vier rassischen Gruppen.

Nelson Mandela wird Führer des ANC. Bei einem Referendum im März 1992, an dem nur Weiße teilnehmen dürfen, stimmt die Mehrheit für die Fortsetzung der Reformpolitik des Staatspräsidenten de Klerk, dessen erklärtes Ziel ein Südafrika ohne Apartheid und Diskriminierung ist. Das Recht auf freie Meinungsäußerung wird eingeführt, doch trotzdem sitzen weiterhin viele politische Häftlinge im Gefängnis. Auch die gewalttätigen Auseinandersetzungen zwischen Schwarzen und Polizei dauern an.

Zugleich haben Feindseligkeiten zwischen rivalisierenden schwarzen Gruppen, lange Zeit geschürt durch die Regierungspolitik des »Teilens und Herrschens«, zu gewalttätigen, oft tödlichen Auseinandersetzungen dieser Gruppen untereinander geführt, was die Stärke der schwarzen Mehrheit zu unterminieren droht; und die liberalen Weißen sehen sich ihrerseits im Wunsch nach politischem Wandel mit dem Widerstand einer gefährlichen faschistischen Minderheit konfrontiert.

Auch wenn der Wandel ohne Zweifel eintreten wird – die Lösung der Probleme, die die unmenschliche Apartheid geschaffen hat, wird außerordentlich schwierig sein und neue Krisen mit sich bringen.

Apartheid heute

Sheila Gordon
Wie Schakale in der Nacht

Das südafrikanische Dorf, in dem Rebecca lebt, soll einer weißen Wohnsiedlung weichen. Aus nächster Nähe erlebt Rebecca mit, wie ihre Angehörigen und Nachbarn mit der ständigen Angst vor den Bolldozern umgehen. Die einen verlassen ihre schäbigen Hütten und gehen den Versprechungen der Baufirma auf den Leim, die ihnen verbesserte Wohnbedingungen zugesichert hat; andere – wie Rebeccas Vater – leisten erbitterten Widerstand und werden inhaftiert.
In ihrem engagierten Buch beschreibt Sheila Gordon, was Apartheid wirklich bedeutet.
128 S. Gebunden. Nachwort. Worterklärungen.
DM 19,80. Ab 12

Arena

dtv pocket
lesen – nachdenken – mitreden

dtv pocket.
Die Reihe
für Jugendliche,
die mitdenken
wollen.
Bei dtv junior.

John Branfield:
Ein Jahr
wie ein Leben

dtv pocket 7862

Lillian Rosen:
Greller Blitz und
stummer Donner

dtv pocket 7867

Katherine Paterson:
Aber Jakob
habe ich geliebt

dtv pocket 7863

Frances Thomas:
Lieber Klassenfeind

dtv pocket 7892

Norma Mazer:
Meinst du,
der Falke
hat uns gesehen?

dtv pocket 78006